全球服务贸易发展指数报告

2019

主　编·李　俊
副主编·崔艳新　王　拓　张　琼

时事出版社
北京

图书在版编目（CIP）数据

全球服务贸易发展指数报告.2019／李俊主编. —北京：时事出版社，2020.9

ISBN 978-7-5195-0131-0

Ⅰ.①全…　Ⅱ.①李…　Ⅲ.①国际贸易—服务贸易—贸易发展—研究报告—中国—2019　Ⅳ.①F746.18

中国版本图书馆 CIP 数据核字（2020）第 127357 号

出 版 发 行：时事出版社
地　　　址：北京市海淀区万寿寺甲 2 号
邮　　　编：100081
发 行 热 线：（010）88547590　88547591
读者服务部：（010）88547595
传　　　真：（010）88547592
电 子 邮 箱：shishichubanshe@sina.com
网　　　址：www.shishishe.com
印　　　刷：北京朝阳印刷厂有限责任公司

开本：787×1092　1/16　印张：16.25　字数：260 千字

2020 年 9 月第 1 版　2020 年 9 月第 1 次印刷

定价：98.00 元

《全球服务贸易发展指数报告（2019）》编辑委员会

前　言

2019年，受一些国家单边贸易政策的影响，世界经济发展不确定性增强，全球贸易增长乏力。世界贸易组织2019年4月的《贸易统计与展望》① 指出，2019年贸易将持续疲软。2019年2月，WTOI指数跌至96.3，低于基线价值100，表明2019年第一季度贸易增长放缓。根据国际航空运输协会（IATA）的统计数据，2019年1月航空货运也开始疲软，国际货运吨公里数（FTK）同比下降3.0%。从采购经理人指数得出，全球出口订单指标也在2月下降至49.1，低于50临界值。总的来说，这些数据表明2019年世界货物贸易发展不容乐观。

当前，国际经贸秩序面临霸权主义、单边主义的严峻挑战，美墨、日韩等重要经济体经贸关系发生变化。在多边贸易体制方面，WTO争端解决机制因某些国家的阻挠而面临停摆危机，WTO改革困难重重。大型区域贸易协定谈判活跃，引领国际贸易规则出现新动向，即更多地关注于国有企业和垄断、环境、劳工标准、透明度、管理和机制、监管一致性等方面。

在全球货物贸易秩序受到挑战、增长乏力的背景下，服务贸易成为稳定全球经济和贸易增长的重要动力。世界经济服务化趋势明显，各国致力于发展服务业，并推动服务业国际化。全球服务贸易实现连续两年快速发展，在世界经济中发挥着越来越重要的作用。2018年，世界服务贸易出口总额为58450.65亿美元，连续两年实现强劲增长，增幅达到7.7%；与商品有关的服务业扩张幅度最大，增长10.6%；交通运输增长最弱，增幅为

① WTO:《Trade Statistics and Outlook》, 2 April 2019.

7.1%。世界主要经济体，包括发达国家和发展中国家的服务贸易增速普遍高于国内 GDP 增速。服务贸易因快速发展而成为各国经济增长的重要动力和全球贸易的主要驱动力。

服务贸易成为当前新技术发展的重点应用领域，并引发新一轮经贸规则探索。在世界经济不断迈向服务化的背景下，伴随着数字技术的广泛应用，服务产业的国际化进程加快，服务贸易得到快速发展，在世界经济中的地位不断增强。服务贸易包含人员、资金、信息、数据等多种要素的跨境流动，与货物贸易相比，其内容更加丰富、形式更加多样，也成为当前新技术的主要应用领域，推动新业态新模式不断涌现。在当前数字技术发展的大背景下，服务贸易由于涵盖了金融、电信、计算机、知识产权、文化娱乐等多领域，加之跨境提供服务的特殊属性，成为新一轮技术革命的主要应用领域和发展的前沿阵地，并出现服务贸易数字化和数字服务贸易。同时，新的贸易模式和新贸易业态引发世界对新型贸易规则的探索，重点探讨数字服务贸易统计框架、跨境数据流动、个人隐私保护、数字知识产权保护等新的规则议题。这些新型规则也成为世界主要经济体打造未来竞争优势，构建新的全球治理秩序的重点领域。

对中国来说，服务贸易仍是对外贸易的短板。2018 年，中国货物贸易达到 4.62 万亿美元，位居世界第一；服务贸易达 7.85 千亿美元，位居世界第二。中国货物和服务贸易的总额为 5.4 万亿美元，而美国的对外贸易总额达到 5.6 万亿美元，从总贸易额的角度来看，中国依然处于世界第二的位置。从功能来看，服务贸易对货物贸易的转型升级、提升附加值具有重要的支撑作用。当前货物贸易基于附加值形成“微笑曲线”，全球价值链、供应链、产业链共同交织，形成全球生产制造销售体系。中国在改革开放后发挥人力成本优势，嵌入世界生产体系，加入 WTO 后成为“世界工厂”。但中国一直处于“微笑曲线”的底部位置，当前面临转型升级、提升附加值的问题。而服务贸易由于包含较多信息、技术、资金和人员等要素，成为提升货物贸易附加值的重要支撑。据测算，全球货物贸易中 60% 的附加值来自于服务。因此，发展服务贸易，对于中国推动外贸高质量发展和贸易强国建设具有重要意义。

目录

第一章　综合篇：全球服务贸易发展指数*

第一节　服务贸易发展指数理论基础

一、相关理论

服务业与服务贸易在全球经济产业发展中的作用日益增大，国际服务贸易竞争由此成为21世纪各国经济竞争的焦点。1972年，经济合作与发展组织（OECD）正式提出“服务贸易”这一概念。随着世界经济结构转型速度不断加快，经济全球化所推动的产业结构重点逐渐从制造业向服务业过渡，服务贸易不仅成为影响各国经济发展的重要力量，也是衡量一国国际竞争力的重要指标。据相关研究显示，服务贸易对一国国际竞争力的影响大于农业和工业。中国人民大学竞争力与评价研究中心研究组（2001）的研究表明，国际竞争力与国家的出口成正向关系，而与进口成反向关系。在出口中，服务出口的比重对国际竞争力的正向作用最强，工业次之，农业最弱，这说明在出口总额中服务贸易所占的比重越大，一国的国际竞争力越强；在进口中，服务进口所占的比重对国际竞争力的反向作用最弱，工业次之，农业最强。可见，无论是进口还是出口，服务贸易对于国际竞争力的益处均大于农业和工业。①

---

* 商务部研究院国际服务贸易研究所课题组：李俊、王拓、李西林、朱福林、孙铭壕、张琼、王舒曼等。

① 郑吉昌、夏晴：《服务贸易国际竞争力的相关因素探讨》，《国际贸易问题》2004年第12期，第15—18页。

（一）服务贸易概念

服务贸易是国际服务贸易的简称，指的是以服务作为商品进行跨国交换的经济活动，核心是以资本、劳动力和知识技术为基本要素的服务交易。根据《服务贸易总协定》对服务贸易所下的定义，服务贸易包括四个方面：（1）跨境服务。从一成员领土内向任何其他成员领土提供服务。其中的“跨境”是指“服务”过境，通过电讯、邮电、计算机联网等实现，人员和物资在现代科技环境下一般无需过境。其总体上要求服务提供者要有服务的规模、管理和技术优势。（2）境外消费。一成员方消费者到另一成员境内接受服务提供者提供的服务。如国际旅游，主要依赖劳动力资源、文化资源和自然资源等比较优势。（3）商业存在。一成员方的服务提供者在任何其他成员方领土内提供的服务，即商业存在模式。它是4种服务提供方式中最主要的方式，也是服务贸易活动中最主要的形式。它主要涉及市场准入和直接投资，即允许一成员方的服务提供商在另一成员方境内投资设立机构并提供服务，包括投资设立合资、合作和独资企业。该机构的服务人员既可以从提供商母国带来，也可以从东道国雇佣。其比较优势取决于各国横向比较的行业经营实力和水平以及目标市场的同行业开发状况。（4）自然人流动（如劳务输出）。一成员的服务提供者以自然人身份进入另一成员的领土内提供服务。进口方允许个人入境来本国提供服务。其比较优势在于劳动力的素质，主要依赖于国家的教育和培训水平。

表1—1　《服务贸易总协定》（GATS）有关服务贸易的界定

	定义	举例
跨境交付	服务的提供者在一成员的领土内向另一成员领土内的消费者提供服务	服务的交付可以通过以下方式：通过电话、传真、因特网或其他计算机媒体的联接，通过电视、邮件或信使方式发送文件、软盘、磁带等。此外，支持货物贸易的运输服务本身就是越界提供服务的实例。函授课程和远距离诊断则是另外的实例

续表

	定义	举例
境外消费	一成员消费者到另一成员境内接受服务提供者提供的服务	旅游活动，例如参观博物馆和看戏即是典型的境外消费实例。非居民人员的医疗以及在境外学习语言课程则是境外消费的另外两个实例。境外船只维修这样的活动也包括在内，因为只有消费者的资产迁往或位于境外，才可获得这样的服务
商业存在	一成员的服务提供者在另一成员领土内设立商业机构或专业机构提供服务 根据《服务贸易总协定》的规则，“供应某种服务”包括生产、经销、营销、销售和交付。在境外某一市场的商业存在不仅包括严格法律意义上的法人，而且包括具有相同特征的法律实体，例如代表处和分支机构。这种服务贸易往往与对外直接投资联系在一起。这是一种最重要的服务贸易形式，特别是从其未来的发展来说。但它涉及的问题较多，不仅涉及服务者的跨越国界，还涉及另一国家的国内政策问题	外资医院提供的医疗服务，以及外国银行的分行或附属机构提供的服务都是通过商业存在供应服务的实例
自然人移动	一成员的服务提供者以自然人身份进入另一成员的领土内提供服务。这种形式一般与第三种形式相联系而存在，有时也会单独存在，即入境的自然人可以是外国服务提供者的雇员，也可以是以个人身份提供服务的服务提供者	如外国医生或教师的短期就业，公司内部的工作人员调动，更普遍的是国外分支机构中的外籍员工的短期就业。其他实例有建筑工人或有偿家政服务人员的短期就业

资料来源：世界贸易组织秘书处。

（二）服务贸易竞争力相关文献综述

1. 国外服务贸易影响因素相关文献

国外学者对影响服务贸易的因素进行了大量的实证研究，比如巴格瓦蒂

（Bhagwati）（1984）把34个国家根据人均收入分为6个组，通过比较研究得出，一国资本与劳动力的比例越高，则劳动力回报与资本回报的比例就越高，即发达国家劳动密集型服务成本高，而资本密集型服务成本低，发展中国家则相反，[①]。由此可知，发展中国家在劳动密集型服务贸易领域有优势，而发达国家在资本密集型服务贸易领域有优势。霍克曼（Hoekman）和卡森蒂（Karsenty）（1992）运用“显示性比较优势法”分析了不同收入国家在服务贸易上的比较优势，结论表明人均收入在6000美元以上的国家在服务贸易上拥有较大优势。[②] 外商直接投资对服务贸易的影响也引起学者们的关注。Hardin等（1997）指出，FDI在服务贸易中占有重要的地位，如果把FDI在服务贸易相关产业股票和流动市场上的价值算上，其对服务贸易的推动作用将会更大。[③] Markusen等（1999）指出，由于服务的不可贸易性或者贸易的高成本，外商直接投资是在国际间进行服务交换的最好方式。[④] 霍克曼和布加拉（Braga）（1997）阐述了技术进步对服务贸易的重要性。他们指出，在电信业中，技术的不断进步可以提高服务的可贸易程度，使得信息集中的服务活动的生产和销售更加便利。[⑤] 托里（Tori）等（2001）利用美国和其27个贸易伙伴的数据分析了贸易额、主权信用评级和汇率三个因素对美国银行服务出口的影响，结果显示较大的贸易额和较高的主权信用评级会减少美国银行服务的出口，而汇率市场的压力会增加美国银行服务的出口。[⑥] 丹尼斯（Denise）等（2006）在一个标准的CGE模型中引入不完全竞争的服务部门，指出

① Bhagwati, J. N. 1984. “Why Are Services Cheaper in the Poor Countries?”, Economic Journal, Vol. 94: 279-286.

② Hoekman B, Karsenty G. Economic Development and International Transactions in Services, Development Policy Review, 1992, 10 (3): 211-236.

③ Hardin, A. and Holmes, L. 1997. “Service Trade and Foreign Direct Investment”, Industry Commission Staff Research Paper, Canberra, November.

④ Markusen, J. R., Rutherford, T. F. and Tarr D. G. 2000. “Foreign Direct Investment in Services and Domestic Market for Expertise”, NBER Working Paper No. 7700.

⑤ Hoekman, B. and Braga, C. P. 1997. “Protection and Trade in Services”, World Bank Policy Research Working Paper, No. 1747.

⑥ Tori, C. R. and Tori, S. L. 2001, “Exchange Market Pressure, Sovereign Credit Ratings and U. S Exports in Banking Services”, Atlantic Economic Journal, Vol. 29: 48-62.

服务贸易自由化可以产生正的竞争效应、产品种类多样化的效应和服务部门效率提高的效应。

2. 国内服务贸易影响因素相关文献

韩军（2001）研究了人力资本与服务贸易比较优势的关系并得出结论：决定一国服务贸易比较优势的因素除了自然资源禀赋外，最根本的因素还是该国的人力资本状况。[①] 李静萍（2002）实证分析结果表明，货物出口对服务出口有显著的拉动效应，货物贸易的发展过程中蕴含着服务贸易的巨大机会。[②] 贺卫等（2005）以中国服务贸易出口额可以表示服务贸易的国际竞争力，通过实证分析可知，我国人力资本、城市化和外商直接投资对提高我国服务贸易国际竞争力方面有重要影响，并且人力资本因素的影响最大，城市化因素的影响次之，外商直接投资因素的影响最小。[③] 赵景峰等（2006）从总量和结构两方面对中国服务贸易发展现状进行了经验分析，研究结果表明，外商直接投资、货物贸易的发展、第三产业的发展对中国服务贸易总量增长有促进作用。[④] 李杨等（2008）得出国内服务业发展水平、货物贸易发展规模这两项因素与服务贸易规模具有正向的相关关系的结论。[⑤] 赵明亮等（2008）认为外商直接投资、服务贸易开放度、货物贸易发展水平、劳动力素质对服务进出口额有显著的正影响。[⑥] 陈文婷等（2008）选取服务业发展水平、外商直接投资、人力资本、服务贸易市场开放度、科学技术投入、货物贸易额、城市化水平、汇率这些变量研究它们对服务贸易出口额的影响，结果表明货物贸易、科学技术投入对服务贸易出口额有正影响且影响较大，其他因素也

---

① 韩军：《人力资本要素与国际服务贸易比较优势的发挥》，《国际经贸探索》2001年第3期，第38—41页。

② 李静萍：《2002. 影响际服务贸易的宏观因素》，《经济理论与经济管理》，第11页。

③ 贺卫、伍星、高崇：《我国服务贸易竞争力影响因素的实证分析》，《国际贸易问题》2005年第2期，第43—47页。

④ 赵景峰、陈策：《2006. 中国服务贸易：总量和结构分析》，《世界经济》，第8页。

⑤ 李杨、蔡春林：《2008. 中国服务贸易发展影响因素的实证分析》，《国际贸易问题》，第5页。

⑥ 赵明亮、何婷婷：《我国服务贸易竞争力影响因素分析》，《北京财贸职业学院学报》2008年第24（1）期，第42—46页。

有正影响，但是汇率与服务贸易出口负相关且影响不大。殷凤等（2009）尝试选取多个变量作为影响因素，利用实证检验全面考察影响服务贸易的因素。他们利用1990—2005年14个国家或地区的数据，采用“Panel Data回归分析方法”对服务贸易的影响因素进行实证分析，结果表明国内生产总值、人均国民收入、商品出口额、服务开放度和国内对服务业发展水平对服务进出口均有显著正效应。[①] 庄惠明（2009）发现人口结构素质、货物出口总额和第一产业生产率对服务出口额存在正向关系，城市化水平、服务业劳动生产率的影响为负，实际利用外商直接投资、国内生产总值、人均国内生产总值和第二产业劳动生产率则没有显著影响。[②] 陈虹（2009）的研究结果显示服务贸易市场开放度与人力资本对两国的服务贸易竞争力存在显著正效应。[③] 王永宁（2009）的研究得出，中国服务贸易国际竞争力与人均资本、FDI、服务业占比、市场占有率之间存在正相关，与城乡差距负相关。[④] 刘宏和梁文化（2017）的实证研究结果表明，第三产业占国内生产总值比重和服务贸易开放度与北京市服务贸易竞争力关系较为密切。[⑤] 谢国娥等（2016）对台湾地区服务贸易竞争力影响因素的计量分析表明，服务业发展水平、服务贸易市场开放度、人均国民收入水平、货物出口总额、人力资本均对台湾地区服务贸易具有正向影响，其中本地服务业发展水平和人力资本的影响最为明显，而FDI对台湾地区服务贸易的出口具有反向作用。[⑥] 杨巧（2018）利用全球152个国家2005—2015年的面板数据，实证分析了互联网普及对服务贸易发展的

---

① 殷凤、陈宪：《2009年国际服务贸易影响因素与我国服务贸易国际竞争力研究》，《国际贸易问题》，第2页。

② 庄惠明：《基于钻石模型的中国服务贸易竞争力实证分析》，《财贸经济》2009年第3期。

③ 陈虹、章国荣：《中国服务贸易国际竞争力的实证研究》，《管理世界》2010年第10期。

④ 王永宁、王旭：《中国服务贸易发展国际竞争力的实证研究》，《科研管理》2009年第7期。

⑤ 刘宏、梁文化：《北京市服务贸易竞争力指数比较及影响因素的实证研究》，《国际商务（对外经济贸易大学学报）》2017年第1期，第51—62页。

⑥ 谢国娥、莫晓洁、杨逢珉：《台湾地区服务贸易竞争力、影响因素及其对策研究》，《世界经济研究》2016年第2期，第124—134页。

影响。[①]

3. 服务贸易竞争力及指标体系相关研究

针对中国服务贸易竞争力影响因素的探讨，国内部分学者是在波特的竞争优势理论的框架下进行的。郑吉昌、夏晴（2004）[②]、万红先（2005）[③]、卢素梅（2006）[④]、肖德和叶茂升（2010）[⑤] 的研究均立足于波特的国家竞争优势理论，并将该理论与服务贸易相结合，阐述中国服务贸易的各影响因素，并提出提升中国服务贸易竞争力的对策结论。程大中（2000）通过对比中美之间服务业就业人数与服务贸易出口之间关系，得出在开放经济中，服务业就业人数对服务贸易出口收入具有正效应。孙秀丽和隋广军（2015）通过对2000 年以来中欧服务贸易竞争力的比较分析，发现中欧服务贸易行业优势及其变动呈现不同特点，即欧盟新兴服务贸易竞争力稳步递增，中国部分新兴服务贸易竞争力持续递增，但速度不足，中欧新兴服务贸易差距显著；中国建筑服务竞争优势明显，旅游服务竞争优势迅速丧失，中欧传统服务贸易虽差距较小，但差距在增大。[⑥]

综合前期研究成果，本书根据波特国家竞争优势理论以及服务贸易发展特点，构建服务贸易国家竞争优势模型，如图 1—1 所示。服务贸易的竞争力影响因素侧重点不同于货物贸易，相对来讲，服务贸易的竞争优势更多地体现在人力资本与软环境，以及现代化服务业尤其是生产者服务业专业知识上。

总之，服务贸易竞争力是一个比较宽泛的概念，影响服务贸易国际竞争

---

① 杨巧：《互联网普及对服务贸易的影响——来自全球 152 个国家的经验证据》，《首都经济贸易大学学报》2018 年第 2 期，第 62—71 页。

② 郑吉昌、夏晴：《服务贸易国际竞争力的相关因素探讨》，《国际贸易问题》2004 年第 12 期，第 15—18 页。

③ 万红先：《入世以来我国服务贸易国际竞争力变动分析》，《国际贸易问题》2005 年第 5 期。

④ 卢素梅：《我国服务贸易竞争力的影响因素与相关性分析》，《北方经贸》2006 年第 12 期。

⑤ 肖德、叶茂升：《我国服务贸易竞争力评价及影响因素的实证研究》，《国际商务（对外经济贸易大学学报）》2010 年第 6 期，第 81—87 页。

⑥ 孙秀丽、隋广军：《中欧服务贸易竞争力比较研究》，《国际经贸探索》2015 年第 1 期，第 4—15 页。

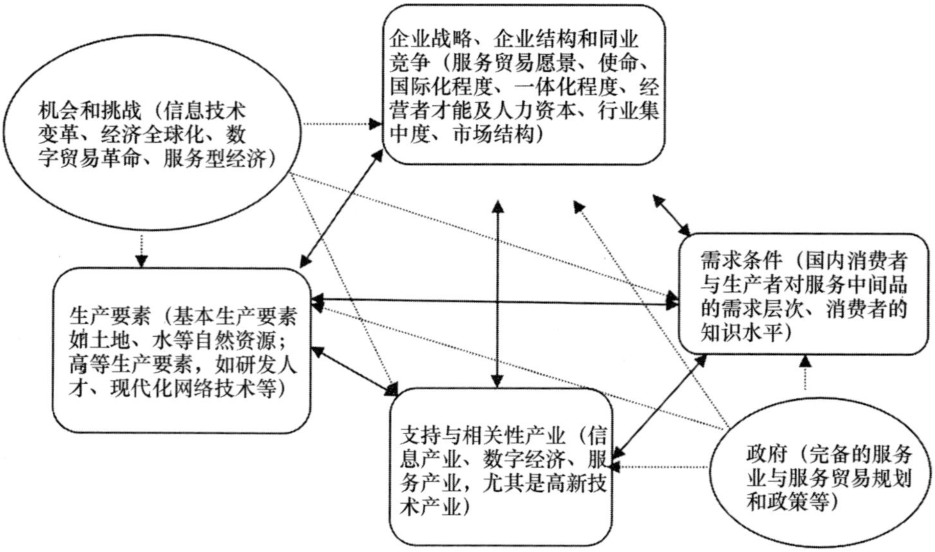

图 1—1　服务贸易国家竞争优势模型

资料来源：作者自制。

力的因素较多。目前，学术界还未对服务贸易竞争力影响因素达成统一意见，通常是根据研究侧重点需要以及数据可得性，选取相应的影响因素。

二、指标体系设计

（一）指标筛选

通过梳理已有相关研究成果，并结合专家意见及数据可得性，构造出五个主要指标，分别为服务贸易规模、服务贸易结构、服务贸易地位、服务贸易产业基础和服务贸易综合环境。第一，衡量服务贸易竞争力的基础数据是进出口额。服务贸易只有具有一定的规模才能体现出较强的竞争力，因此服务贸易总额与人均服务贸易额是衡量服务贸易竞争力的重要基础指标。一般情况下，服务贸易总额和人均服务贸易额越大，就代表着服务贸易的竞争力越强。第二，从结构角度来看，一国或地区服务贸易占对外贸易的比重越高，说明一国或地区的服务贸易在对外贸易中的地位越重要，从而间接反映了该国或该地区的服务贸易多方面的实力。另外，在服务贸易内部，新兴服务贸易代表着服务贸易的知识、专业和技术含量，因此新兴服务贸易的占比是衡量服务贸易自身结构竞争力的重要指标。第三，贸易强国必须具有一定的国际地位或国际比较优势。国际地位通常用国际市场占有率来表现，因此应选取一国或地区服务贸易进出口占世界服务贸易进出品的比重作为国际市场地位代表。衡量国际比较优势的方法有 RCA 指标法、TC 指数法和 TSC 指数法等，这些指标测算后表现出的国际比较优势具有一致性，因此本指标选择较简易的 TC 指数。一般认为，服务贸易发展水平越高，一国或地区的服务贸易在其服务业产值中的比重也就越大，因此选用服务贸易额占服务业增加值的占比予以衡量。第四，从产业层面来说，一国服务业发展水平始终是其服务贸易的基础，没有国内服务业的高度发展，就没有服务贸易的蓬勃发展，服务业发展水平的高低往往是衡量一个国家服务贸易发展程度的重要标志。在波特“钻石”模型中，其中一角就代表了相关产业发展程度。为此，本指标体系选择服务业增加值、服务业劳动生产率、服务业增加值占比和服务业从业人员占比来衡量服务贸易的产业基础。第五，从宏观层面来说，任何一个企业、产业的成长与发展都会受到本国国内环境的影响。服务贸易依赖服务业开放，如果服务业不开放，服务贸易就无从谈起。在开放的条件下，营商环境就显得至关重要。对于服务贸易来说，一个好的营商环境可以大大促进服务贸易的发展。因此，本指标选取服务贸易限制指标以及世界银行营商环境指数代表服务贸易发展综合环境。

（二）服务贸易发展指数评价体系

本书包含国际篇和国内篇两部分。在国际篇，全球服务贸易发展指数包含 5 个一级指数和 14 个二级指数；在国内篇，中国各省级地区及城市服务贸易发展指数包含同样的 5 个一级指数和 17 个二级指数。

表 1—2　服务贸易发展指数评价体系表（国际篇）

一级指标	二级指标	权重
服务贸易规模指数	服务贸易总额	7.5
	人均服务贸易额	7.5

续表

一级指标	二级指标	权重
服务贸易结构指数	服务贸易占比	7.5
	新兴服务贸易占比	7.5
服务贸易地位指数	市场地位（出口世界占比）	7.5
	市场地位（进口世界占比）	7.5
	竞争力地位（差额/总额）	7.5
	国际化地位（服务贸易额/服务业增加值）	7.5
服务贸易产业基础指数	服务业增加值	7.5
	服务业劳动生产率	7.5
	服务业增加值/GDP	7.5
	服务业从业人员占比	7.5
服务贸易综合环境指数	服务贸易限制指数（STRI）	5
	营商环境指数（DTF）	5

资料来源：作者自制。

表 1—3　服务贸易发展指数评价体系表（国内篇）

一级指标	二级指标	权重
服务贸易规模指数	服务贸易总额	7.5
	人均服务贸易额	7.5
服务贸易结构指数	服务贸易占比	7.5
	新兴服务贸易占比	7.5
服务贸易地位指数	市场地位（出口全国占比）	7.5
	竞争力地位（差额/总额）	7.5
	国际化地位（服务贸易额/服务业增加值）	7.5
	服务业增加值	7.5
服务贸易产业基础指数	服务业劳动生产率	7.5
	服务业增加值/GDP	7.5
	服务业从业人员占比	7.5
	固定资产投入服务业占比	7.5

续表

一级指标	二级指标	权重
服务贸易综合环境指数	服务业实际利用外资总额	2
	服务业实际利用外资占比	2
	是否属于服务外包示范城市	2
	是否属于服务贸易创新发展试点发展地区	2
	是否属于自由贸易试验区等	2

资料来源：作者自制。

三、补充解释

目前，有关服务贸易竞争力影响因素或指标的研究众说纷纭，进行服务贸易发展指数测算的相关研究成果相对较少，相关研究还处于不断探索之中，指标的选择、测算方法等仍有很多不完善之处。本指标体系力求科学性、完整性、统一性，搜集尽可能多的指标以求真实地反映服务贸易竞争力状况，但囿于有些数据的可得性较差，虽然有些指标确实值得纳入，但有的因为缺失太多或更新太慢等原因最终未能采用。例如，服务贸易有四种模式，第三种模式为商业存在，目前可以代替衡量服务贸易商业存在环境的指标为 OECD 的 FDI Regulatory Restrictiveness Index，但由于该样本只衡量包括 OECD 国家和少数新兴国家，全球服务贸易发展指数中的很多国家和地区未包括进来，因此也无法采用。另外，从方法上来看，虽然学术上习惯运用因子分析法将原始数据提取并得到潜在指标，但在实际操作中，年度不同往往造成因子分析法所提取的指标存在差异，即因子的提取在相同指标前提下因年度不同而不同，因此波动性较大。再者，鉴于全球价值链比较客观地衡量了贸易分工格局，学术界与实务界还比较关注全球价值链分析，但这种分析方法相对来讲对服务贸易的适用性程度有限，加之这种方法在设计之初也是以货物贸易为主要对象，所以在货物贸易中运用该方法往往可以得到较为客观的结果。最后，虽然有诸多方面的不完善，但通过该指标体系，全球近百个国家的服务贸易发展表现情况也能得到一定程度的反映。

第二节　国别指数

一、全球服务贸易发展指数概览

发达国家服务进出口占据主导地位，发展中国家增长迅速。2018 年，世界服务进出口排名前十的国家中，除了中国和印度外，其余皆为发达国家。美国服务贸易位居世界第一。其服务出口总额为 8080 亿美元，占世界服务出口额的 13.9%，为世界第一大服务出口国，同比增长 4%。服务进口方面，其进口额达5360 亿美元，占世界服务进口额的9.7%，同比增长3%。无论是进口还是出口，美国服务贸易增速均超过其 2.9% 的经济增速，成为其经济增长的重要动力。其他发达国家在服务出口方面也表现不俗，英国、德国、法国分列世界第 2—4 位，这三国服务出口占全球的 17.4%；英国和德国的服务出口都达到 7% 的增速，法国出口增速也达到 5%。进口方面，德国、法国、荷兰、英国分别位列第 3—6 位，其中荷兰和英国的服务进口增速超过 10%。德国与法国的服务进口增速也超过 4%。发展中国家方面，中国服务贸易规模总量位居世界第二；印度服务出口位居世界第八，进口位居世界第 10。就商务服务贸易而言，中国的出口（17%）和进口（12%）均实现大幅增长；印度在出口方面（11%）和进口方面（14%）也实现了两位数的增长。

本书选取全球 81 个经济体①进行指数计算，2019 年全球服务贸易发展指数排名前 10 位的与 2018 年排名差别不大，为美国、爱尔兰、新加坡、中国澳门、英国、荷兰、法国、中国香港和比利时，均为高收入国家或地区。中国与 2018 年保持一致，排名第 20 位。但是，2018 年因数据原因而没有加拿大，今年将加拿大纳入指数指数，排名第 14 位，因此中国的综合排名其实有了一些提高。

---

① 与 2017 年指数报告相比，2018 年指数报告将 2017 年因数据不全而无法计算的加拿大纳入其中；同时，由于马里、加纳、塞内加尔、莫桑比克、亚美尼亚、伊朗和卡塔尔等 7 个国家数据统计不全，故将其除去。

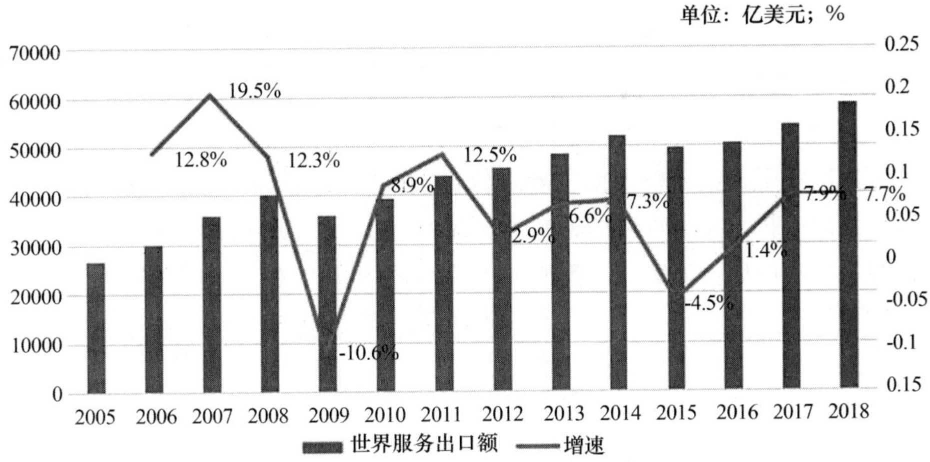

图 1—2　2005—2018 年世界服务出口额发展趋势

资料来源：WTO 数据库。

表 1—4　2018 年和 2017 年全球服务贸易发展指数排名

国家或地区	2018 年排名	2017 年排名	发展指数	规模指数	结构指数	地位指数	产业基础指数	综合环境指数
美国	1	1	70.03	7.90	6.67	21.96	24.89	8.60
爱尔兰	2	2	68.15	10.88	13.24	18.56	16.86	8.62
新加坡	3	4	59.21	8.48	7.50	17.44	15.94	9.85
中国澳门	4	3	58.03	7.77	7.85	13.53	20.87	8.02
英国	5	5	52.56	4.24	8.27	14.46	16.71	8.88
荷兰	6	6	52.46	5.27	8.03	14.53	16.32	8.31
法国	7	8	49.05	3.85	7.15	13.72	17.07	7.26
德国	8	7	48.44	4.56	6.03	15.17	14.49	8.19
中国香港	9	9	47.89	3.65	4.21	11.79	18.52	9.73
比利时	10	10	45.08	3.53	6.54	11.85	15.95	7.21
日本	11	13	44.37	2.44	6.54	11.01	17.04	7.33
丹麦	12	11	43.32	3.09	5.54	10.19	15.97	8.54
瑞典	13	12	42.96	2.14	7.17	9.51	15.52	8.62

续表

国家或地区	2018 年排名	2017 年排名	发展指数	规模指数	结构指数	地位指数	产业基础指数	综合环境指数
加拿大	14	–	39. 67	1. 67	5. 73	9. 00	15. 39	7. 88
澳大利亚	15	16	39. 58	2. 24	5. 58	9. 99	13. 65	8. 13
西班牙	16	15	39. 07	1. 79	5. 12	10. 16	13. 84	8. 17
芬兰	17	17	38. 19	1. 58	7. 11	8. 59	13. 23	7. 67
意大利	18	18	38. 06	1. 75	5. 08	9. 68	14. 86	6. 69
澳大利亚	19	19	37. 42	1. 31	3. 66	8. 37	15. 97	8. 10
中国	20	20	36. 93	4. 43	3. 58	15. 68	7. 25	5. 99
新西兰	21	14	35. 51	0. 77	4. 49	7. 81	12. 85	9. 60
希腊	22	21	34. 33	0. 93	4. 20	9. 07	13. 19	6. 93
毛里求斯	23	23	34. 02	0. 44	5. 96	9. 24	10. 06	8. 32
韩国	24	24	33. 94	1. 63	4. 29	9. 78	9. 95	8. 31
葡萄牙	25	26	33. 44	0. 83	4. 40	8. 80	11. 83	7. 56
哥斯达黎加	26	25	32. 29	0. 32	6. 70	9. 10	10. 10	6. 08
匈牙利	27	28	31. 80	0. 76	5. 12	9. 40	9. 07	7. 45
立陶宛	28	27	31. 79	0. 74	3. 22	9. 28	9. 74	8. 82
波兰	29	26	31. 71	0. 91	4. 93	9. 16	8. 18	8. 52
俄罗斯	30	31	29. 91	0. 98	4. 46	8. 43	8. 72	7. 33
乌拉圭	31	32	29. 89	0. 28	6. 27	7. 71	10. 17	5. 45
巴西	32	35	29. 16	0. 59	6. 09	6. 79	10. 03	5. 65
巴拿马	33	29	29. 12	0. 52	4. 40	9. 91	10. 08	4. 21
格鲁吉亚	34	30	28. 66	0. 20	3. 26	9. 77	6. 24	9. 18
印度	35	37	28. 63	2. 14	7. 77	11. 83	4. 05	2. 83
罗马尼亚	36	34	28. 41	0. 45	5. 35	8. 55	6. 36	7. 70
保加利亚	37	33	28. 36	0. 31	3. 49	8. 91	8. 16	7. 50
多米尼亚	38	36	27. 54	0. 18	3. 22	8. 72	8. 79	6. 63
哈萨克斯坦	39	51	27. 30	0. 20	4. 17	6. 49	8. 33	8. 12
智利	40	40	27. 20	0. 25	4. 35	6. 70	8. 99	6. 90
阿根廷	41	38	26. 94	0. 29	4. 82	6. 54	9. 32	5. 98
马来西亚	42	49	26. 93	0. 72	3. 71	8. 87	7. 66	5. 98

续表

国家或地区	2018年排名	2017年排名	发展指数	规模指数	结构指数	地位指数	产业基础指数	综合环境指数
科威特	43	60	26.53	1.20	5.20	7.60	9.10	3.43
泰国	44	46	26.49	0.96	3.58	10.35	6.01	5.58
阿尔巴尼亚	45	39	26.38	0.22	4.28	10.41	4.49	6.98
乌克兰	46	50	26.30	0.22	4.27	8.21	7.42	6.18
土耳其	47	43	26.16	0.47	2.18	8.03	8.44	7.05
南非	48	53	25.87	0.23	3.33	7.03	9.98	5.32
约旦	49	47	25.78	0.17	2.78	9.30	9.43	4.10
哥伦比亚	50	64	25.33	0.16	3.89	6.39	7.85	7.04
墨西哥	51	54	25.17	0.41	1.70	7.02	9.62	6.42
菲律宾	52	52	25.05	0.41	6.17	8.76	6.92	2.79
白俄罗斯	53	48	24.45	0.22	3.57	9.18	5.12	6.36
秘鲁	54	56	24.34	0.14	3.70	6.77	6.58	7.15
蒙古	55	58	24.26	0.15	4.38	7.82	4.65	7.26
科特迪瓦	56	85	23.37	0.03	8.64	5.90	3.70	5.10
吉尔吉斯斯坦	57	57	23.28	0.03	2.68	8.36	5.01	7.20
危地马拉	58	63	23.28	0.06	3.43	6.81	6.68	6.30
卢旺达	59	69	23.13	0.02	5.12	7.84	2.70	7.44
洪都拉斯	60	59	23.05	0.07	2.61	8.21	6.59	5.57
沙特阿拉伯	61	41	22.98	0.61	2.67	7.68	7.66	4.36
纳米比亚	62	65	22.97	0.06	2.91	7.03	8.48	4.49
肯尼亚	63	62	22.62	0.05	5.17	7.70	3.48	6.22
尼加拉瓜	64	61	22.33	0.04	2.60	8.30	5.42	5.98
斯里兰卡	65	55	22.22	0.15	3.72	7.86	6.02	4.47
尼日利亚	66	75	21.80	0.21	5.62	5.58	5.92	4.47
突尼斯	67	67	21.73	0.09	2.48	7.34	7.33	4.49
厄瓜多尔	68	68	21.33	0.06	1.94	6.41	6.12	6.79
柬埔寨	69	66	21.21	0.09	1.84	11.57	2.75	4.97
埃及	70	74	20.31	0.26	3.85	8.21	4.98	3.00
印度尼西亚	71	73	19.96	0.36	3.76	7.15	4.45	4.23

续表

国家或地区	2018 年排名	2017 年排名	发展指数	规模指数	结构指数	地位指数	产业基础指数	综合环境指数
巴基斯坦	72	77	19.90	0.08	4.92	6.08	4.19	4.64
巴拉圭	73	70	19.20	0.04	0.72	6.60	5.70	6.14
尼泊尔	74	78	18.75	0.03	6.10	7.32	1.41	3.89
马达加斯加	75	71	18.54	0.02	3.73	8.42	1.65	4.73
阿尔及利亚	76	83	18.31	0.10	3.62	5.35	6.08	3.16
乌干达	77	76	18.15	0.03	4.52	6.90	2.39	4.31
马拉维	78	86	17.14	0.00	4.68	5.79	2.04	4.62
越南	79	80	16.84	0.21	1.29	8.33	2.01	4.99
莱索托	80	82	16.43	0.01	1.87	5.28	3.96	5.31
孟加拉国	81	87	14.37	0.08	2.94	5.33	4.22	1.81

资料来源：作者自制。

二、全球服务贸易规模指数评析

（一）全球服务贸易规模指数总体评析

服务贸易规模指数由服务贸易总额和人均服务贸易额两部分构成。一个国家的服务贸易发展规模不仅体现在绝对规模上，而且体现在人均服务贸易额的相对规模方面。绝对规模往往与 GDP 规模正相关，而人均服务贸易规模是一个相对指标，反映了这个国家中每个人口所承担的服务贸易内容，是反映一个经济体服务化发展程度和国际化程度的指标，因此应将两部分指标结合起来看，以便于对一个国家或地区的服务贸易规模做出较为全面的反映。从服务贸易规模指数整体来看，位居前三位的分别是爱尔兰、新加坡和美国。爱尔兰位居规模指数首位，达到 10.88，为 81 个国家中的最高值。其次是新加坡，其规模指数为 8.48。这两个国家之所以排在规模指数的前两位，主要是因为这两个国家的人均服务贸易水平较高。美国排在第三位，规模指数为 7.90。众所周知，美国是世界上服务贸易规模最大的国家，2018 年其服务贸易总额达到 13876.41 亿美元。从规模指数前十位的国家或地区可以看出，除中国以外，其余都是发达国家或地区，其中中国澳门和中国香港分别排在第四位和第十位。而这 80 多个国家规模指数的后十位，则大多为发展中国家。因此，服务贸易的发展规模指数可以从一个角度反映出一个国家的发展阶段。

表 1—5　全球服务贸易规模指数排名

排名	国家或地区	服务贸易规模指数	服务贸易总额	人均服务贸易额
1	爱尔兰	10. 88	2. 36	8. 52
2	新加坡	8. 48	2. 07	6. 42
3	美国	7. 90	7. 50	0. 40
4	中国澳门	7. 77	0. 27	7. 50
5	荷兰	5. 27	2. 62	2. 66
6	德国	4. 56	3. 77	0. 79
7	中国	4. 43	4. 38	0. 05
8	英国	4. 24	3. 36	0. 88
9	法国	3. 85	3. 05	0. 80
10	中国香港	3. 65	1. 09	2. 56
11	比利时	3. 53	1. 39	2. 13
12	丹麦	3. 09	0. 77	2. 32
13	日本	2. 44	2. 15	0. 30
14	奥地利	2. 24	0. 75	1. 49
15	印度	2. 14	2. 12	0. 02
16	瑞典	2. 14	0. 79	1. 35
17	西班牙	1. 79	1. 30	0. 49
18	意大利	1. 75	1. 36	0. 39
19	加拿大	1. 67	1. 13	0. 53
20	韩国	1. 63	1. 22	0. 41
21	芬兰	1. 58	0. 38	1. 20
22	澳大利亚	1. 31	0. 77	0. 54
23	科威特	1. 20	0. 23	0. 97
24	俄罗斯联邦	0. 98	0. 88	0. 10
25	泰国	0. 97	0. 77	0. 19
26	希腊	0. 93	0. 35	0. 58
27	波兰	0. 91	0. 63	0. 29

续表

排名	国家或地区	服务贸易规模指数	服务贸易总额	人均服务贸易额
28	葡萄牙	0. 83	0. 31	0. 53
29	新西兰	0. 77	0. 17	0. 60
30	匈牙利	0. 76	0. 27	0. 49
31	立陶宛	0. 74	0. 10	0. 64
32	马来西亚	0. 72	0. 47	0. 26
33	沙特阿拉伯	0. 61	0. 40	0. 21
34	巴西	0. 59	0. 55	0. 04
35	巴拿马	0. 52	0. 10	0. 42
36	土耳其	0. 47	0. 39	0. 08
37	罗马尼亚	0. 46	0. 24	0. 22
38	毛里求斯	0. 44	0. 03	0. 41
39	墨西哥	0. 41	0. 36	0. 05
40	菲律宾	0. 41	0. 35	0. 06
41	印度尼西亚	0. 37	0. 35	0. 02
42	哥斯达黎加	0. 32	0. 07	0. 25
43	保加利亚	0. 31	0. 09	0. 22
44	阿根廷	0. 29	0. 21	0. 08
45	乌拉圭	0. 28	0. 05	0. 24
46	埃及	0. 26	0. 23	0. 04
47	智利	0. 25	0. 13	0. 12
48	南非	0. 23	0. 17	0. 05
49	阿尔巴尼亚	0. 22	0. 03	0. 19
50	乌克兰	0. 22	0. 16	0. 06
51	白俄罗斯	0. 22	0. 08	0. 14
52	越南	0. 21	0. 18	0. 03
53	尼日利亚	0. 21	0. 19	0. 01
54	格鲁吉亚	0. 20	0. 03	0. 17
55	哈萨克斯坦	0. 20	0. 10	0. 10
56	多米尼加共和国	0. 18	0. 07	0. 11
57	约旦	0. 18	0. 06	0. 11

续表

排名	国家或地区	服务贸易规模指数	服务贸易总额	人均服务贸易额
58	哥伦比亚	0.16	0.12	0.04
59	斯里兰卡	0.15	0.08	0.07
60	蒙古	0.15	0.02	0.13
61	秘鲁	0.14	0.09	0.05
62	阿尔及利亚	0.10	0.07	0.03
63	柬埔寨	0.09	0.04	0.05
64	突尼斯	0.09	0.03	0.05
65	孟加拉国	0.08	0.07	0.01
66	巴基斯坦	0.08	0.07	0.00
67	洪都拉斯	0.07	0.03	0.05
68	危地马拉	0.06	0.03	0.03
69	厄瓜多尔	0.06	0.03	0.03
70	纳米比亚	0.06	0.01	0.05
71	肯尼亚	0.05	0.04	0.01
72	尼加拉瓜	0.04	0.01	0.03
73	巴拉圭	0.04	0.01	0.03
74	科特迪瓦	0.03	0.02	0.01
75	吉尔吉斯共和国	0.03	0.01	0.02
76	尼泊尔	0.03	0.02	0.01
77	乌干达	0.03	0.02	0.01
78	马达加斯加	0.02	0.01	0.01
79	卢旺达	0.02	0.01	0.01
80	莱索托	0.01	0.00	0.01
81	马拉维	0.00	0.00	0.00

资料来源：作者自制。

（二）全球服务贸易总体规模评析

从服务贸易总额的绝对规模来看，据 WTO 数据库显示，2018 年世界前十位的国家分别是美国、中国、德国、英国、法国、荷兰、爱尔兰、日本、印度、新加坡。其中，中国和印度属于发展中国家，其余 8 个均为发达国家。

从贸易差额来看，前十大服务贸易国家中有 5 个处于贸易逆差状态，分别是：中国，逆差 2581. 99 亿美元；德国，逆差 202. 99 亿美元；爱尔兰，逆差 123. 51 亿美元；日本，逆差 80. 41 亿美元；以及新加坡，逆差 29. 41 亿美元。其中，中国为世界最大的服务贸易逆差国家，其服务贸易逆差超过其余 4 个逆差国的逆差之和。从增速来看，各国的服务贸易增长均较快，中国、荷兰、爱尔兰和印度的服务贸易增速均超过 10%。其中，中国和印度的增速最快，分别达到 13. 8% 和 12. 3%。

表 1—6　2018 年全球服务贸易总额前十国家

（单位：亿美元;%）

排名	国别	总额	增长率	差额
1	美国	13876. 4	3. 5%	2692. 15
2	中国	7918. 8	13. 8%	-2581. 99
3	德国	6826. 1	6. 9%	-202. 99
4	英国	6115. 0	7. 4%	1408. 18
5	法国	5482. 7	5. 3%	347. 21
6	荷兰	4713. 4	11. 2%	136. 38
7	爱尔兰	4238. 2	11. 4%	-123. 51
8	日本	3920. 5	3. 4%	-80. 41
9	印度	3816. 9	12. 3%	285. 25
10	新加坡	3709. 7	4. 8%	-29. 41

资料来源：WTO 数据库。

（三）人均服务贸易额评析

人均服务贸易额是一个国家或地区服务贸易总额与其常住人口之比，因此是一个相对值。这个相对值的世界分布和排名情况与服务贸易总额的绝对值存在较大差异。从人均来看，爱尔兰以 8. 5 的得分位居世界第一，其人均服务贸易额达到 87220. 25 美元；排名第二和第三的分别为中国澳门和新加坡，人均服务贸易额为 76757. 82 美元和 65696. 45 美元。这主要是由于这些国家和地区的服务产业占比较高，并且具有高度的国际化水平，形成了以服务产业和服务贸易为主的产业和贸易结构。

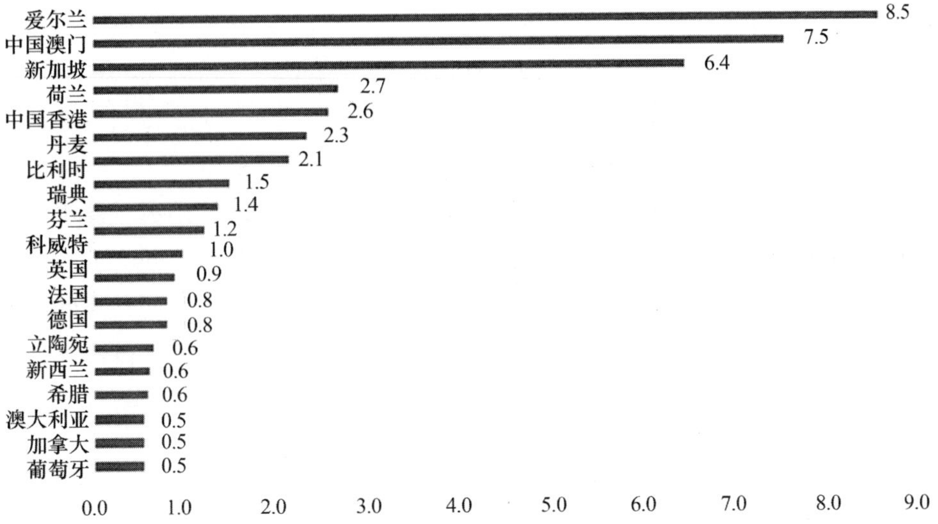

图 1—3　2019 年全球人均服务贸易指数排名（前 20 名的国家和地区）

资料来源：作者自制。

从该指数可以看出，服务贸易在发达国家集中度较高，在发展中国家集中度较低。从全球平均来看，据所选取的 81 个经济体数据计算，平均服务贸易额为 6131. 9 美元，平均指数为 0. 59，因此在图 1—3 的前 20 名中，仅有前 17 名处于全球平均值以上。这说明世界服务贸易人均贸易额相对集中，主要集中在发达国家或地区，而在发展中国家或地区则分布较少。

中国人均服务贸易指数偏低，澳门地区和香港地区均进入前十名。中国的人均服务贸易额仅为 564. 1 美元，相关指数为 0. 05，在 81 个国家和地区中列第 54 位；而中国澳门和中国香港则由于土地面积狭小、服务产业高度集中、国际化程度高，其人均服务贸易指数相对排名较前，分别位列第二和第五。

三、全球服务贸易结构指数评析

（一）全球服务贸易结构指数总体分析

服务贸易结构由服务贸易的外贸比重和服务贸易中新兴服务贸易占比两

个指标构成。服务贸易的外贸比重反映了一个经济体中服务贸易的重要性，新兴服务贸易占比则刻画了服务贸易中知识密集型的服务贸易发展情况与传统服务贸易的结构情况。这种结构指标是一个相对值，与经济体的经济总量并无关系，但可以有效反映一个国家经济服务化程度、服务业与制造业的相对产业结构以及服务贸易的结构。

据2019年对全球81个经济体测算的服务贸易结构指数显示，爱尔兰排名第一，得分13.24；马里和加纳分别位列第二和第三。从排名前十的经济体来看，除英国、印度之外，大多数是小型经济体。这些经济体具有高度的服务化程度，并且服务贸易发达。这其中，除了爱尔兰在服务贸易占比和新兴服务贸易占比的得分均较高，呈现高水平的均衡发展之外，其余的经济体大多属于新兴服务贸易占比得分较高，而服务贸易占比得分相对平均。中国澳门是一个例外，其经济结构高度服务化，并且以旅游、娱乐等为主要产业和贸易，因此其服务贸易占比位列第一，但同时其服务贸易绝大多数属于旅行服务贸易，是传统服务而非新兴服务，因此其新兴服务贸易占比得分较低。

表1—7　2018年全球服务贸易结构指数①

	2018年排名	2017年排名	结构指数	服务贸易占比	新兴服务贸易占比
爱尔兰	1	1	13.24	5.74	7.50
英国	2	4	8.27	3.14	5.13
荷兰	3	6	8.03	2.31	5.72
中国澳门	4	2	7.85	7.50	0.35
印度	5	5	7.77	2.86	4.91
新加坡	6	8	7.50	2.94	4.56
瑞典	7	9	7.17	2.70	4.47
法国	8	10	7.15	2.78	4.38
芬兰	9	11	7.11	2.79	4.32

① 在结构指数中，马里、加纳、塞内加尔、莫桑比克等国家公布数据不全，故2019年报告中将其排除。

续表

	2018 年排名	2017 年排名	结构指数	服务贸易占比	新兴服务贸易占比
哥斯达黎加	10	12	6.70	2.94	3.76
美国	11	16	6.67	2.15	4.52
日本	12	21	6.54	1.83	4.72
比利时	13	19	6.54	1.91	4.63
乌拉圭	14	20	6.27	3.15	3.12
菲律宾	15	17	6.17	2.35	3.82
尼泊尔	16	53	6.10	1.97	4.13
巴西	17	22	6.09	1.65	4.44
德国	18	24	6.03	1.69	4.33
毛里求斯	19	14	5.96	3.71	2.25
加拿大	20	–	5.73	1.59	4.13
尼日利亚	21	47	5.62	2.29	3.33
奥地利	22	25	5.58	2.38	3.20
丹麦	23	18	5.54	3.65	1.88
罗马尼亚	24	30	5.35	1.74	3.61
科威特	25	43	5.20	2.50	2.70
肯尼亚	26	28	5.17	2.24	2.93
匈牙利	27	39	5.12	1.44	3.68
西班牙	28	29	5.12	2.18	2.94
卢旺达	29	40	5.12	2.92	2.20
意大利	30	32	5.08	1.66	3.42
科特迪瓦	31	71	5.03	1.32	3.71
波兰	32	42	4.93	1.54	3.39
巴基斯坦	33	48	4.92	1.18	3.73
阿根廷	34	34	4.82	2.04	2.78
马拉维	35	57	4.68	0.93	3.75
乌干达	36	35	4.52	2.71	1.80
新西兰	37	36	4.49	2.41	2.08
俄罗斯联邦	38	41	4.46	1.63	2.83

续表

	2018 年排名	2017 年排名	结构指数	服务贸易占比	新兴服务贸易占比
葡萄牙	39	38	4. 40	2. 37	2. 04
巴拿马	40	27	4. 40	3. 16	1. 24
蒙古	41	45	4. 38	2. 21	2. 18
智利	42	55	4. 35	1. 17	3. 18
韩国	43	49	4. 29	1. 39	2. 89
阿尔巴尼亚	44	26	4. 28	3. 66	0. 62
乌克兰	45	51	4. 27	1. 95	2. 32
中国香港	46	68	4. 21	1. 20	3. 01
希腊	47	37	4. 20	3. 50	0. 69
哈萨克斯坦	48	56	4. 17	1. 46	2. 72
哥伦比亚	49	59	3. 89	1. 71	2. 18
埃及	50	87	3. 85	2. 64	1. 21
印度尼西亚	51	61	3. 76	1. 23	2. 52
马达加斯加	52	13	3. 73	2. 45	1. 28
斯里兰卡	53	46	3. 72	2. 79	0. 93
马来西亚	54	63	3. 71	1. 32	2. 39
秘鲁	55	60	3. 70	1. 34	2. 36
澳大利亚	56	58	3. 66	1. 97	1. 70
阿尔及利亚	57	52	3. 62	1. 13	2. 49
中国	58	72	3. 58	1. 24	2. 34
泰国	59	62	3. 58	1. 93	1. 65
白俄罗斯	60	65	3. 57	1. 42	2. 15
保加利亚	61	67	3. 49	1. 61	1. 88
危地马拉	62	66	3. 43	1. 45	1. 98
南非	63	70	3. 33	1. 12	2. 21
格鲁吉亚	64	44	3. 26	3. 17	0. 09
立陶宛	65	69	3. 22	1. 84	1. 38
多明尼加共和国	66	54	3. 22	2. 57	0. 65
孟加拉国	67	78	2. 94	0. 98	1. 96

续表

	2018 年排名	2017 年排名	结构指数	服务贸易占比	新兴服务贸易占比
纳米比亚	68	75	2.91	0.74	2.17
约旦	69	64	2.78	2.69	0.10
吉尔吉斯共和国	70	50	2.68	1.87	0.81
沙特阿拉伯	71	73	2.67	1.23	1.44
洪都拉斯	72	74	2.61	1.66	0.96
尼加拉瓜	73	76	2.60	1.32	1.28
突尼斯	74	77	2.48	1.26	1.22
土耳其	75	80	2.18	1.31	0.87
厄瓜多尔	76	82	1.94	0.91	1.04
莱索托	77	83	1.87	0.74	1.13
柬埔寨	78	79	1.84	1.75	0.09
墨西哥	79	84	1.70	0.48	1.23
越南	80	85	1.29	0.45	0.84
巴拉圭	81	86	0.72	0.72	0.00

资料来源：作者自制。

世界主要经济体结构指数呈现差异化。在规模指数中排名较为靠前的美、德、日、中、法、英等大型经济体，除了英国排名保持在前十以外，美国排名第 11 位，德国排名第 18 位，日本排名第 12 位，中国排名第 58 位，法国排名第 8 位。发达经济体的在贸易规模和结构方面发展较为均衡，不仅具有较大的整体规模，在结构指标中也表现得较为靠前。但中国不同，中国的服务贸易规模位居世界第二，但是其货物贸易规模世界第一，服务贸易所占比重相对较低。从服务贸易结构来看，中国依然以传统服务贸易为主，并且成为其贸易逆差的主要来源。以上两项结合，导致中国的结构指数排名较为靠后。

（二）服务贸易占比评析

从服务贸易占比来看，中国澳门位居世界第一，据 WTO 数据显示，其服务贸易比重达到 79.3%。由于澳门的产业以服务产业为主，农业和制造业所占比例较低，因此其货物贸易所占比重较小。同时，其旅游业十分发达，每年吸引大批游客前往，成为其重要的服务贸易收入构成。爱尔兰则依靠高度外向的服务经济，主要集中在计算机服务业方面。

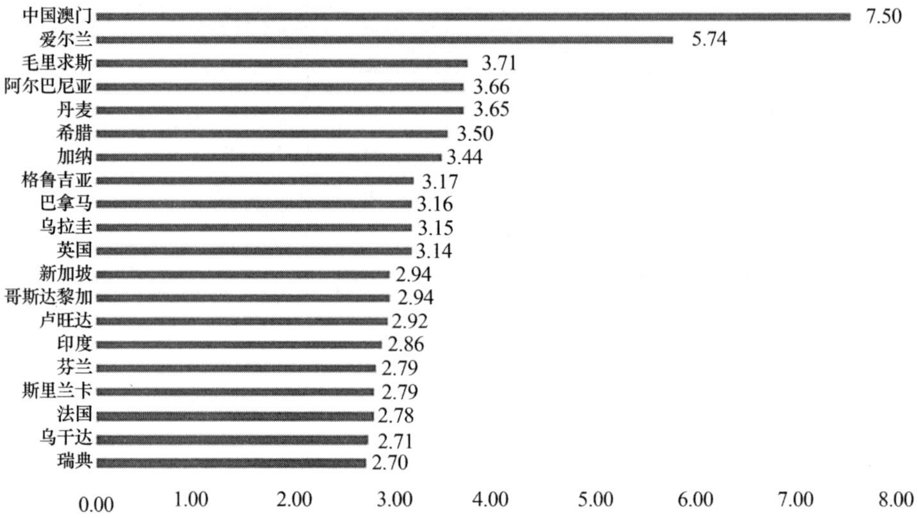

图 1—4　2018 年服务贸易占比排名前 20 位的国家和地区

资料来源：作者自制。

从世界服务贸易占比来看，根据统计的 81 个经济数据计算，平均指数为 2.99，实际占比均值为 23.2%。在 81 个经济体中，只有前 11 个经济体指数得分超过平均水平。这些国家普遍为欧洲的小型国家，但是这些国家的服务产业比重较高，形成其高服务贸易占比的产业基础。

（三）新兴服务贸易占比评析

从新兴服务贸易占比的指标来看，情况与上一年基本一致，[①] 爱尔兰新兴

① 与 2018 年相比，本书中在新兴服务贸易占比指标中剔除了马里、加纳、塞内加尔、莫桑比克、马拉维等国家，主要是由于这些国家的统计数据不全，无法计算其新兴服务贸易占比。

服务贸易占比高居第一，达到93.76%；其次为荷兰，新兴服务贸易占比达到74.89%。英国、印度、比利时、日本、芬兰、法国的新兴服务贸易占比均超过60%。

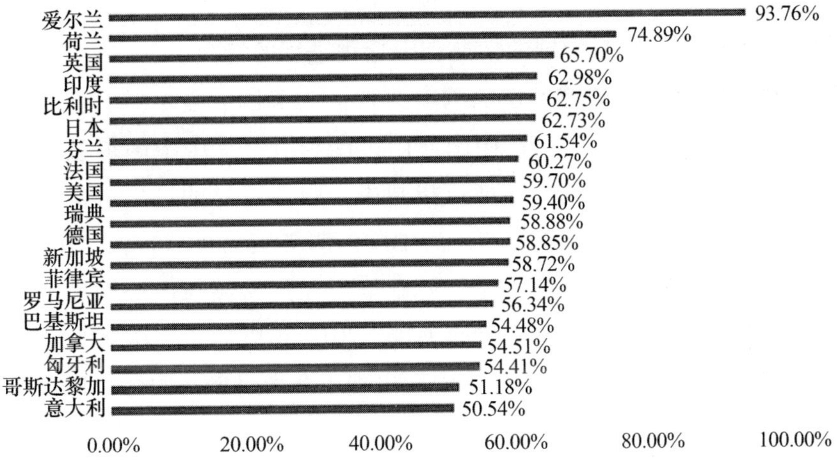

图1—5　2018年新兴服务贸易占比排名前20位的国家和地区

资料来源：根据WTO数据库数据计算而得。

从爱尔兰的服务贸易结构来看，其服务贸易进出口总额为4238.15亿美元，其中知识产权使用费、电信计算机和信息服务、技术研发和管理服务等成为其主要构成，占比分别达到23.25%、25.37%、29.93%，而传统领域的运输、旅行、建筑三大领域则分别占比2.95%、3.18%和0.1%。

荷兰的服务贸易主要集中在知识产权使用费和技术研发管理服务领域，分别占比达到24.41%和31.09%，运输、旅行、建筑三大领域则分别占比14.89%、8.69%和1.47%。

四、全球服务贸易地位指数评析

（一）全球服务贸易地位指数评析

服务贸易地位指数采取多个指标进行衡量，分别是进出口的世界比重、贸易竞争力（TC 指数）以及服务贸易额与服务业增加值的比重。服务进出口的世界比重衡量了一个经济体服务进出口在世界中的地位，贸易竞争力一方面衡量了该经济体服务贸易的顺逆差情况，另一方面也反映了其贸易差额在总贸易中的比重。服务贸易与服务产业增加值之比反映刻画了经济体服务产业的国际化程度。多个指标、多个维度的构建，系统衡量了一个国家服务贸易在世界中的地位、自身发展的情况和国际化进程的情况。

服务贸易地位指数排前十位的国家或地区为美国、爱尔兰、新加坡、中国、德国、荷兰、英国、法国、中国澳门、比利时，其中中国得益于自身贸易规模优势，排名较为靠前。在地位指数中，服务贸易的进出口世界占比是直接与一个国家的服务规模相关的，而中国的服务贸易进口较大、出口较小，因此中国的进口世界占比较高。而贸易竞争力和贸易额与产业增加值之比则是相对的，是一个国家服务国际化的表现。2012 年以后，中国服务业处于高速发展期，年均增长率达到 7.9%，因而出现服务贸易额与服务业增加值之比不断下降的趋势。

表 1—8　2018 年服务贸易地位指数排名

	2018 年排名	2017 年排名	地位指数	出口世界占比	进口世界占比	贸易竞争力	贸易额与产业增加值之比
美国	1	1	21.96	7.50	7.50	6.52	0.44
爱尔兰	2	2	18.56	1.90	3.05	6.10	7.50
新加坡	3	3	17.44	1.70	2.61	6.16	6.96
中国	4	6	15.68	2.46	7.28	5.29	0.65
德国	5	5	15.17	3.02	4.89	6.09	1.18
荷兰	6	7	14.53	2.23	3.19	6.22	2.88
英国	7	4	14.46	3.46	3.21	6.58	1.21
法国	8	9	13.72	2.70	3.59	6.33	1.10
中国澳门	9	8	13.53	0.40	0.06	7.50	5.56
比利时	10	11	11.85	1.12	1.80	6.08	2.85
印度	11	10	11.83	1.90	2.45	6.36	1.13
中国香港	12	12	11.79	1.06	1.13	6.45	3.15
柬埔寨	13	17	11.57	0.05	0.04	6.94	4.54

续表

	2018年排名	2017年排名	地位指数	出口世界占比	进口世界占比	贸易竞争力	贸易额与产业增加值之比
日本	14	13	11.01	1.74	2.77	6.11	0.40
阿尔巴尼亚	15	18	10.41	0.03	0.03	6.91	3.43
泰国	16	16	10.35	0.78	0.77	6.54	2.27
丹麦	17	21	10.19	0.64	0.95	6.19	2.41
西班牙	18	15	10.16	1.38	1.18	6.66	0.93
奥地利	19	22	9.99	0.68	0.86	6.44	2.01
巴拿马	20	19	9.91	0.13	0.06	7.17	2.56
韩国	21	31	9.78	0.89	1.71	5.90	1.29
格鲁吉亚	22	20	9.77	0.04	0.03	7.02	2.68
意大利	23	24	9.68	1.12	1.71	6.15	0.69
瑞典	24	26	9.51	0.67	0.96	6.22	1.66
匈牙利	25	28	9.40	0.27	0.28	6.61	2.24
约旦	26	40	9.30	0.06	0.06	6.63	2.54
立陶宛	27	29	9.28	0.11	0.09	6.73	2.35
毛里求斯	28	34	9.24	0.03	0.03	6.56	2.63
白俄罗斯	29	33	9.18	0.08	0.07	6.86	2.17
波兰	30	27	9.16	0.64	0.60	6.61	1.31
哥斯达黎加	31	30	9.10	0.08	0.05	7.26	1.71
希腊	32	23	9.07	0.40	0.29	7.03	1.36
加拿大	33	–	9.00	0.85	1.56	5.90	0.69
保加利亚	34	37	8.91	0.09	0.08	6.86	1.87
马来西亚	35	36	8.87	0.37	0.61	6.06	1.83
葡萄牙	36	25	8.80	0.35	0.25	6.83	1.38
菲律宾	37	35	8.76	0.35	0.37	6.50	1.54
多明尼加共和国	38	32	8.72	0.08	0.04	7.39	1.21
芬兰	39	47	8.59	0.30	0.49	6.07	1.73
罗马尼亚	40	38	8.55	0.25	0.23	6.59	1.47
俄罗斯联邦	41	49	8.43	0.59	1.30	5.83	0.71

续表

	2018 年排名	2017 年排名	地位指数	出口世界占比	进口世界占比	贸易竞争力	贸易额与产业增加值之比
马达加斯加	42	68	8. 42	0. 01	0. 01	6. 14	2. 25
澳大利亚	43	44	8. 37	0. 63	0. 98	6. 12	0. 63
吉尔吉斯共和国	44	51	8. 36	0. 01	0. 01	6. 01	2. 33
越南	45	56	8. 33	0. 14	0. 25	6. 01	1. 93
尼加拉瓜	46	46	8. 30	0. 01	0. 01	6. 50	1. 78
乌克兰	47	43	8. 21	0. 14	0. 19	6. 28	1. 60
埃及	48	14	8. 21	0. 21	0. 24	6. 49	1. 26
洪都拉斯	49	42	8. 21	0. 03	0. 02	6. 52	1. 64
土耳其	50	39	8. 03	0. 45	0. 30	6. 82	0. 46
斯里兰卡	51	53	7. 86	0. 08	0. 09	6. 36	1. 33
卢旺达	52	57	7. 84	0. 01	0. 01	6. 03	1. 79
蒙古	53	62	7. 82	0. 01	0. 04	5. 21	2. 57
新西兰	54	54	7. 81	0. 16	0. 19	6. 38	1. 09
乌拉圭	55	50	7. 71	0. 04	0. 05	6. 41	1. 21
肯尼亚	56	52	7. 70	0. 04	0. 04	6. 44	1. 17
沙特阿拉伯	57	77	7. 68	0. 16	0. 77	5. 22	1. 53
科威特	58	74	7. 60	0. 07	0. 47	4. 78	2. 28
突尼斯	59	55	7. 34	0. 03	0. 04	6. 36	0. 91
尼泊尔	60	59	7. 32	0. 02	0. 03	5. 93	1. 34
印度尼西亚	61	60	7. 15	0. 25	0. 48	5. 88	0. 54
纳米比亚	62	63	7. 03	0. 01	0. 00	6. 35	0. 67
南非	63	58	7. 03	0. 14	0. 22	6. 14	0. 52
墨西哥	64	61	7. 02	0. 26	0. 51	5. 90	0. 34
乌干达	65	69	6. 90	0. 01	0. 03	5. 77	1. 09
危地马拉	66	66	6. 81	0. 03	0. 04	5. 90	0. 84
巴西	67	67	6. 79	0. 31	0. 92	5. 24	0. 33
秘鲁	68	64	6. 77	0. 07	0. 13	5. 89	0. 68
智利	69	65	6. 70	0. 09	0. 19	5. 75	0. 67

续表

	2018 年排名	2017 年排名	地位指数	出口世界占比	进口世界占比	贸易竞争力	贸易额与产业增加值之比
巴拉圭	70	70	6.60	0.01	0.01	5.95	0.63
阿根廷	71	76	6.54	0.13	0.33	5.39	0.70
哈萨克斯坦	72	73	6.49	0.06	0.16	5.61	0.65
厄瓜多尔	73	78	6.41	0.02	0.04	5.82	0.53
哥伦比亚	74	71	6.39	0.08	0.18	5.68	0.44
巴基斯坦	75	80	6.08	0.04	0.13	5.37	0.54
科特迪瓦	76	85	5.90	0.01	0.04	4.73	1.12
马拉维	77	82	5.79	0.00	0.00	5.37	0.43
尼日利亚	78	83	5.58	0.04	0.42	4.70	0.42
阿尔及利亚	79	81	5.35	0.03	0.14	4.48	0.69
孟加拉国	80	84	5.33	0.03	0.14	4.54	0.61
莱索托	81	86	5.28	0.00	0.00	4.36	0.92

资料来源：作者自制。

（二）全球服务贸易进出口占比评析

从世界服务进出口排名前 20 的国家或地区来看，主要是服务贸易大国，在服务贸易规模上具有明显优势。全球服务贸易进口和出口占世界比重最高的国家和地区均为美国。2018 年其服务出口占全球 13.83%，在世界服务出口中占据绝对优势，这得益于美国强大的服务业竞争实力，尤其是在旅行、金融、知识产权等领域。在服务进口方面，美国占全球的 9.57%，中国排名第二。

在进出口占比排名前 20 的国家或地区中，发达国家和地区大多处于服务贸易顺差或轻微逆差，只有中国的服务贸易存在巨大逆差。

（三）竞争力地位

服务贸易竞争力由 TC 指数进行衡量，即服务贸易差额与服务贸易总额之比，取值在 -1 至 1 之间。当取值为 -1 时，即该经济体为完全的服务贸易进

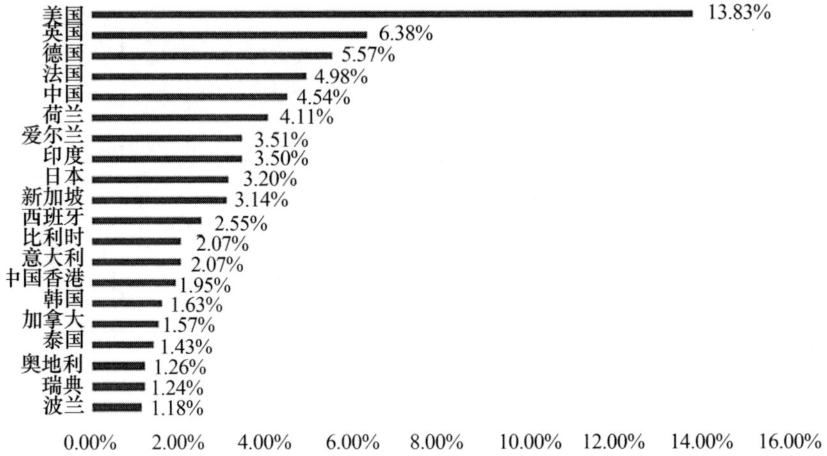

图 1—6　2018 年出口贸易占比排名前 20 的国家或地区

资料来源：根据 WTO 数据库数据计算而得。

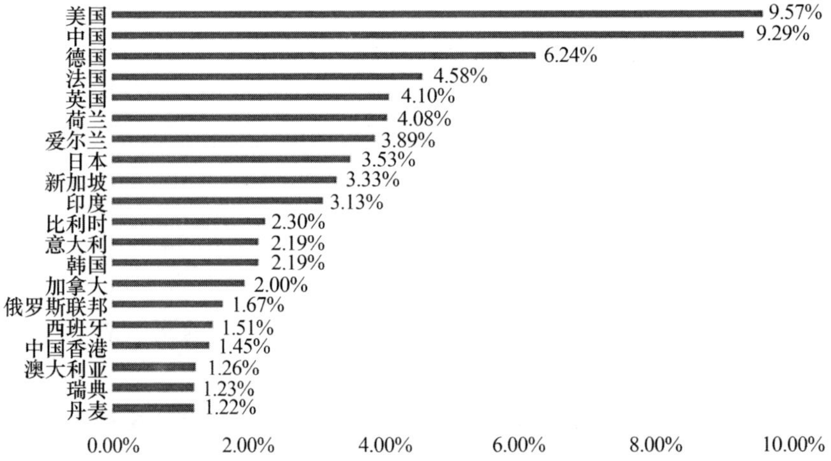

图 1—7　2018 年进口贸易占比排名前 20 的国家或地区

资料来源：根据 WTO 数据库数据计算而得。

口国，表现为市场完全依赖；当取值为1时，则该经济体为完全的服务贸易出口国，表明其服务受到世界认可。根据WTO数据库数据进行测算，2018年81个经济体的竞争力平均值为-2.3%，共有47个国家或地区位于均值以上。中国澳门位居竞争力指数首位，其竞争指数达到42.7%。其他排名较为靠前的国家或地区大多属于小型经济体，并且其贸易结构多以旅游服务为主，成为其服务贸易顺差的主要来源。

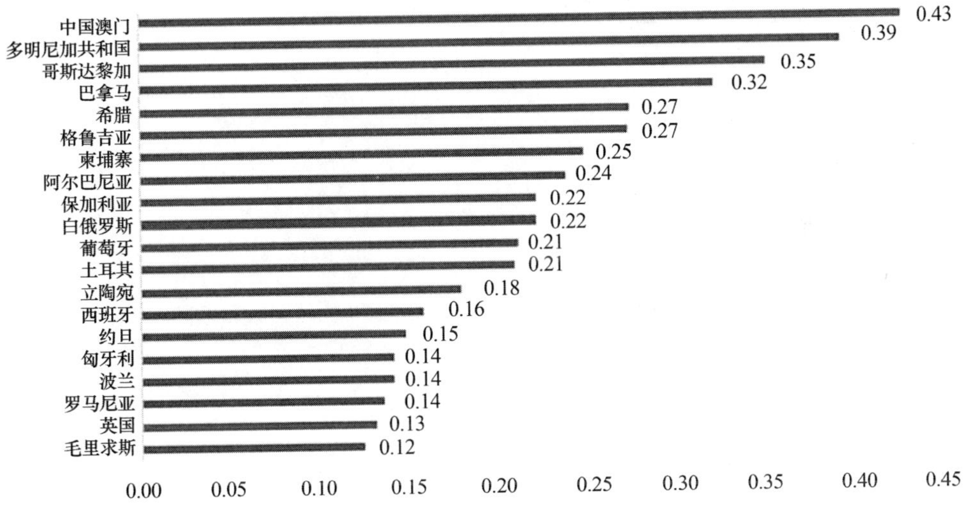

图1—8　2018年竞争力地位排名前20的国家或地区

资料来源：根据WTO数据库数据计算而得。

（四）国际化水平

服务业国际化水平通过服务贸易额与服务业增加值之比来衡量。服务贸易是一个国家产业国际化的表现，服务产业增加值则是该国服务经济的产业基础，两者之比成为一个国家产业国际化的衡量指标。根据81个国家或地区的数据计算，其平均值为37.37%。其中，排名前四位的国家中，该值均超过100%，分别是爱尔兰171.9%、新加坡159.6%、中国澳门127.4%和柬埔寨104.1%。这些国家的该指标超过1，意味着其服务贸易额超过服务产业增加值，属于典型的服务业开放型国家。中国澳门、柬埔寨属于旅游带动型；爱尔兰和新加坡则是复合型的，既有旅行带来的收入，也有在电信、计算机等领域大型外商投资公司对外提供的业务支持。

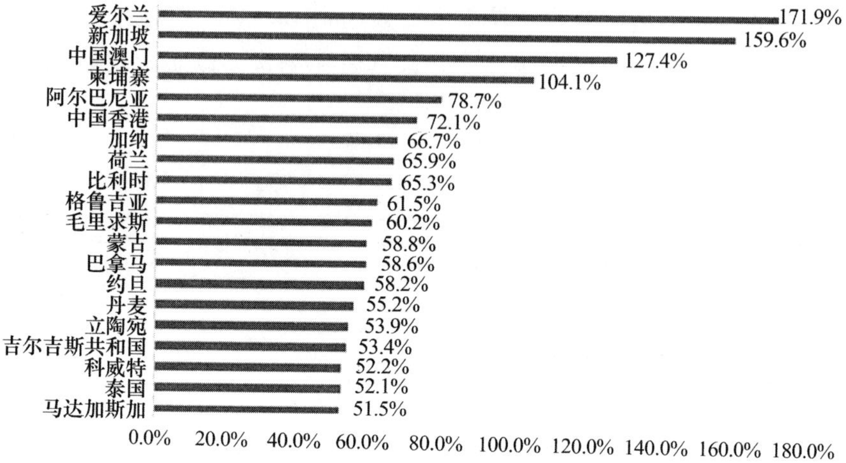

图 1—9 2018 年国际化水平得分排名前 20 位的国家和地区

资料来源：根据 WTO、世界银行数据库数据计算而得。

五、全球服务贸易产业基础指数评析

（一）全球服务贸易产业基础概览及评析

服务贸易产业基础指数由四个二级指标得分构成：服务产业发展水平（增加值）、服务业经济水平（增加值占 GDP 比重）、服务业经济水平（服务业就业占比）以及服务业发展水平（劳动生产率）。

由全球服务贸易产业基础指数得分情况来看，排名前十位的国家或地区依次为美国、中国澳门、中国香港、法国、日本、爱尔兰、英国、荷兰、澳大利亚、丹麦，与 2018 年相比新增的国家或地区为日本、爱尔兰与澳大利亚。其中，日本由 2018 年的第 18 名上升至第 5 名，爱尔兰由第 14 名上升至第 6 名。得分排名下降较快的是新西兰，由第 3 名下降至第 21 名。中国内地的产业基础指数得分排名由第 41 名下降至第 49 名，其主要原因是服务业增加值/GDP 及服务业劳动生产率两项指标的得分较低。

表 1—9　全球服务贸易产业基础指数

国家或地区	2018 年排名	2017 年排名	产业基础指数	服务业增加值	服务业增加值/GDP	服务业就业占比	服务业劳动生产率
美国	1	1	24.89	7.5	4.74	6.56	6.09
中国澳门	2	2	20.87	0.02	7.5	6.72	6.63
中国香港	3	4	18.52	0.14	6.56	7.5	4.31
法国	4	6	17.07	1.18	4.24	6.34	5.31
日本	5	18	17.04	2.37	3.72	5.82	5.14
爱尔兰	6	14	16.86	0.13	2.95	6.28	7.5
英国	7	5	16.71	1.17	4.34	6.73	4.47
荷兰	8	9	16.32	0.37	3.95	6.8	5.2
澳大利亚	9	11	15.97	0.52	3.56	6.45	5.44
丹麦	10	7	15.97	0.13	3.35	6.57	5.92
比利时	11	8	15.95	0.2	3.8	6.47	5.48
新加坡	12	12	15.94	0.13	3.96	6.96	4.89
瑞典	13	10	15.52	0.21	3.41	6.67	5.22
加拿大	14	–	15.39	0.7	3.5	6.55	4.64
意大利	15	17	14.86	0.81	3.68	5.64	4.72
德国	16	13	14.49	1.35	2.84	5.77	4.54
西班牙	17	15	13.84	0.57	3.6	6.21	3.45
奥地利	18	19	13.65	0.15	2.88	5.75	4.87
芬兰	19	16	13.23	0.09	2.53	6.05	4.56
希腊	20	21	13.19	0.1	4.25	5.88	2.96
新西兰	21	3	12.85	0.07	3.32	5.96	3.5
葡萄牙	22	22	11.83	0.09	3.64	5.5	2.6
乌拉圭	23	28	10.17	0.02	2.98	5.77	1.41
哥斯达黎加	24	26	10.1	0.02	3.47	5.51	1.11
巴拿马	25	30	10.08	0.02	3.45	5.29	1.33
毛里求斯	26	27	10.06	0	3.66	5.15	1.24
巴西	27	23	10.03	0.77	2.62	5.62	1.03
南非	28	38	9.98	0.15	3.13	5.77	0.93
韩国	29	25	9.95	0.4	1.81	5.63	2.11

续表

国家或地区	2018 年排名	2017 年排名	产业基础指数	服务业增加值	服务业增加值/GDP	服务业就业占比	服务业劳动生产率
立陶宛	30	29	9. 74	0. 02	2. 74	5. 31	1. 67
墨西哥	31	39	9. 62	0. 46	3. 14	4. 65	1. 36
约旦	32	33	9. 43	0. 01	3. 06	5. 78	0. 58
阿根廷	33	24	9. 32	0. 14	1. 92	6. 39	0. 87
科威特	34	45	9. 1	0. 04	1. 04	5. 84	2. 18
匈牙利	35	31	9. 07	0. 05	2. 39	4. 93	1. 7
智利	36	32	8. 99	0. 09	2. 13	5. 4	1. 38
多米尼加共和国	37	34	8. 79	0. 02	2. 35	5. 72	0. 7
俄罗斯联邦	38	35	8. 72	0. 51	1. 89	5. 3	1. 01
纳米比亚	39	46	8. 48	0	2. 92	4. 64	0. 9
土耳其	40	40	8. 44	0. 37	1. 93	3. 96	2. 19
哈萨克斯坦	41	44	8. 33	0. 06	2. 28	4. 93	1. 06
波兰	42	37	8. 18	0. 18	1. 9	4. 37	1. 73
保加利亚	43	36	8. 16	0. 02	2. 38	4. 89	0. 87
哥伦比亚	44	67	7. 85	0. 12	2. 09	4. 99	0. 65
马来西亚	45	52	7. 66	0. 11	1. 7	4. 71	1. 14
沙特阿拉伯	46	20	7. 66	0. 16	0. 21	5. 67	1. 62
乌克兰	47	48	7. 42	0. 04	2. 53	4. 59	0. 27
突尼斯	48	54	7. 33	0. 02	2. 83	3. 71	0. 78
中国	49	41	7. 25	2. 66	0. 94	2. 92	0. 72
菲律宾	50	55	6. 92	0. 1	2. 32	4. 17	0. 34
危地马拉	51	53	6. 68	0. 02	2. 7	3. 49	0. 47
洪都拉斯	52	59	6. 59	0. 01	3. 05	3. 23	0. 3
秘鲁	53	50	6. 58	0. 06	1. 76	4. 22	0. 54
罗马尼亚	54	47	6. 36	0. 06	1. 61	3. 21	1. 48
格鲁吉亚	55	51	6. 24	0	2. 83	2. 84	0. 57
厄瓜多尔	56	56	6. 12	0. 02	1. 67	3. 91	0. 52
阿尔及利亚	57	71	6. 08	0. 05	0. 83	4. 54	0. 66
斯里兰卡	58	43	6. 02	0. 03	2. 32	3. 04	0. 64

续表

国家或地区	2018 年排名	2017 年排名	产业基础指数	服务业增加值	服务业增加值/GDP	服务业就业占比	服务业劳动生产率
泰国	59	68	6. 01	0. 13	2. 12	3. 04	0. 71
尼日利亚	60	57	5. 92	0. 14	1. 72	3. 68	0. 38
巴拉圭	61	61	5. 7	0. 01	0. 77	4. 54	0. 39
尼加拉瓜	62	60	5. 42	0	1. 54	3. 72	0. 15
白俄罗斯	63	49	5. 12	0. 01	0. 28	4. 4	0. 43
吉尔吉斯坦	64	62	5. 01	0	1. 33	3. 63	0. 05
埃及	65	65	4. 98	0. 07	1. 14	3. 33	0. 43
蒙古	66	66	4. 65	0	0. 54	3. 72	0. 38
阿尔巴尼亚	67	69	4. 49	0	1. 15	2. 71	0. 62
印度尼西亚	68	76	4. 45	0. 27	0. 59	3. 22	0. 38
孟加拉国	69	73	4. 22	0. 05	1. 68	2. 37	0. 12
巴基斯坦	70	77	4. 19	0. 07	2. 02	1. 87	0. 23
印度	71	72	4. 05	0. 75	1. 36	1. 53	0. 42
莱索托	72	63	3. 96	0	2. 88	0. 65	0. 43
科特迪瓦	73	75	3. 7	0. 01	0. 46	3. 04	0. 18
肯尼亚	74	74	3. 48	0. 02	1. 4	1. 9	0. 16
柬埔寨	75	78	2. 75	0	0. 01	2. 72	0. 02
卢旺达	76	82	2. 7	0	1. 78	0. 81	0. 11
乌干达	77	83	2. 39	0. 01	1. 69	0. 52	0. 18
马拉维	78	86	2. 04	0	1. 65	0. 3	0. 09
越南	79	79	2. 01	0. 04	0. 01	1. 84	0. 12
马达加斯加岛	80	81	1. 65	0	0. 86	0. 79	0
尼泊尔	81	84	1. 41	0	1. 26	0	0. 14

资料来源：作者自制。

从中国内地、日本、美国、德国、法国等国家（地区）产业基础得分情况来讲，美国产业基础得分（24. 89）遥遥领先于其他国家，但其与 2018 年（25. 79）相比略有下降。法国（17. 07）与日本（17. 04）的产业基础得分相差不大，德国（14. 49）与上述三个国家相比得分较低，中国产业基础得分仅为7.25。不同国家产业基础指数差异主要体现在服务业增加值及服务业劳动生产率两方面，美国服务业增加值最高，指数得分为7.5，而其他国家最高的也仅为2.66。此外，美国服务业劳动生产率也最高，该指数得分为6.09，中国该指数得分最低，仅0.72。

表1—10 2018年不同国家产业基础指数对比

国家	产业基础指数	服务业增加值	服务业增加值/GDP	服务业就业占比	服务业劳动生产率
美国	24.89	7.50	4.74	6.56	6.09
法国	17.07	1.18	4.24	6.34	5.31
日本	17.04	2.37	3.72	5.82	5.14
德国	14.49	1.35	2.84	5.77	4.54
中国内地	7.25	2.66	0.94	2.92	0.72

资料来源：作者自制。

（二）服务业增加值

2019年全球81个经济体服务业增加值均值为5310亿美元，在全球服务业增加值排名前20的国家及地区中，有18个国家及地区的服务业增加值均高于平均值。美国为全球服务业增加值最高的国家，其2019年服务业增加值达到13.14万亿美元，与2018年（14.9万亿美元）相比有所下降。中国内地排名第二，但与美国相比差距较大，仅为4.6万亿美元。

（三）服务业劳动生产率得分

服务业劳动生产率的衡量方式为该年服务业增加值与服务业就业人数之比。全球服务业劳动生产率在2019年的均值为30509.24美元，与2018年（32729）相比有所下降。其中，爱尔兰居于首位，其服务业劳动生产率为124801.4美元，中国内地为13419.8美元，远低于全球平均水平，排在第47名，与2018年（第52名）相比略微上升。

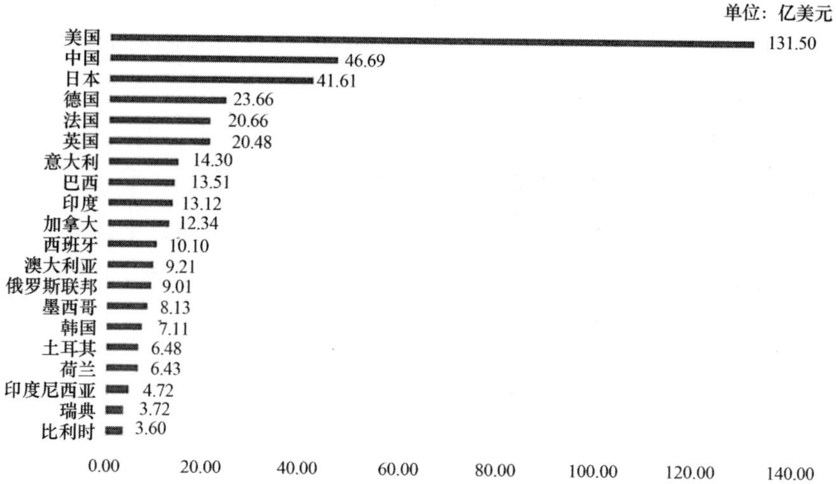

图 1—10　2018 年服务业增加值排名前 20 位的国家和地区

资料来源：根据世界银行数据库数据整理而得。

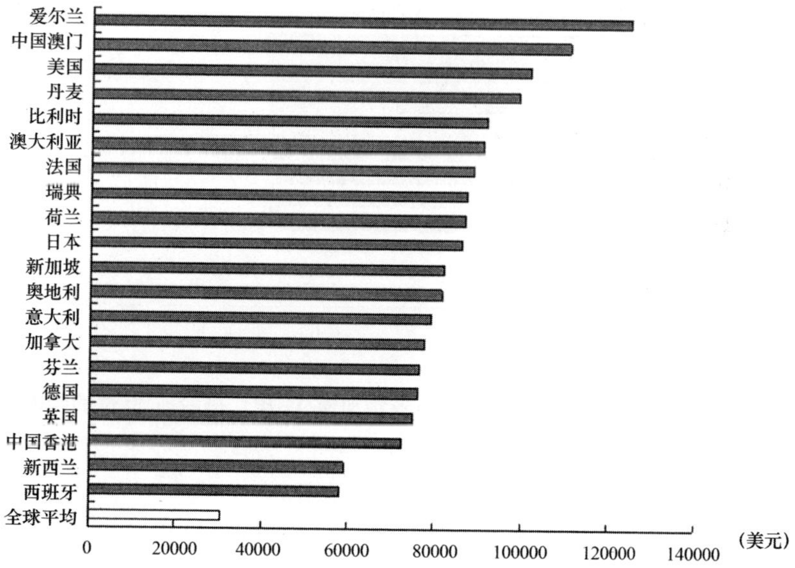

图 1—11　2018 年服务业劳动生产率排名前 20 位的国家和地区

资料来源：作者自制。

（四）服务业经济水平

服务业经济发展水平由服务业增加值占 GDP 比重以及服务业就业人员占比两个指标来衡量。服务业增加值反映了一国服务业的技术水平，服务业增加值占 GDP 比重与服务业就业人员占比作为服务业经济水平的两种衡量方式，可以反映一国服务业的结构及其在经济发展中的重要程度。

从服务业增加值占 GDP 比重前 20 位的国家及地区来看，中国澳门与中国香港位居榜首，二者的比重分别为 97.34%、89.99%，远超全球平均值 56.63%；中国内地服务业增加值占 GDP 比重为 51.6%，低于全球平均水平，排名由第 78 位上升至第 75 位。

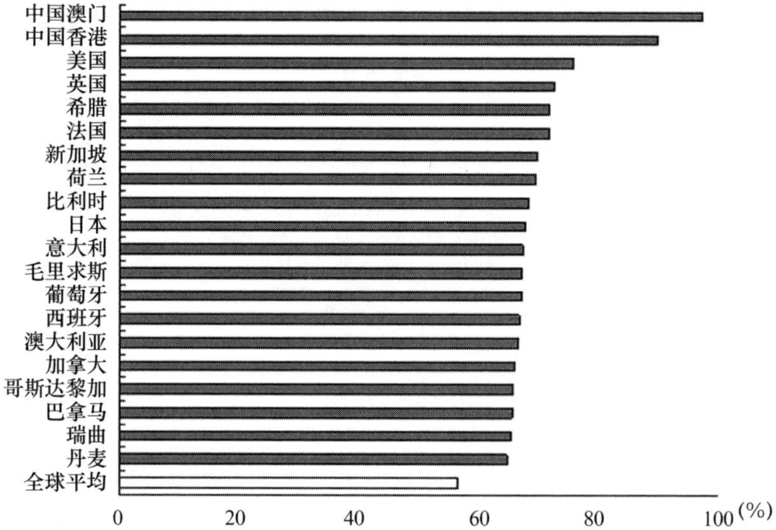

图 1—12　2018 年服务业经济水平（服务业增加值/GDP）排名前 20 位的国家和地区

资料来源：作者自制。

从服务业经济水平（服务业从业人员/从业人员总数）来讲，全球平均值为 58.12%，排名第一的为中国香港，其服务业就业人员占比为 88.03%，其次为新加坡。中国内地为 44.61%，排名第 71 位，较之 2018 年下降 20 名。

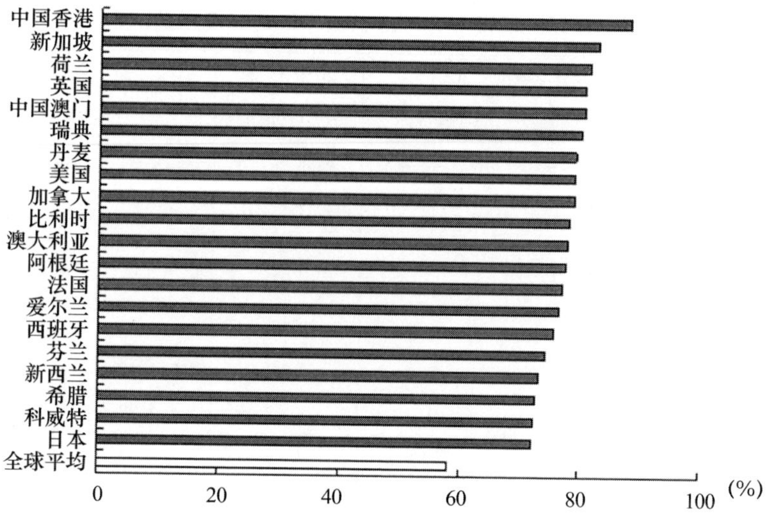

图 1—13　2018 年服务业经济水平（服务业从业人数/从业人员总数）排名前 20 位的国家和地区

资料来源：作者自制。

六、全球服务贸易综合发展环境指数评析

（一）全球服务贸易综合环境指数总体评析

服务贸易综合环境指数由两项指标构成，一是服务贸易限制性指数（STRI），二是营商环境指数（DTF）。服务贸易限制性指数是由 OECD 组织开发，衡量各经济体服务业开放程度的指数。该指数越大，则意味着其服务业限制性政策越多；指数越小，则意味着限制性政策越少。营商环境指数由世界银行编制，每年发布《全球营商环境报告》，对世界各国家或地区进行指数的测算。

与 2018 年相比，新西兰综合排名下降至第三，新加坡和中国香港上升至第一和第二，格鲁吉亚、英国、立陶宛排名分别上升一位，荷兰、西班牙、哈萨克斯坦上升较快，美国、韩国、德国、澳大利亚排名略微下降。

表 1—11　2018 年全球服务贸易综合环境指数

国家或地区	2019 年指数排名	2018 年指数排名	2019 年综合环境指数	STRI	营商环境指数（DTF）
新加坡	1	2	9. 85	5. 00	4. 85
中国香港	2	3	9. 73	5. 00	4. 73
新西兰	3	1	9. 60	4. 60	5. 00
格鲁吉亚	4	5	9. 18	4. 55	4. 63
英国	5	6	8. 88	4. 32	4. 56
立陶宛	6	7	8. 82	4. 46	4. 35
瑞典	7	9	8. 62	4. 22	4. 40
爱尔兰	8	10	8. 62	4. 48	4. 14
美国	9	8	8. 60	4. 03	4. 57
丹麦	10	11	8. 54	3. 76	4. 78
波兰	11	12	8. 52	4. 60	3. 92
毛里求斯	12	18	8. 32	4. 10	4. 21
荷兰	13	15	8. 31	4. 50	3. 82
韩国	14	13	8. 31	3. 58	4. 73
德国	15	14	8. 19	4. 05	4. 14
西班牙	16	19	8. 17	4. 17	4. 00
奥地利	17	17	8. 13	4. 03	4. 10
哈萨克斯坦	18	22	8. 12	4. 09	4. 03
澳大利亚	19	16	8. 10	3. 82	4. 28
中国澳门	20	4	8. 02	5. 00	3. 02
加拿大	21	88	7. 88	3. 71	4. 18
罗马尼亚	22	23	7. 70	4. 30	3. 40
芬兰	23	21	7. 67	3. 37	4. 30
葡萄牙	24	24	7. 56	3. 69	3. 87
保加利亚	25	25	7. 50	4. 22	3. 28
匈牙利	26	27	7. 45	4. 05	3. 40
卢旺达	27	32	7. 44	3. 42	4. 02
日本	28	26	7. 33	3. 55	3. 77
俄罗斯联邦	29	30	7. 33	3. 36	3. 97

续表

国家或地区	2019 年指数排名	2018 年指数排名	2019 年综合环境指数	STRI	营商环境指数（DTF）
法国	30	28	7.26	3.30	3.96
蒙古	31	29	7.26	4.37	2.89
比利时	32	34	7.21	3.63	3.58
吉尔吉斯共和国	33	39	7.20	4.24	2.95
秘鲁	34	31	7.15	4.14	3.01
土耳其	35	42	7.05	3.42	3.63
哥伦比亚	36	33	7.04	3.98	3.06
阿尔巴尼亚	37	37	6.98	3.89	3.09
希腊	38	36	6.93	4.01	2.93
智利	39	35	6.90	3.55	3.34
厄瓜多尔	40	43	6.79	5.00	1.79
意大利	41	38	6.69	3.26	3.43
多明尼加共和国	42	44	6.63	4.49	2.15
墨西哥	43	40	6.42	3.04	3.38
白俄罗斯	44	41	6.36	2.57	3.79
危地马拉	45	47	6.30	4.03	2.26
肯尼亚	46	51	6.22	3.04	3.18
乌克兰	47	49	6.18	3.24	2.94
巴拉圭	48	50	6.14	4.18	1.95
哥斯达黎加	49	45	6.08	3.06	3.02
中国	50	59	5.99	2.45	3.55
阿根廷	51	52	5.98	4.09	1.89
尼加拉瓜	52	53	5.98	4.45	1.53
马来西亚	53	46	5.98	1.65	4.33
巴西	54	61	5.65	3.63	2.02
泰国	55	48	5.58	1.49	4.09
洪都拉斯	56	55	5.57	3.75	1.82
乌拉圭	57	56	5.45	3.13	2.31
南非	58	57	5.32	2.62	2.70

续表

国家或地区	2019 年指数排名	2018 年指数排名	2019 年综合环境指数	STRI	营商环境指数（DTF）
莱索托	59	58	5. 31	3. 23	2. 09
科特迪瓦	60	67	5. 10	3. 30	1. 80
越南	61	60	4. 99	2. 03	2. 96
柬埔寨	62	64	4. 97	3. 53	1. 44
马达加斯加	63	74	4. 73	3. 95	0. 78
巴基斯坦	64	79	4. 64	3. 14	1. 49
马拉维	65	65	4. 62	2. 65	1. 97
纳米比亚	66	66	4. 49	2. 41	2. 08
突尼斯	67	69	4. 49	1. 78	2. 71
斯里兰卡	68	73	4. 47	2. 31	2. 16
尼日利亚	69	77	4. 47	3. 24	1. 22
沙特阿拉伯	70	68	4. 36	1. 95	2. 41
乌干达	71	72	4. 31	2. 62	1. 69
印度尼西亚	72	71	4. 23	1. 32	2. 91
巴拿马	73	70	4. 21	1. 50	2. 71
约旦	74	75	4. 10	1. 97	2. 13
尼泊尔	75	78	3. 89	1. 92	1. 98
科威特	76	80	3. 43	1. 17	2. 27
阿尔及利亚	77	84	3. 16	2. 30	0. 86
埃及	78	83	3. 00	1. 14	1. 86
印度	79	85	2. 83	0. 00	2. 83
菲律宾	80	82	2. 79	1. 03	1. 76
孟加拉国	81	87	1. 81	1. 81	0. 00

资料来源：作者自制。

从综合环境指数来看，排名前十位的国家和地区为：新加坡、中国香港、新西兰、格鲁吉亚、英国、立陶宛、瑞典、爱尔兰、美国和丹麦。在综合环境指数中，新加坡、中国香港和中国澳门的服务贸易限制指数由于其服务业限制性较低，加之 OECD 和世界银行没有发布其官方数值，因此取最小值计算。世界银行没有发布中国澳门的营商环境指数，因此取发达国家的平均值进行估算。从 STRI 和 DTF 的指标来看，两者基本呈现正相关关系，即服务贸易开放度较高的国家往往具有较好的营商环境水平。

中国内地的综合环境指数排名第 50 位，比上一年的 59 位提升了 9 位，这一方面是由于中国在近一年时间里不断推进改革开放，构建全面开放新格局，服务业开放取得诸多成绩；另一方面，在营商环境方面做出大力调整，在市场公平待遇、知识产权保护、缩小行政审批成本等方面做出巨大成绩，因此推动了中国综合环境指数的提升。

（二）服务贸易限制性指数

世界银行公布的服务贸易限制性指数由 OECD 和世界银行联合开发，对各经济体服务贸易四种提供模式中的跨境交付、商业存在、自然人流动三种模式进行开放政策评估，涉及 19 个服务领域。

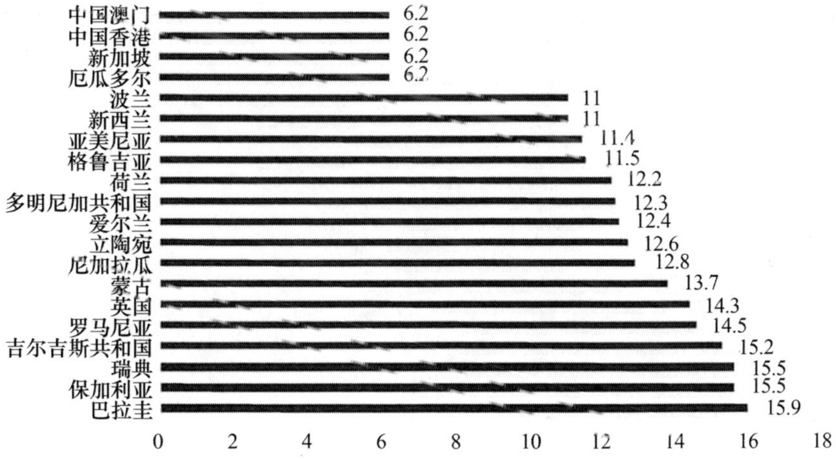

图 1—14　2018 年服务贸易限制性指数（STRI）排名前 20 位的国家和地区

资料来源：根据世界银行数据库整理而得。

如前文所述，中国澳门、中国香港、新加坡没有官方数据，本书根据其自由港的特性，按世界最开放指标进行估算，因此出现中国澳门、中国香港、新加坡和厄瓜多尔并列的情况。综合 81 个经济体来看，STRI 指数的平均值为 26. 18，低于均值的经济体有 52 个，意味着大多数国家和地区的服务业开放水平处于均值之上。在 81 个国家或地区中，排名最后一位的是印度，其 STRI 指数高达 65. 7，也就是说其服务业开放水平最低，限制性政策最多。

（三）营商环境指数

营商环境指数是由世界银行综合各国和地区企业营商环境十组指标进行逐项评级而得出的综合排名。营商环境指数越高，即排名越靠前，表明在该国或地区从事企业经营活动的条件越宽松。

2018 年，全球营商环境指数平均值为 68. 67，高于均值的有 45 个地区，其中指数最高的为新西兰，中国指数为 73. 64，比 2018 年的 65. 29 提高了 8. 35 分。

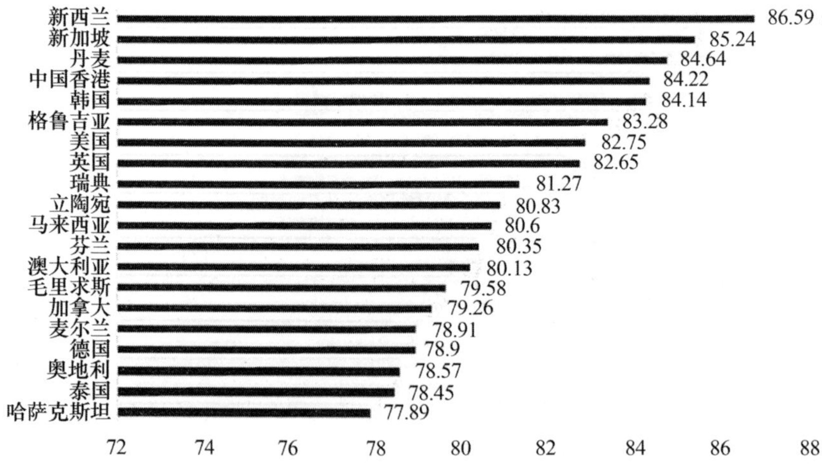

图 1—15 2018 年营商环境指数（DTF）排名前 20 位的国家和地区

资料来源：根据世界数据库数据整理而得。

七、重点国家服务贸易发展指数评析

（一）美国服务贸易发展指数评析

1. 美国服务贸易综合分析

作为服务贸易超级大国，美国服务贸易发展指数居于世界首位，各项指标均居世界前列。如表1—12所示，据2018年世界银行提供的服务贸易发展评价指标体系显示，美国服务贸易竞争力总指数为70.03，领先传统服务贸易强国新加坡、英国10分以上，具有绝对性优势。

表1—12　2018年美国服务贸易发展指数

发展指数（100分）	规模指数（15分）	结构指数（15分）	地位指数（30分）	产业基础指数（30分）	综合环境指数（10分）
70.03	7.90	6.67	21.96	24.89	8.60

资料来源：WTO数据库、世界银行。

2. 美国服务贸易规模

从服务贸易规模来看，美国2018年服务贸易总额为1.34万亿美元，其中出口总额8082亿美元，占世界服务贸易出口的13.82%，进口总额5362亿美元，占世界服务贸易进口的9.56%。近年来，随着市场的强势推动，中国服务贸易进口规模与美国旗鼓相当，但美国服务贸易出口规模是中国的3.38倍，占美国出口的23.91%，大规模的服务出口促使美国的服务贸易长期处于顺差状态，填补了巨额商品贸易逆差，并改善了国际收支状况。20世纪80年代以来，美国国内储蓄减少导致投资下降以及国内劳动生产率增长缓慢等原因造成货物贸易巨额逆差，而服务贸易顺差则抵消掉美国近25%的贸易逆差，在很大程度上改善了美国的国际收支状况。

美国服务贸易顺差源自美国服务业在国民经济中的核心地位，美国服务业在国民经济占比多数超过70%，拥有较强的服务供给能力和国际竞争优势，长期以来主导着全球服务贸易发展的方向和规则制定，并且从中获得巨大经济利益。此外，美国拥有世界一流的服务贸易促进体系。美国商务部有针对性地设立了五个职能部门为服务业出口提供行业分析、拟定贸易政策、参加贸易谈判、组织扩大贸易市场计划、评估国内外经济政策对相关进出口影响等相关服务，以提高美国服务业的全球竞争力。

3. 美国服务贸易结构

从服务贸易结构来看，2018 年美国服务贸易占对外贸易比重为 23.90%，其中，新兴服务贸易占到服务贸易总额的 58.40%，优质的服务贸易结构为美国服务贸易提供持续的竞争力。传统服务贸易行业——运输、旅游、维护修理服务一直是美国服务贸易的基础。但上述三个行业占美国服务贸易出口规模比重从 1999 年的 51% 下降至 2017 年的 41%，而知识和技术密集的新兴服务贸易——保险、金融、知识产权使用费、通信、计算机、信息服务占美国服务出口的比重从 1999 年的 30% 增长至 2017 年的 37%，成为美国服务出口的主力军。尤其是知识产权使用费和金融等知识技术密集型的高附加值服务贸易始终保持巨额盈余，二者贸易顺差分别从 1999 年的 344.29 亿美元和 111.53 亿美元增长至 2017 年的 770.80 亿美元和 807.11 亿美元。知识和技术密集型服务行业的高增长和高盈余很大程度上反映出美国服务产业优化对服务贸易的促进作用。

4. 美国服务贸易竞争优势

服务贸易产业基础指数由服务业增加值、服务业劳动生产率、服务业从业人员占比三项指标构成，该项指数是反映一国服务贸易竞争潜力的核心指标。2018 年，美国服务业增加值占 GDP 的比重为 78.79%，显示出服务与美国经济的密切整合。服务业不仅成为国民经济的核心组成部分，也为其他行业创造了更加有利的商业环境，从而更广泛地推动美国与世界经济的联系。2018 年，服务行业从业人员占社会从业人员总量的 79.14%，每 10 家雇员少于 20 人的公司中就有 9 家属于服务业。这些小型服务公司的工业岗位数量，占据着美国小型公司工作岗位的 9/10，为美国 50 个州每个州平均提供 35 万个工作岗位。坚实的服务产业基础和充沛的服务从业人员储备，是美国推动服务贸易可持续发展的基石。

此外，自由且稳定的服务业发展环境成为美国服务贸易又一竞争优势，在自由、稳定的营商环境下，美国的服务企业能够获得经营成本优势，营商环境的可预期吸引着持续的外部资金注入。美国奉行服务业对外自由开放的

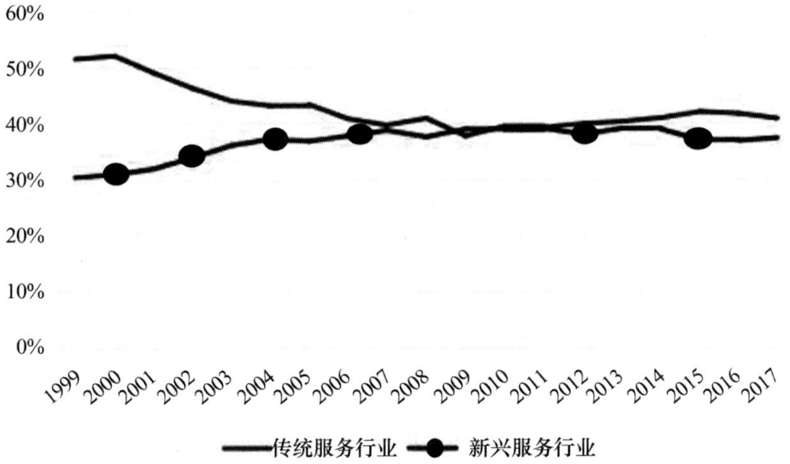

图 1—16　传统与新兴行业服务贸易出口变化趋势

资料来源：美国商务部经济分析局（Bureau of Economic Analysis，BEA）。

总体策略，服务业对外开放的制度框架主要体现为美国单边、双边、区域和多边服务贸易政策体系：单边自主的政策方面，如 1974 年通过的《外贸法》、1984 年通过的《贸易与关税法》、1988 年通过的《综合贸易与竞争法》等；双边和区域贸易政策方面，如美国先后与以色列、约旦、新加坡、智利，中美洲五国和多米尼加、加拿大和墨西哥、摩洛哥、澳大利亚、阿曼等签署了自由贸易协定；多边贸易政策方面，如美国积极推进服务贸易和知识产权纳入 WTO 谈判内容，完成乌拉圭回合多边贸易谈判并签署了《服务贸易总协定》（GATS）。出于保持国内服务产业竞争力和保障国内充分就业的需要，美国政府对关系国家产业安全的金融业、通信服务业、运输业、旅游业四大领域制定了具体限制性措施，在保障服务业开放的前提下，维护国家产业安全。2018 年，美国服务贸易限制指数（STRI）为 17.7，分别比中国和越南低 18.8 分和 23.8 分。美国在信贷、破产保护、财产登记等方面制度完善，注重保护个体权益，在基础设施建设、施工许可等设施建设方面处于国际上游水平。2018 年，美国营商环境指数（DTF）为 82.75，居世界第七位，标准化、简化、透明化的行政程序以及健全适度、与时俱进的法律法规是美国服务业持续繁荣的制度保障。

（二）日本服务贸易发展指数评析

1. 日本服务贸易综合分析

作为传统的服务贸易强国，日本服务贸易发展指数为44.37，位居世界第11位。由于日本自身经济规模的约束，规模指数和结构指数相对较低，分别为2.44和6.54。但是，日本服务贸易的产业基础指数和综合环境指数处于国际前列，说明日本在发展服务贸易领域具备良好的产业、人力基础以及合理的服务业开放方式。

表1—13　2018年日本服务贸易发展指数

发展指数（100分）	规模指数（15分）	结构指数（15分）	地位指数（30分）	产业基础指数（30分）	综合环境指数（10分）
44.37	2.44	6.54	11.01	17.04	7.32

资料来源：WTO数据库、世界银行。

2. 日本服务贸易规模

从2000年至2018年，日本服务进出口一直保持增长趋势，服务出口增长速度快于进口，服务贸易逆差逐渐收窄。根据日本贸易振兴会的统计，2000年日本服务进口、出口规模分别为1183.32亿美元和694.08亿美元，到2018年分别增长至2010.62亿美元和1938.42亿美元。从2002年起，日本服务出口增长明显快于进口，尤其是2013年后，其服务出口年平均增长率高达6%，高于进口增长率接近4个百分点。凭借较快的出口增长率，2015年进出口规模逐渐趋近，贸易逆差缩小至可控规模。截至2018年，日本服务贸易依然呈现逆差，但贸易逆差规模从2000年的489.24亿美元缩小到2018年的72.2亿美元，规模仅为前者的15%。进入21世纪，日本经济已止跌回升，开始逐步走上复苏之路。经济的回暖为日本服务贸易的发展创造了稳定的大环境。此外，服务业的日臻完善和渐进式的开放策略促使日本服务竞争力提升，服务贸易差额除在受经济危机影响的个别年份（2007年、2008年、2011年、2012年）呈负值外，其余年份较上年均呈现不同水平的正向变动。

日本贸易逆差收窄源自日本旅游、知识产权使用费、金融服务等新兴服务行业的强势推动。虽然旅游服务自 2014 年才实现贸易顺差，但旅游服务出口以年均 24% 的速度直线增长，成为近年来推动日本服务出口增长最快的领域。此外，日本知识产权使用费自 2002 年实现顺差以来，以年均 26% 的速度稳定增长，一直是日本服务贸易顺差的最大来源。2018 年，日本新兴服务占服务贸易出口的 60.6%，正是这些高附加值的新兴服务出口促进了日本服务贸易逆差的缩小。

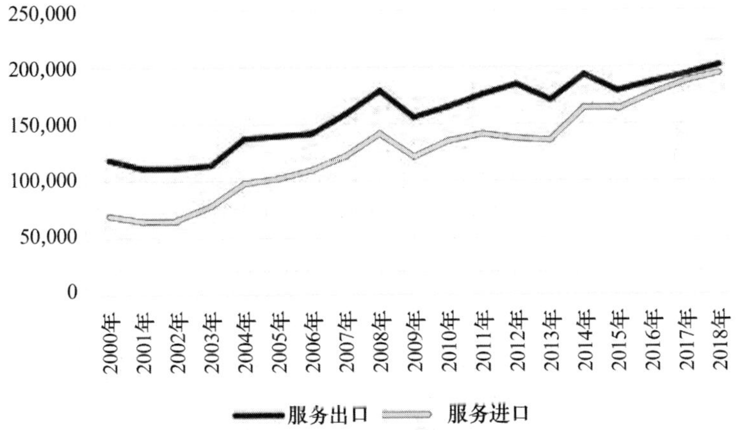

图 1—17 日本服务贸易进出口变动

资料来源：日本贸易振兴会（JETRO）。

注：1. 按各月期中的平均汇率进行美元换算；2. 单位：100 万美元。

3. 日本服务贸易结构

2018 年，日本服务贸易占本国对外贸易规模的 20.6%，新兴服务贸易占到服务贸易总额的 60.6%，由于新兴服务占比较高，日本服务贸易更容易获得转型升级的机遇。保险年金服务、金融服务、知识产权使用费、通信、电脑、信息服务和个人文化娱乐服务是日本的新兴服务领域，从 2000 年至 2018 年，日本新兴服务进出口变化趋势基本一致，但出口增速始终快于进口，尤其是 2013 年后，出口以年均 11% 的增速飞速上涨，高出进口增长 4 个百分点。从 2004 年起，日本新兴服务贸易发展进入拐点，贸易逆差消除。自此，

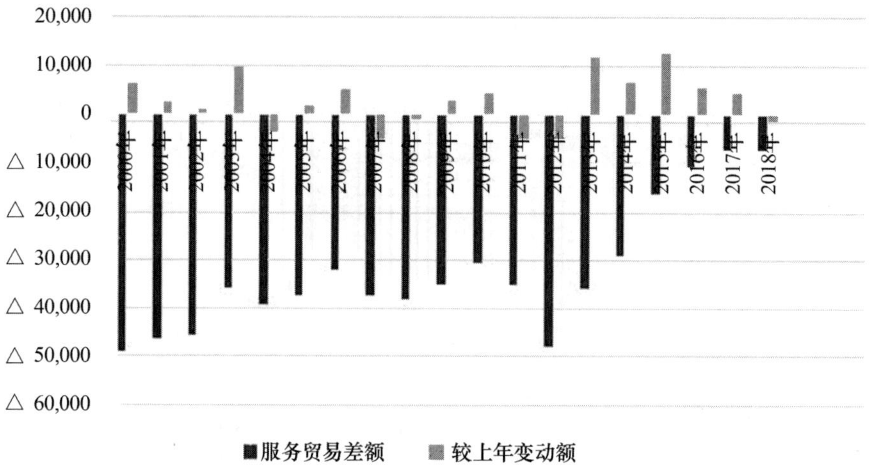

图 1—18　日本服务贸易收支差额及较上年变动额

资料来源：日本贸易振兴会（JETRO）。

注：1. 按各月期中的平均汇率进行美元换算；2. 单位：100 万美元。

日本在新兴服务领域一直保持贸易顺差，并在 2012 年后贸易顺差有逐渐扩大的趋势。

新兴服务贸易顺差的持续扩大源自日本新兴服务业的强大竞争优势，金融服务和知识产权服务的竞争优势尤其明显，上述两大行业自 2000 年起一直保持着贸易顺差的位势。日本知识产权服务的国际竞争优势源自知识产业的良好发展基础，日本不断完善与知识产权相关的法律法规，这不仅保护了国民的知识产权，也大大促进了知识密集型产业的对外发展和自由化。金融服务的国际竞争优势源自政府的适时改革，日本的金融业曾在 20 世纪 90 年代时遭遇泡沫经济的打击，此后政府对金融行业进行了改革，在国际上推动金融自由化，积极参加世界贸易组织和金融服务谈判，使金融业复苏并逐渐变成优势产业。可以看出，日本新兴服务行业的优势形成更多地源自政府合理及适时的行业发展战略。

4. 日本服务贸易竞争优势

日本服务贸易的竞争优势由产业基础指数和综合环境指数衡量。近年来，

单位：100万美元

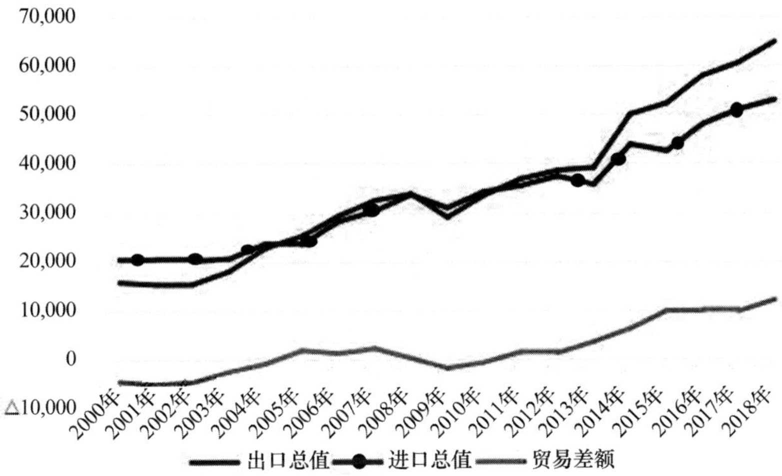

图 1—19　日本新兴服务进出口及差额

资料来源：日本贸易振兴会（JETRO）。

日本服务业保持稳定增长态势，在 GDP 中的占比保持着近 70% 的较高份额。2000 年日本服务业在国内生产总值中的占比为 66.2%，2001 年升至 67.8%，待 2002 年提升到 68.4%之后进入一个相对稳定的平台，2000 年至 2018 年则始终稳定在 68.1%—68.4%。服务业在 GDP 中长期保持较高比重，使日本服务贸易具备良好的产业基础。此外，72.08% 的日本劳动人口分布在服务行业，日本在发展服务业以及服务贸易方面十分重视人才素质的培养，包括采取诸多鼓励措施，如实行高工资、培训、派员出国交流等，使日本的服务业劳动生产率居于世界第四位。良好的服务产业基础和充足的高素质服务从业者使日本服务贸易始终保持活力，处于国际前列。

此外，日本政府通过开放和保护战略的结合，使日本成为世界服务业综合环境排名前 20 的国家。在服务领域，日本通过逐步放宽进入条件、扩大开放领域、推进自由化、引入竞争机制等措施促进服务业生产效率和管理水平的提高。同时，日本对国内一些缺乏竞争力的幼稚服务业、高新技术服务业和战略性服务业进行有效保护，达到同时推动服务业自由化和保护国内新兴服务产业的目的。2018 年，日本服务贸易限制指数（STRI）为 23.4，与意大利、芬兰、法国等多数发达国家处于同一水平。

但是，日本的营商环境指数（DTF）为 75.65，居世界第 39 位，世界银行分析了其创业难易度和资金筹措环境、供电和税制等 10 个项目。日本因手续较多等原因，在“创业难易度”项目上仅列第 93 位，还在资金筹措环境和税制等项目上评价较低，这说明日本服务业发展面临较高的行政交易成本。未来，日本政府应在企业注册、融资环境和服务业税制三大领域进行针对性行政改革，提升日本服务业及服务贸易的制度环境。

第三节　省级指数

一、中国省级服务贸易发展指数概览

中国省市级服务贸易发展指数分析是从各个省份、自治区和直辖市的角度出发，一是按照东部、中部、西部三个区域划分方法进行总体评析，二是对部分省市等地区服务贸易进行评析。

观察中国省级服务贸易发展指数（见表 1—14），可以得出以下结论：一是东部地区居于领先地位，尤其是北京和上海，两地成为引领全国服务贸易发展的总龙头；二是东、中、西三个地区服务贸易发展呈阶梯状，中部和西部服务贸易的发展有较大的空间。

（一）中国省级服务贸易发展指数总体评析

中国省级服务贸易发展指数排名前十位的省市分别为：北京市、上海市、广东省、江苏省、浙江省、天津市、海南省、四川省、山东省、辽宁省，多为东部沿海发达省份。北京市和上海市遥遥领先，服务贸易总指数均超过 80，居全国前两位，广东省居第三位，但与北京市和上海市差距较大。有 9 个省份总指数处于 25—50 的区间内，18 个省总指数处于 0—25 的区间内，只有宁夏省总指数小于 10。实际上，总指数排名前 10 位的省市中，只有北京市和四川省不属于沿海省市。中国省市级服务贸易总指数平均数为 27.73，30 个省市中有 11 个省市高于平均值，有 19 个低于平均值，高于平均值的省市占 30 个省市的 36.67%。

表 1—14　中国省级服务贸易发展指数

分组	城市
第一梯队（50—90 分）	上海
	北京
	广东
第二梯队（25—50 分）	江苏 浙江
	天津 海南
	山东 四川
	辽宁 福建
	重庆
第三梯队（0—25 分）	陕西 湖北 山西
	云南 新疆 贵州
	甘肃 吉林 黑龙江
	湖南 内蒙 广西
	河北 河南 青海
	江西 安徽 宁夏

资料来源：作者自制。

从区域来看，东部地区的服务贸易发展远超中部和西部地区，西部地区总指数略高于中部地区（见表 1—15）。从服务贸易发展指数构成来看，东部地区在服务贸易规模、服务贸易结构、服务贸易地位、服务贸易基础、服务贸易综合环境方面的五项得分均高于全国平均水平，而中西部地区均低于全国平均水平。在规模指数和综合环境指数两项得分的中部地区高于西部地区，西部地区在结构指数、地位指数、产业基础指数高于中部地区。

表 1—15　2018 年全国省级地区服务贸易总指数

全国平均	服务贸易发展总指数	服务贸易规模指数	服务贸易结构指数	服务贸易地位指数	产业基础指数	服务贸易综合环境指数
东部地区	43.33	4.53	6.65	9.75	17.35	5.05
中部地区	17.40	0.35	3.70	3.29	7.57	2.49
西部地区	19.65	0.27	4.17	4.99	8.34	1.88
全国平均	27.73	1.85	4.95	6.28	11.44	3.20

资料来源：作者自制。

（二）中国省级服务贸易总指数分项评析

上海地区处于全国服务贸易发展的领先地位，它的服务贸易产业基础雄厚，是全国优秀人才和产业的汇集地，其得天独厚的地理位置，加之不断优化的服务贸易发展政策环境，对当地服务贸易的发展起到关键作用。上海自贸区建立以来，服务贸易迅速成长，在巩固传统服务贸易的基础上，发展了创新型服务贸易。中央和上海市政府共同发力，出台政策文件，打造优良的贸易环境，使上海主动服务和融入国家重大战略，更好地服务于对外开放总体战略布局。2018 年 8 月，国务院正式印发《中国（上海）自由贸易试验区临港新片区总体方案》，发挥临港优势，通过税收优惠政策、资金金融支持政策、人才吸引政策来聚集领军企业，吸引精英。2019 年 2 月印发了《上海市服务贸易促进指导目录（2018 年版）》，内容涵盖运输服务贸易、信息服务贸易、服务外包等 11 项内容，指明了上海市服务贸易的发展方向和重点。

北京地区也处于全国服务贸易发展的领先地位，在服务贸易产业基础、服务贸易综合环境等领域的得分位居全国第一。近年来，北京市在优化服务贸易营商环境、优化服务贸易发展格局、发展特色优势服务贸易发展方面不断进步。自从 2015 年 5 月以来，国务院批复《北京市服务业扩大开放综合试点总体方案》，北京成为全国首个，也是目前唯一一个服务业扩大开放综合试点城市。四年来，北京服务业开放的广度和深度不断拓展，服务业占 GDP 的比重超过 81%，以服务经济为主导的发展格局得到进一步巩固，外商投资更加便利了，通关速度更快了。据相关数据显示，2019 年 5 月，北京空港口岸进出口整体通关时间分别降至 41.09 小时和 1.15 小时，较 2018 年全年分别压缩了 49.9% 和 81.4%。

广东省在服务贸易产业基础、服务贸易地位、服务贸易规模、服务贸易结构、服务贸易综合环境五个领域均超过全国平均水平。依托得天独厚的地理位置，作为改革开放的排头兵，广东省在对外开放、高质量发展、重点领域新动能、激发市场活力、服务贸易便利化等方面不断优化，致力于推动服务贸易创新发展，加快服务外包转型升级。2019 年，广州市商务局发布了《广州市加快服务贸易和服务外包发展的实施意见（征求意见稿）》（下称

《意见》)。《意见》提出要深化粤港澳大湾区服务贸易创新合作，包括深化在数字贸易、金融、工业设计、文化创意、会展、专业服务等领域的互利合作。同时，还要辐射带动粤港澳大湾区内城市和泛珠三角地区在商贸、金融、旅游、运输、科技、文化、教育等领域联动发展。在加快金融服务创新方面，广州将建设绿色金融改革创新试验区，研究设立以碳排放为首个品种的创新型期货交易所，支持符合条件的港澳金融机构在试验区设立合资证券、基金、期货和保险公司，并支持符合条件的外国投资者在广州投资设立人身险公司、经营保险代理业务和保险公估业务，支持外资保险经纪公司扩大经营范围。为充分激发市场活力，《意见》提到要依托市服务贸易和服务外包示范区，推动形成国际服务创新集聚发展高地，并打造“广州市服务贸易公共服务平台”，提供服务贸易“一站式”公共信息服务。

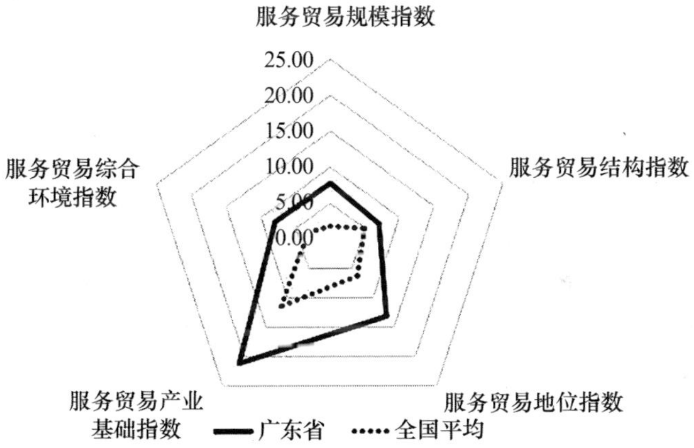

图 1—20　2018 年广东省服务贸易发展指数分项指标雷达图

资料来源：作者自制。

江苏省服务贸易发展总指数位居全国前列，超过全国平均水平。它的服务贸易规模比较大，发展迅速，目前规模全国第四。近年来，江苏省委、省政府高度重视服务贸易发展，把大力发展服务贸易作为外贸转型升级的重要举措，大力发展服务贸易，全面提升服务贸易规模质量，全面提升江苏省服务贸易国际竞争力，让服务贸易成为江苏经济增长的新引擎，是江苏融入和服务国家战略、加快推进新一轮对外开放、加快转变经济发展方式的重要着力点。江苏省积极参与“一带一路”建设，已经形成“1 +5 +1”政策文件框架体系，在金融合作、创新服务模式、政策体系和监管模式等领域不断优化，为服务贸易的发展奠定了重要的基础。

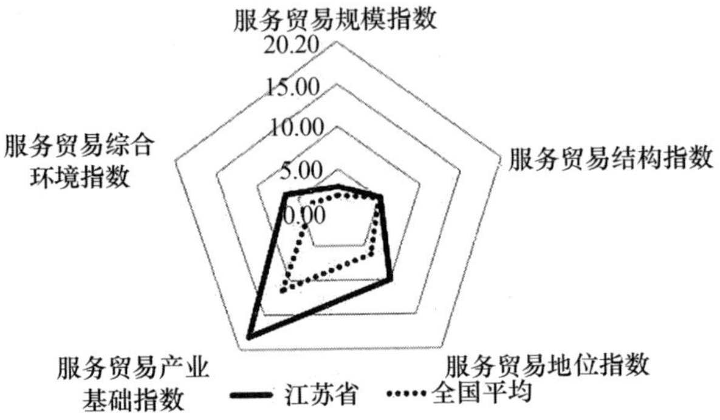

图 1—21　2018 年江苏省服务贸易发展指数分项指标雷达图

资料来源：作者自制。

浙江省服务贸易发展水平位居全国前列，超过全国平均水平。近年来，服务贸易结构进一步调整，不断优化，服务贸易市场分布进一步多元化，服务贸易基础不断巩固。在各城市全力推进服务贸易创新发展试点工作，强化服务贸易公共服务平台建设，在重点领域加大资金支持力度，以开放促进创新发展。

海南省服务贸易发展水平位居全国前列，主要得益于服务贸易结构、服务贸易综合环境、服务贸易产业基础等领域的发展。统计数字显示，2019 年上半年，海南服务出口 51. 5 亿元，同比增长 34% 。近年来，海南省积极开展深化服务贸易创新发展试点工作，确定并抓紧落实 107 项试点任务，涉及完善管理体制、扩大对外开放、培育市场主体、创新发展模式、提升便利化水平等方面，107 项任务已完成 45 项，如设立联合国教科文组织联系学校国际中心、依托互联网开展跨境远程医疗、探索知识产权证券化等，有效推动了服务贸易的发展。海南省积极探求建立跨境服务贸易负面清单、创建国家数字服务出口基地和中医药服务出口基地。着力推动省级特色服务贸易出口基地、服务外包示范基地建设，完善服务贸易支持政策，实施融资便利化措施，扩大优惠政策覆盖面，吸引服务外包企业集聚发展。

四川省服务贸易发展总指数位居全国前列，主要得益于服务贸易规模、服务贸易结构和服务贸易综合环境的改善。近年来，四川省致力于营造良好的营商环境、推进服务业数字化升级。大力培育网络体验、智能零售、共享经济、平台经济等新模式新业态，实施垂直电商供应链平台，发展智慧服务新场景，推动数字商业街区打造和基地建设，创建智慧社区服务示范中心，加快服务贸易数字化进程。这些举措使服务业发展基础不断强化，促进服务业进一步发展。

山东省服务贸易发展水平位居全国前列，主要得益于服务贸易规模和服务贸易产业基础。近年来，山东省聚焦新旧动能转换，积极探索服务贸易发展的新路子，塑造服务贸易发展特色优势，服务进出口保持较高增长态势。2018 年，山东省服务进出口首次突破 4000 亿元，生产性服务外包成快速增长重要动力。新兴服务贸易稳步发展，尤其是电信、计算机及信息服务出口、专有权使用费、特许费服务出口、研发设计等方面。传统服务贸易加快转型升级，建筑、旅游和运输进出口保持较快发展。生产性服务外包规模不断扩大，发挥山东制造业优势，推动与现代服务业深度融合，成为服务外包持续快速增长的重要动力。

辽宁省服务贸易发展总指数位居全国前列。近年来，辽宁省不断提高自贸试验区金融开放水平，持续推动金融领域开放创新，硕果累累，沈阳“金融岛”、大连小窑湾金融城、营口“金融港”产业集聚效应开始显现。辽宁自贸试验区的 123 项改革试验任务，已有 113 项落地，落地率达 91.8%，位居全国前列。辽宁省高度重视“一带一路”在开放合作新高地建设中的关键作用，积极探索国内首个在省级层面全域建设“一带一路”的拓展路径和创新实践，并把与中东欧国家合作作为辽宁全面对外开放、参与“一带一路”建设的重中之重，提出要全力推动建设辽宁沿海经济带“16 + 1”（中东欧 16 国 + 中国）经贸合作示范区。

二、中国省级服务贸易规模指数评析

观察中国省级服务贸易规模指数，可以得出以下结论：一是北京和上海

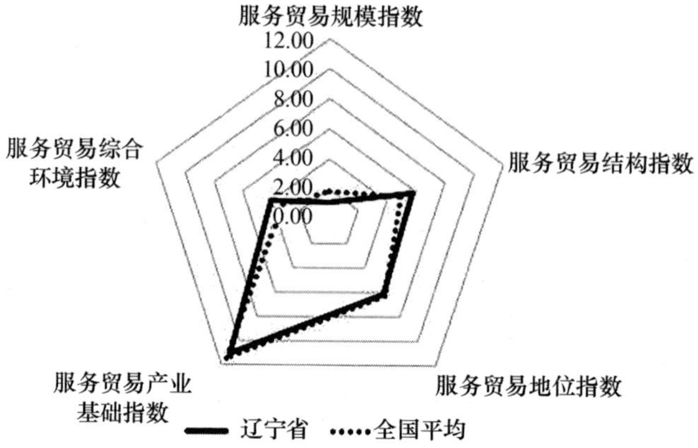

图 1—22 2018 年辽宁省服务贸易发展指数分项指标雷达图

资料来源：作者自制。

贸易规模远超其他地区，尤其是在人均服务贸易额方面有着绝对优势；二是东部地区因经济开放度高、产业基础好、经济体量大等原因，与中西部地区拉开了较大距离。

（一）中国省市级地区服务贸易规模指数总体评析

从服务贸易规模指数（见表 1—16）来看，阶梯状特征明显。北京和上海位居前两名，其规模指数均大于 15。广东省虽然位居第三，但仍与北京和上海的差距较大，浙江省和江苏省两个地区服务贸易规模指数均大于 2，天津市、山东省、福建省、辽宁省四个地区服务贸易规模指数高于 1，其他 21 个地区服务贸易规模指数低于 1。

从服务贸易总额得分来看，北京和上海位居前两名，广东位居第三，与前两名差距不大，浙江省、江苏省、山东省三个地区服务贸易总额得分均大于 1，服务贸易总额得分小于 1 的地区有 24 个。从人均服务贸易额得分来看，北京和上海位居前两名，显著领先于其他地区，广东省和天津市两个地区人均服务贸易额得分均大于 1，人均服务贸易额得分小于 1 的地区有 26 个。

从区域来看，东部地区服务贸易规模指数显著高于全国平均水平，服务贸易总额得分、人均服务贸易额得分两项内容也明显高于全国平均水平（见表1—17）。中部地区在规模指数、服务贸易总额得分、人均服务贸易额得分方面略高于西部地区。总体来看，三项内容呈现出正相关的趋势，即服务贸易总额得分和人均服务贸易额得分高的地区规模指数也高。服务贸易规模的区域特征呈现出阶梯状分布的特征，东部地区居于领先地位，与中部地区差距明显，中部地区略高于西部地区，差距较小。

表1—16　2018年中国省级地区服务贸易规模指数

省份	2018年排名	2017年排名	规模指数	服务贸易总额得分	人均服务贸易额得分
上海	1	2	14.95	7.50	7.45
北京	2	1	14.29	6.79	7.50
广东	3	3	7.89	6.48	1.41
浙江	4	6	3.49	2.43	1.06
江苏	5	4	3.00	2.28	0.72
天津	6	5	1.97	0.75	1.22
山东	7	7	1.61	1.26	0.35
福建	8	8	1.42	0.85	0.57
辽宁	9	9	1.21	0.75	0.46
四川	10	10	0.99	0.73	0.26
湖北	11	11	0.73	0.49	0.25
重庆	12	12	0.68	0.35	0.33
陕西	13	13	0.55	0.31	0.24
吉林	14	17	0.47	0.22	0.25
海南	15	18	0.47	0.11	0.36
河南	16	15	0.47	0.34	0.13
安徽	17	16	0.44	0.29	0.15
河北	18	14	0.42	0.29	0.14

续表

省份	2018 年排名	2017 年排名	规模指数	服务贸易总额得分	人均服务贸易额得分
山西	19	21	0.40	0.21	0.19
湖南	20	19	0.35	0.22	0.13
黑龙江	21	20	0.33	0.17	0.16
云南	22	22	0.33	0.19	0.14
新疆	23	24	0.32	0.14	0.19
江西	24	25	0.30	0.17	0.14
内蒙古	25	23	0.30	0.12	0.17
广西	26	26	0.27	0.15	0.11
甘肃	27	27	0.17	0.06	0.11
贵州	28	29	0.14	0.05	0.09
宁夏	29	28	0.13	0.01	0.12
青海	30	–	0.09	0.00	0.09

资料来源：作者自制。

表 1—17　2018 年中国省级地区服务贸易规模指数（按区域）

区域	规模指数	服务贸易总额得分	人均服务贸易额得分
东部地区	4.53	2.68	1.85
中部地区	0.35	0.26	0.09
西部地区	0.27	0.19	0.08
全国平均	1.85	1.12	0.73

资料来源：作者自制。

（二）部分省市服务贸易规模评析

按照服务贸易规模指数得分，北京、上海、广东、浙江、江苏等省市表现明显优于其他地区，中西部地区的吉林、湖北、重庆、四川等省市得分相对较高。上海和北京的服务贸易总额和人均服务贸易额显著高于其他地区，广东、浙江和江苏得分较高得益于服务贸易总额，其他地区的服务贸易规模相对较小。

从服务贸易总额指标来看，北京、上海、广东遥遥领先于其他地区，2018 年服务贸易总额分别为 1606 亿美元、1774 美元、1532 亿美元，合计占全国服务贸易总额的比重超过 61%。浙江省和江苏省服务贸易总额超过 500 亿美元，山东省和福建省服务贸易总额超过 200 亿美元，剩下的 24 个省市服务贸易总额都低于 200 亿美元（见图 1—23）。

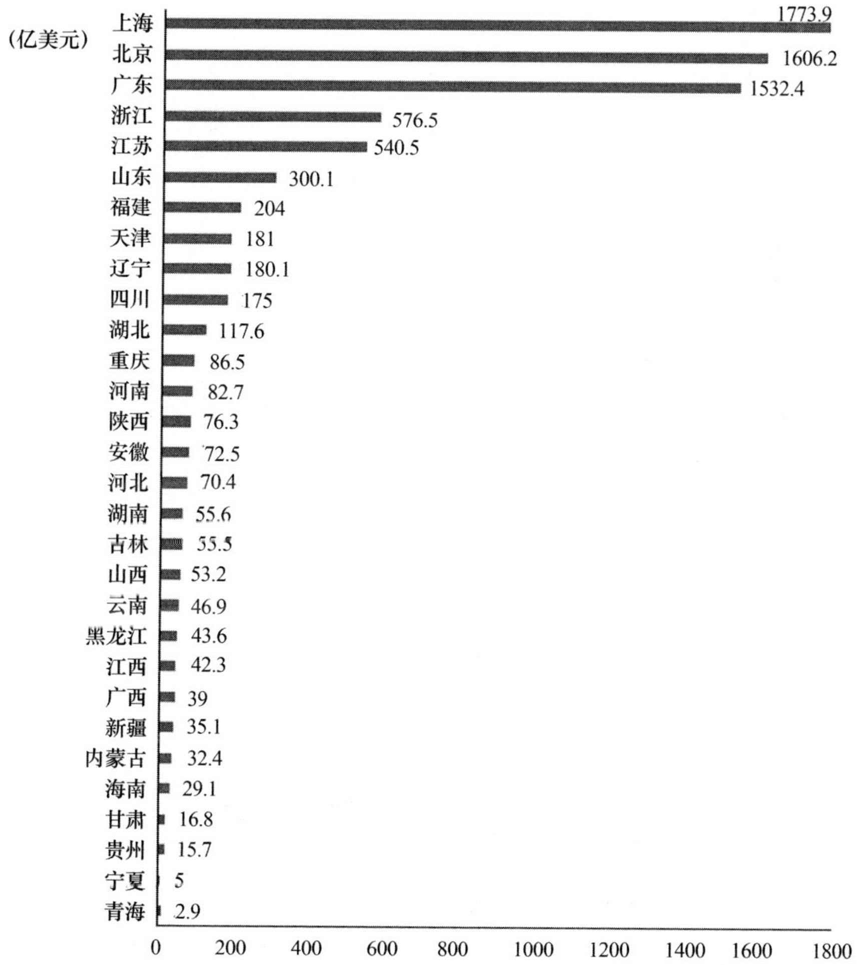

图 1—23 2018 年中国省级地区服务贸易总额发展情况

资料来源：作者自制。

从人均服务贸易额指标来看，阶梯状特征仍旧明显，北京市和上海市位居前两名，是第三名（广东省）的 5 倍以上，是全国平均水平的 9 倍以上（见图 1—24）。江浙地区虽然排名靠前，但仍与前三名差距较大，有较大潜力。要提高整体的水平，需发挥排名靠前地区的榜样和示范作用，保持优势，带动其他地区的发展，促进区域间服务贸易发展更为平衡。

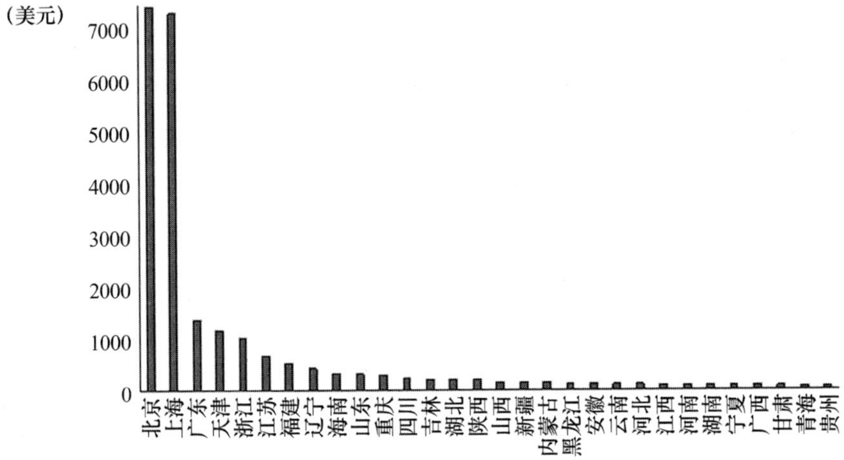

图 1—24　2018 年中国省级地区人均服务贸易规模发展情况

资料来源：作者自制。

三、中国省级服务贸易结构指数评析

在现有的指标体系下，服务贸易结构指标由两个部分组成，分别是服务贸易占对外贸易比重以及新兴服务贸易占服务贸易比重，对全国 30 个省和直辖市的相关数据进行收集整理，经过标准化及加权后最终得分和排名（见表 1—18）如下。

观察中国省级服务贸易结构指数，可以得出以下结论：一是北京和上海在服务贸易结构指数位居前两名，服务贸易结构不断优化，在分项指标上也占据优势地位；二是就整体情况而言，30 个省市的服务贸易状况优于新兴服务贸易状况；三是从入世以来，东部地区就占据我国服务贸易地域分布的主体地位，在资源禀赋、政策导向、经济基础上都占优势。

从服务贸易结构指数（见表1—18）来看，阶梯状特征明显。北京和上海位居前两名，其结构指数均大于13。无论是服务贸易占比得分还是新兴服务贸易占比得分，北京和上海都稳居前三名，说明这两个市在服务贸易结构方面在全国居绝对领先地位。海南省结构指数排名虽然为第三名，但与北京和上海差距仍较大，结构指数排名3—13名的省市均超过全国平均值，但二级指标的得分与一级指标的相关性不强，广东省、辽宁省和江苏省结构指数之所以超过全国平均值，主要得益于新兴服务贸易，甘肃省、湖北省和贵州省主要得益于服务贸易占比较高。这说明各省市是根据自身的资源禀赋、发展定位、产业基础等不同因素来优化服务贸易结构的。结构指数排名14—30名的省市低于全国平均值，其中山西、新疆、内蒙古服务贸易占比高于平均值，但新兴服务贸易占比低于平均值，天津、重庆、浙江、山东新兴服务贸易占比高于平均值，而服务贸易占比低于平均值。

随着对外开放的不断深入，各省市的产业结构不断的优化升级，我国服务贸易结构逐步优化，知识密集型服务贸易比重上升，传统服务贸易比重下降。结构优化的同时，贸易规模也在不断扩大。2018年，中国服务贸易进出口总额超过5万亿元人民币，同比增长11.5%，连续5年稳居世界第二，但仍与发达国家有一定差距，具体表现为服务贸易存在较大逆差，传统产业占比偏高、层次较低、知识含量过低，以及服务业基础设施总体较落后、人力资本相对匮乏、专利成果转化率不高等，这些都是服务贸易结构优化升级的瓶颈。在供给侧改革背景下，服务贸易结构的优化已经成为我国供给侧结构性改革的重要抓手，要实现服务贸易出口结构优化，必须从供给方面入手，提高生产要素的生产率，调整供给结构。

表1—18　2018年全国省市服务贸易结构指数

省份	2018年排名	2017年排名	结构指数	服务贸易占比得分	新兴服务贸易占比得分
上海	1	2	13.80	6.30	7.50
北京	2	1	13.43	7.08	6.35
海南	3	4	8.53	4.01	4.52
吉林	4	6	7.85	4.88	2.96

续表

省份	2018 年排名	2017 年排名	结构指数	服务贸易占比得分	新兴服务贸易占比得分
青海	5	–	7.50	7.50	–
广东	6	5	7.04	2.07	4.97
四川	7	7	6.63	3.31	3.32
辽宁	8	8	5.74	2.46	3.28
甘肃	9	14	5.73	5.12	0.61
湖北	10	11	5.58	3.93	1.65
贵州	11	17	5.24	3.59	1.65
江苏	12	9	5.11	0.52	4.59
天津	13	12	4.94	2.23	2.70
山西	14	20	4.88	4.63	0.24
重庆	15	10	4.65	1.26	3.38
浙江	16	19	4.53	1.88	2.65
山东	17	13	3.81	1.09	2.72
新疆	18	3	3.67	2.87	0.80
陕西	19	16	3.66	2.12	1.54
内蒙古	20	22	3.60	3.59	0.01
福建	21	15	3.58	1.26	2.32
黑龙江	22	18	3.32	2.63	0.68
湖南	23	21	2.70	1.52	1.19
云南	24	25	2.68	2.44	0.24
河北	25	23	2.64	1.81	0.83
安徽	26	24	2.38	1.42	0.97
宁夏	27	27	2.27	1.85	0.41
江西	28	26	1.92	0.71	1.22
河南	29	28	0.99	0.99	0.00
广西	30	29	0.25	0.00	0.25

资料来源：作者自制。

从区域来看，东部地区无论是在一级指标还是二级指标方面都显著领先于中西部地区，虽然西部地区在服务贸易结构指数评分上高于西部地区，但考虑到西部地区工业发展水平较低和整体贸易水平不高等因素，不应该完全解读为西部地区比中部地区有结构化优势（见表1—19）。总排名前十三名的地区中，东、中、西部地区分别占据7、2、4席。

我国东部地区始终占据服务贸易发展优势地位。东部地区开放程度高，基础设施健全，城市化和工业化水平高，汇集了丰富的人才资源。中西部地区近年来深入推进改革开放，积极承接产业转移，持续强化创新创业能力，区域协调发展显现。抓住机遇，因地制宜，加快推进东中西部服务贸易整体发展正逢其时。

表1—19　2018年地域服务贸易结构指数均值

区域	结构指数	服务贸易占比得分	新兴服务贸易占比得分
东部地区	6.65	2.79	3.86
中部地区	3.7	2.59	1.11
西部地区	4.17	3.06	1.11
全国平均	4.96	2.84	2.12

资料来源：作者自制。

四、中国省级服务贸易地位指数评析

本部分对中国区域服务贸易地位指数进行测算，分别从竞争力地位、市场地位、国际化水平三个维度来分析各省的服务贸易地位现状，并通过加总以上三个维度的打分得到各省的服务贸易地位指数。

观察中国省级服务贸易地位指数，可以得出以下结论：一是北京和上海的服务贸易地位指数位居前两名，但是竞争力地位得分不高，与全国相比较不具有绝对优势；二是就整体情况而言，30个省市的市场地位得分和国际化水平得分有待提高；三是东部地区服务贸易地位较高，但内部差异较大，以市场地位得分为例，北京和上海虽然占据优势地位，但其他东部地区优势不大。

从服务贸易地位指数来看（见表1—20），排名前三名的地区为上海、北京、广东，也是服务贸易地位指数得分超过10分的三个省份，与其他地区相比较，这三个地区的竞争力地位、市场地位、国际化水平都位居前列。位于全国平均服务贸易地位指数（6.08）以上的地区共有13个，分别是上海、北京、广东、江苏、天津、福建、云南、新疆、山东、浙江、广西、山西、陕西。这13个地区中，东、中、西地区分别占了8、1、4席，主要是由于东部地区开放水平较高，服务贸易发展基础较好。全国服务贸易地位指数排名较为落后的三个省份分别为吉林、黑龙江、宁夏。对宁夏而言，竞争力地位得分接近于零，地位指数最终得分主要得益于国际化水平。

从区域来看（见表1—20），全国30个省（包含直辖市和自治区）服务贸易地位指数的平均分为6.08，竞争力地位得分、市场地位得分、国际化水平得分的平均分分别为4.08、0.12、0.99。只有东部地区的地位指数得分超过全国平均分，西部地区和中部地区分别位列第二、三。

表1—20　2018年全国服务贸易地位指数及分项得分

地区	2018年排名	2017年排名	地位指数	竞争力地位得分	市场地位得分	国际化水平得分
上海	1	1	20.52	5.52	7.50	7.50
北京	2	2	17.20	4.82	6.10	6.28
广东	3	3	12.64	4.47	5.50	2.67
江苏	4	8	9.81	6.34	2.55	0.92
天津	5	4	8.35	6.10	0.83	1.42
福建	6	6	8.09	7.50	0.25	0.34
云南	7	5	7.99	6.03	0.92	1.04
新疆	8	12	7.27	6.69	0.17	0.41
山东	9	10	7.22	5.41	1.24	0.57
浙江	10	11	7.05	6.66	0.19	0.20
广西	11	9	6.97	3.57	1.75	1.65
山西	12	20	6.24	5.64	0.22	0.37
陕西	13	14	6.21	5.39	0.31	0.51
辽宁	14	15	5.91	4.16	0.61	1.14
四川	15	13	5.59	4.36	0.61	0.62
重庆	16	7	5.54	4.63	0.31	0.59

续表

地区	2018 年排名	2017 年排名	地位指数	竞争力地位得分	市场地位得分	国际化水平得分
安徽	17	16	5.33	4.74	0.27	0.32
青海	18	–	4.98	4.97	0.01	0.00
内蒙古	19	18	4.50	4.24	0.11	0.16
江西	20	21	4.31	3.97	0.13	0.21
海南	21	17	3.96	3.04	0.07	0.84
湖北	22	19	3.71	2.99	0.31	0.41
甘肃	23	28	2.58	2.39	0.03	0.15
贵州	24	25	2.36	2.31	0.03	0.01
湖南	25	22	2.03	1.84	0.11	0.08
河南	26	26	2.02	1.70	0.15	0.16
河北	27	23	1.93	1.60	0.13	0.21
吉林	28	24	1.65	1.05	0.08	0.52
黑龙江	29	27	0.50	0.21	0.04	0.25
宁夏	30	29	0.07	0.00	0.00	0.07

资料来源：作者自制。

表 1—21　分区域服务贸易地位指数及分享得分

地区	地位指数	竞争力地位得分	市场地位得分	国际化水平得分
东部地区	9.75	4.64	1.03	1.18
中部地区	3.29	2.77	2.48	2.63
西部地区	4.99	4.47	1.07	0.35
全国平均	6.28	4.08	0.19	0.33

资料来源：作者自制。

从各省级地区服务贸易竞争力地位指数来看（见图 1—25），全国大多数省市服务贸易差额均为负值，说明中国的服务贸易竞争力水平仍旧处于弱势地位。从服务贸易竞争力指数看，排名前三位的分别是云南、新疆、广西，排名靠后的分别是吉林、黑龙江、宁夏。这说明此指数仅可说明某一地区的服务出口高于服务进口，而不能说明服务贸易竞争力的情况。

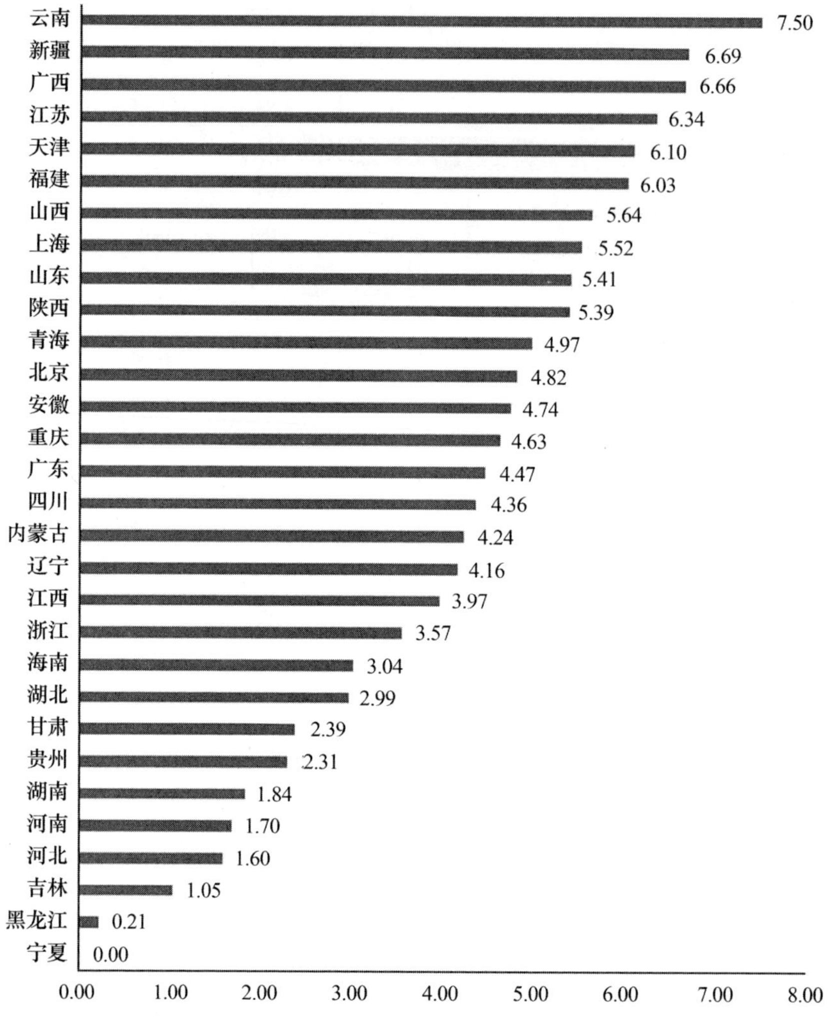

图 1—25　2018 年各省级地区服务贸易竞争力地位指数

资料来源：作者自制。

从市场地位得分来看（见图 1—26），市场地位指数（各省服务出口/全国服务贸易出口）排名前三名的省市分别是上海、北京、广东，而且具有绝对的优势。这三个地方的服务贸易出口对全国服务贸易出口贡献率很大。排名后三名的省份分别为贵州、青海、宁夏。超过全国平均水平的省份有17个，其中东、中、西部地区各占9、3、5席。由此可见，东部地区对服务贸易的出口贡献较大。

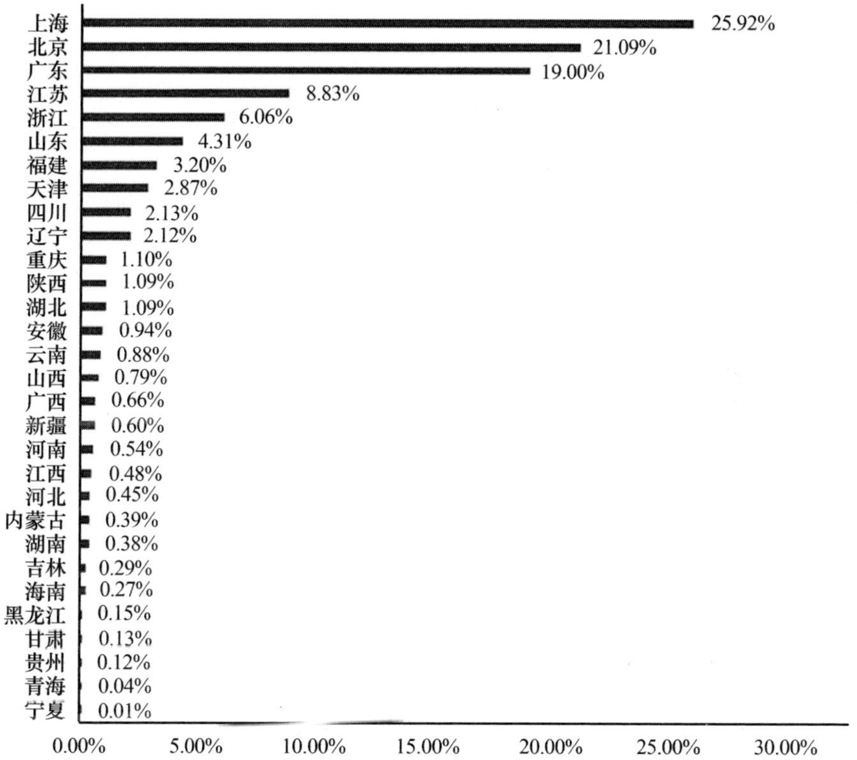

图1—26　2018年各省级地区服务贸易出口全国占比

资料来源：作者自制。

从国际化水平得分来看（见图1—27），国际化地位指数（服务贸易总额/服务贸易增加值）排名前三名的分别是上海、北京、广东。排名较为落后的地区是宁夏、贵州、青海。总体而言，东部地区的国际水平普遍较高，中西部国家的国际化水平普遍偏低。

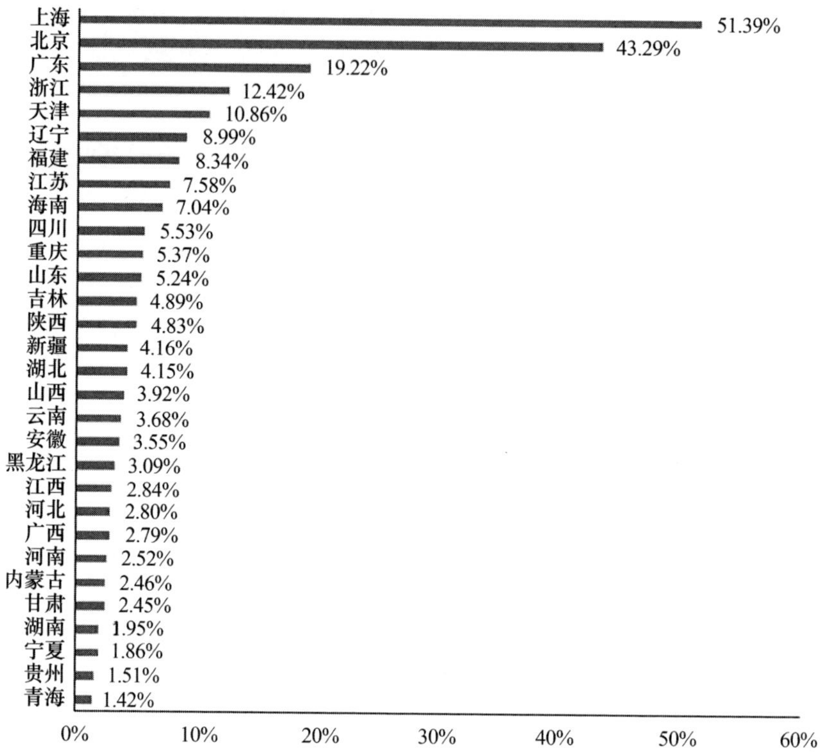

图 1—27 2018 年各省级地区服务贸易国家化地位

资料来源：作者自制。

五、中国省级服务贸易产业基础指数评析

本部分对中国区域服务贸易产业基础指数进行测算，分别从服务业增加值、服务业劳动生产率、服务业增加值占比、服务业从业人员占比和固定资产投入占比五个维度来分析省级的服务贸易产业基础地位现状，并通过加总以上五个维度的打分得到各省的服务贸易产业基础发展指数。

观察中国省级服务贸易结构指数，可以得出以下结论：一是北京和上海在服务贸易产业基础指数位居前两名，与其他省市拉开较大差距，但是在服务业增加值得分不高；二是东部地区产业基础好，在五个分项指标中占有绝对优势。

表1—22　2018年全国服务贸易产业基础指数

地区	2018年排名	2017年排名	产业基础指数	服务业增加值得分	服务业劳动生产率得分	服务业增加值占比得分	服务业从业人员占比得分	服务业固定资产投入占比得分
北京	1	1	30.97	3.39	5.09	7.50	7.50	7.50
上海	2	2	27.97	3.14	7.50	5.32	5.78	6.24
广东	3	3	22.06	7.50	5.80	2.24	2.68	3.84
天津	4	4	19.35	1.41	5.73	3.10	5.64	3.46
江苏	5	5	18.78	6.69	7.04	1.61	2.89	0.56
浙江	6	6	18.60	4.29	3.21	2.63	4.28	4.20
海南	7	7	14.87	0.20	1.03	2.71	3.76	7.17
山东	8	8	14.84	5.33	3.59	1.32	2.41	2.20
四川	9	10	13.10	2.86	1.69	2.10	2.42	4.03
重庆	10	11	12.17	1.36	2.52	1.87	3.47	2.96
辽宁	11	9	11.86	1.74	2.47	1.88	3.33	2.43
贵州	12	17	11.03	0.81	2.12	0.73	1.29	6.08
福建	13	15	10.78	2.17	2.47	0.47	3.17	2.51
湖南	14	14	10.73	2.56	2.26	1.77	2.57	1.58
陕西	15	18	10.39	1.33	2.96	0.00	2.13	3.97
山西	16	20	10.02	1.11	1.75	2.08	2.82	2.25
甘肃	17	21	9.92	0.46	0.99	2.38	1.64	4.45
湖北	18	19	9.89	2.54	1.97	0.94	2.91	1.53
黑龙江	19	12	9.35	1.16	1.38	2.81	3.47	0.53
内蒙古	20	13	9.31	1.08	2.91	1.51	3.17	0.64

续表

地区	2018年排名	2017年排名	产业基础指数	服务业增加值得分	服务业劳动生产率得分	服务业增加值占比得分	服务业从业人员占比得分	服务业固定资产投入占比得分
新疆	21	22	9.25	0.62	0.36	0.59	3.38	4.30
青海	22	–	7.60	0.00	0.98	0.84	3.14	2.64
吉林	23	25	7.59	0.90	1.52	1.37	3.52	0.28
河南	24	24	7.51	2.97	1.02	0.47	1.94	1.11
云南	25	16	7.41	1.03	0.31	0.84	2.37	2.85
宁夏	26	23	6.91	0.06	1.69	1.00	2.98	1.18
河北	27	27	6.79	2.23	1.69	0.67	2.20	0.00
广西	28	26	6.63	1.15	0.98	0.53	1.83	2.14
江西	29	29	5.62	1.24	0.75	0.39	2.73	0.51
安徽	30	28	2.95	1.78	0.00	0.45	0.00	0.72

资料来源：作者自制。

全国服务业产业基础指数排名（见表1—22）前三位的省市是北京、上海、广东，为得分20分以上的城市。全国服务业产业基础指数的平均得分为11.44，得分在平均分以上的省市有11个，分别是北京、上海、广东、天津、江苏、浙江、海南、山东、四川、重庆、辽宁。服务业增加值占比50%以上的省市共有15个，其中东、中、西部地区分别占据8、3、4席，说明东部地区GDP结构总体优于东西部地区。

就全国各省（自治区、直辖市）服务业增加值而言（见图1—28），排名前三名的省市分别是广东、江苏、山东，这三地与其他省市拉开较大差距。

就全国各省（自治区、直辖市）服务业增加值占比情况而言（见图1—28），排名前三名的省市分别是北京、上海、天津，其中北京和上海遥遥领先。增加值占比在50%以上的省市（加上前三名）共有15个，是统计的30个省市的一半。

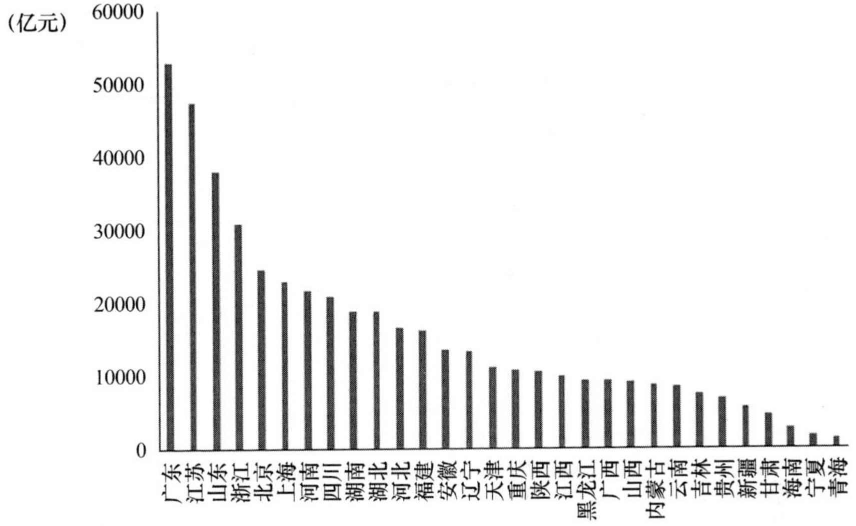

图 1—28　2018 年全国各省（自治区、直辖市）服务业增加值

资料来源：各省市统计年鉴。

就全国各省（自治区、直辖市）服务业劳动生产率情况而言（见图 1—30），服务业劳动生产率排名前三名的省市分别是上海、江苏、北京，三个省市也有较高的服务业增加值。

就全国各省（自治区、直辖市）服务业从业人员占比情况而言（见图 1—31），服务业劳动生产率排名前三名的省市分别是上海、江苏、北京，其中上海和北京的服务业就业占比也是位居前三名，说明北京和上海的服务业产业基础有很强的竞争力。

就全国各省（自治区、直辖市）固定资产投入服务业占比实际情况而言（见图 1—32），排名前三名的省（自治区、直辖市）为北京、海南、上海，同时也是占比超过 80% 的省市，分别为 92%、90%、84%。其余 27 个省市均低于 80%。全国平均固定资产投入服务业就业占比为 61%，共有 11 个省市超过平均分。

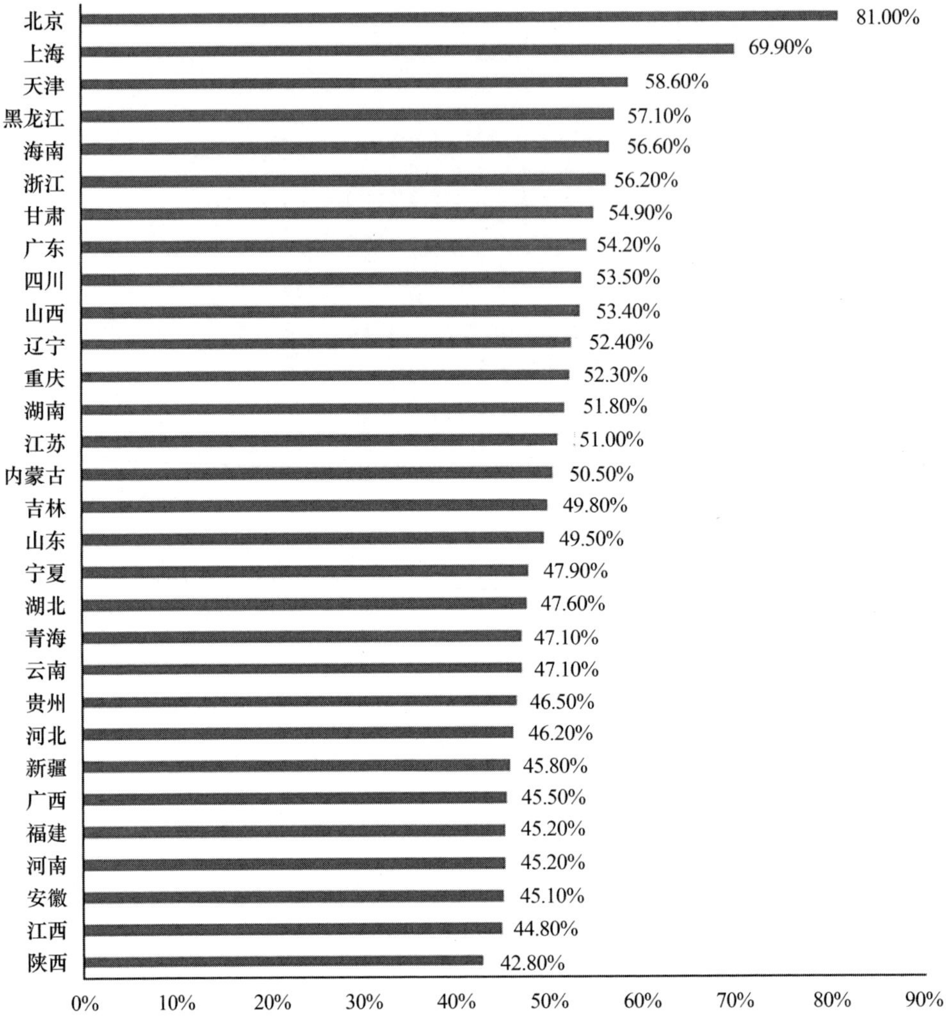

图 1—29　2018 年全国各省（自治区、直辖市）服务业增加值占比

资料来源：各省市统计年鉴。

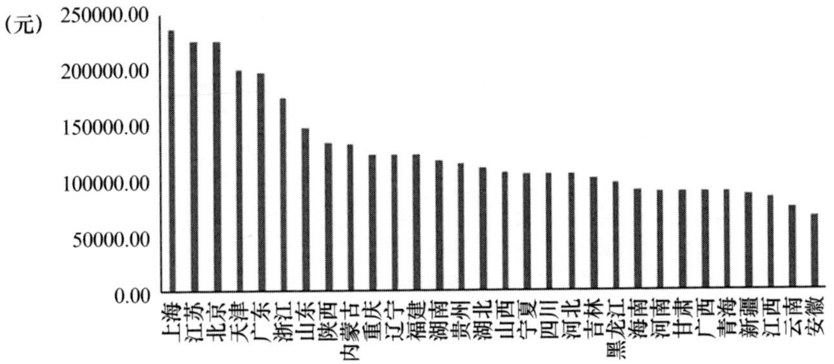

图 1—30　2018 年全国各省（自治区、直辖市）服务业劳动生产率

资料来源：根据各省市统计年鉴计算而得。

表 1—23　分地区服务贸易产业基础

地区	服务贸易产业基础指数	服务业增加值得分	服务业增加值占比得分	服务业就业占比得分	服务业劳动生产率得分	服务业固定资产投入占比得分
东部地区	17.34	3.46	2.68	3.05	4.48	3.68
中部地区	7.57	1.78	1.29	1.9	1.33	1.28
西部地区	8.34	0.98	1.13	1.52	1.64	3.08
全国平均	11.44	2.1	1.74	2.18	2.6	2.82

资料来源：作者自制。

从区域的角度看（见表 1—23），东部地区在服务贸易产业基础指数得分远超平均值，中西部地区不足平均值，仍有较大发展空间。从五项分级指标来看，东部地区仍然占有绝对优势地位。

六、中国省级服务贸易综合环境指数评析

本部分对中国区域服务贸易综合环境指数进行测算，分别从利用外资绝

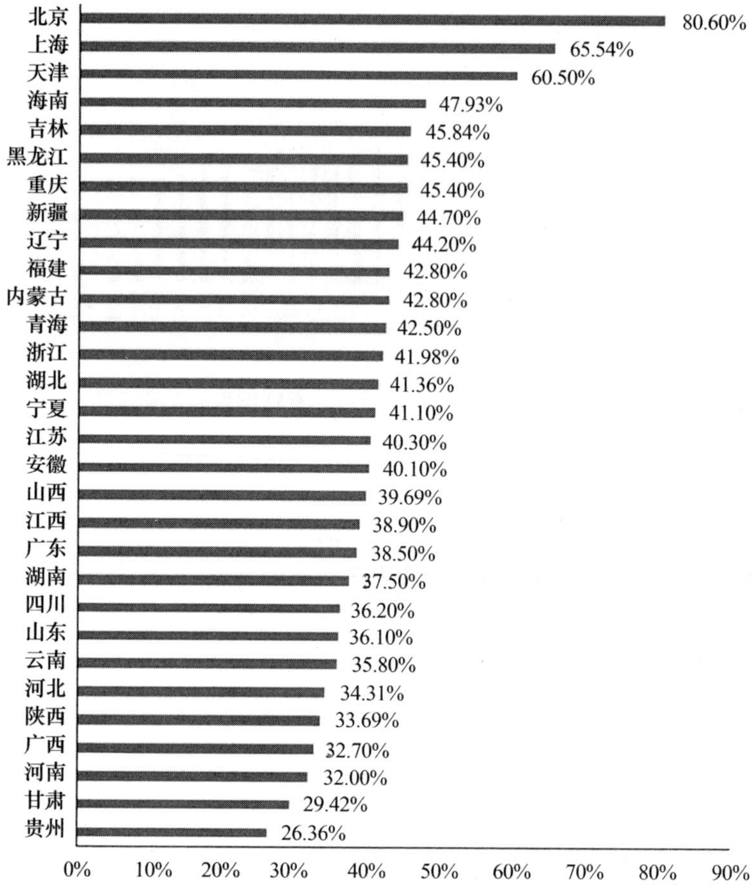

图 1—31　2018 年全国各省（自治区、直辖市）服务业从业人员占比排名

资料来源：各省市统计年鉴。

对额和其占比、是否属于自由贸易试验区、服务外包示范城市数量和服务贸易创新试点数量五个维度来分析省级的服务贸易综合环境现状，并通过加总以上五个维度的打分得到各省的服务贸易综合环境指数。其中，前两项指数衡量了各省的服务贸易对外开放程度和吸引力，后三项指标衡量了服务贸易开放发展的政策和制度。对外开放和政策优势对促进服务贸易的发展至关重要。

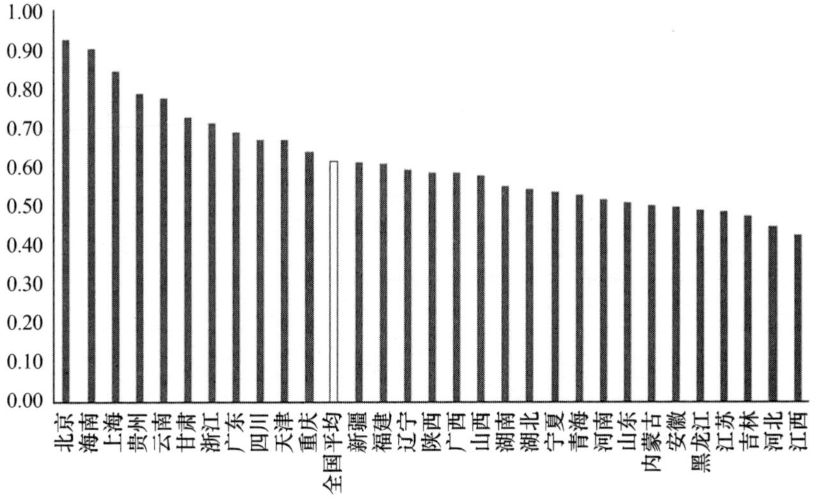

图 1—32　2018 年全国各省（自治区、直辖市）固定资产投入服务业占比实际情况

资料来源：根据各省市统计年鉴数据计算而得。

观察中国省级服务贸易综合环境指数，可以得出以下结论：一是江苏、广东、北京和上海在服务贸易综合环境指数排名中位居前四名；二是东部地区整体综合环境好，在五个分项指标中占有绝对优势。

表 1—24　2018 年省级服务贸易综合环境指数及分项得分

省份	2018 年排名	2017 年排名	服务贸易综合环境指数	利用外资绝对额得分	利用外资占比得分	服务外包示范城市数量得分	服务贸易创新发展试点数量得分	是否自贸试验区或服务业开放试点得分
江苏	1	3	8. 50	1. 41	1. 10	2	2	2
广东	2	2	7. 97	1. 71	1. 46	0. 8	2	2
北京	3	8	7. 01	2. 00	1. 61	0. 4	1	2
上海	4	1	6. 98	1. 66	1. 92	0. 4	1	2

续表

省份	2018 年排名	2017 年排名	服务贸易综合环境指数	利用外资绝对额得分	利用外资占比得分	服务外包示范城市数量得分	服务贸易创新发展试点数量得分	是否自贸试验区或服务业开放试点得分
浙江	5	4	6. 47	1. 27	1. 39	0. 8	1	2
四川	6	16	6. 13	0. 91	1. 82	0. 4	1	2
山东	7	18	5. 52	0. 82	0. 90	0. 8	1	2
海南	8	7	5. 23	0. 23	2. 00	0	1	2
黑龙江	9	15	5. 23	0. 33	1. 11	0. 8	1	2
湖北	10	12	4. 91	0. 54	0. 97	0. 4	1	2
福建	11	10	4. 37	1. 10	0. 48	0. 8	0	2
天津	12	5	4. 07	0. 23	0. 43	0. 4	1	2
陕西	13	19	4. 03	0. 14	0. 48	0. 4	1	2
辽宁	14	17	4. 01	0. 00	1. 21	0. 8	0	2
重庆	15	6	3. 99	0. 20	0. 39	0. 4	1	2
河南	16	13	3. 74	0. 63	0. 71	0. 4	0	2
河北	17	20	3. 39	0. 02	0. 37	0	1	2
云南	18	22	3. 23	0. 06	1. 17	0	0	2
广西	19	24	2. 72	0. 01	0. 31	0. 4	0	2
安徽	20	11	2. 07	0. 75	0. 92	0. 4	0	0
湖南	21	9	1. 97	0. 67	0. 90	0. 4	0	0
江西	22	14	1. 60	0. 44	0. 76	0. 4	0	0
贵州	23	25	1. 40	0. 07	0. 33	0	1	0
吉林	24	21	1. 34	0. 04	0. 90	0. 4	0	0
甘肃	25	29	1. 10	0. 00	1. 10	0	0	0
山西	26	26	1. 02	0. 08	0. 94	0	0	0

续表

省份	2018 年排名	2017 年排名	服务贸易综合环境指数	利用外资绝对额得分	利用外资占比得分	服务外包示范城市数量得分	服务贸易创新发展试点数量得分	是否自贸试验区或服务业开放试点得分
宁夏	27	28	0.74	0.01	0.73	0	0	0
青海省	28	–	0.71	0.00	0.71	0	0	0
新疆	29	27	0.54	0.00	0.14	0.4	0	0
内蒙古	30	23	0.04	0.04	0.00	0	0	0

资料来源：作者自制。

根据中国省市级地区服务贸易综合环境指数可以发现（见表 1—24），排名前四名省市分别是江苏、广东、北京、上海，这四个地区凭借高度开放的服务贸易环境和对外资的吸引力遥遥领先于其他省市。

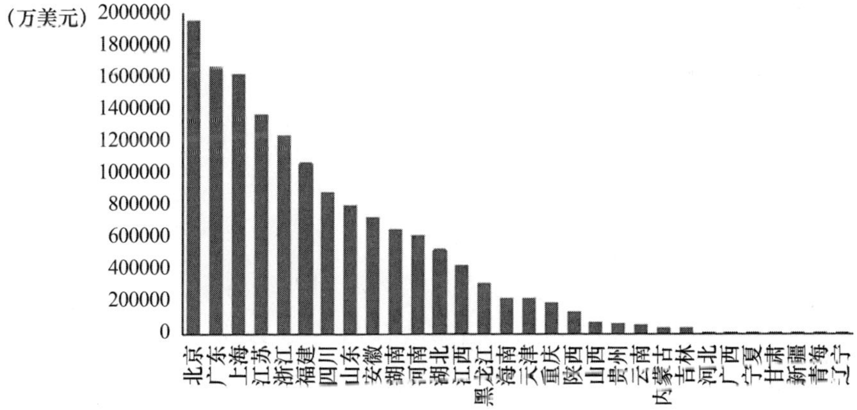

图 1—33　2018 年全国省份服务业实际利用外资总额

资料来源：作者自制。

如图 1—33 展示了全国省份在服务业实际利用外资总额，显示出各省市服务贸易开放发展的吸引力情况。排名前三名的分别是北京、广东、上海，这三地与其他省市拉开较大差距。实际利用外资总额在 60 亿美元以上的城市有 8 个，分别是江苏、浙江、福建、四川、山东、安徽、湖南、河南。

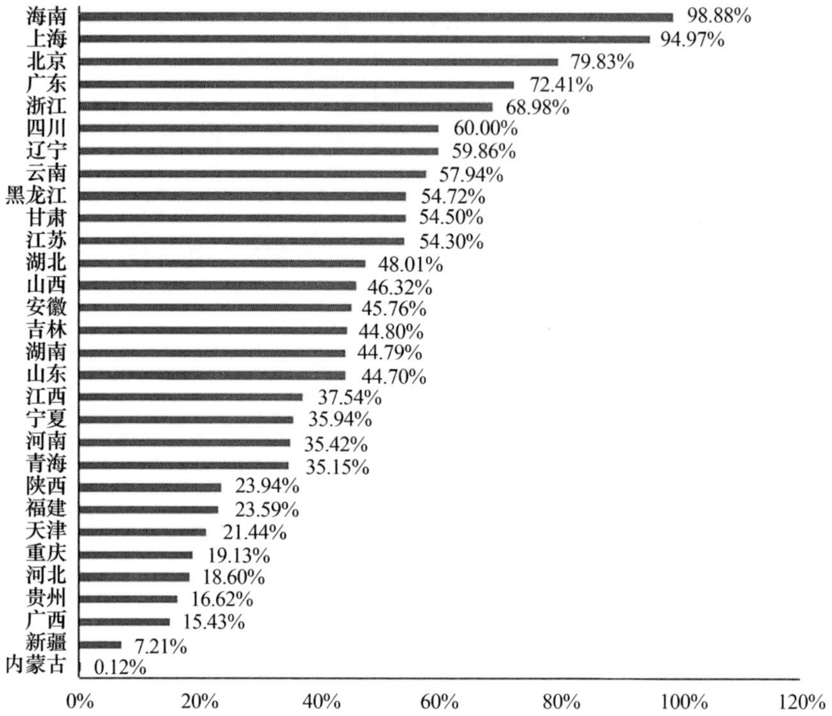

图 1—34　2018 年全国省份服务业实际利用外资占比

资料来源：作者自制。

如图 1—34 展示了全国省份在服务业实际利用外资占比，占比最高的是海南、上海、北京，其中 50% 以上的省市共有 11 个，分别是海南、上海、北京、广东、浙江、四川、辽宁、云南、黑龙江、甘肃、江苏。

如图 1—35 展示了全国服务业开放发展政策和指标得分情况，包括是否属于自由贸易试验区或服务业扩大开放试点、服务外包示范城市数量、服务贸易创新发展试点数量。其中，江苏得分最高，其次依次为广东、黑龙江、山东、浙江、重庆、陕西、天津、湖北、四川、上海。全国服务业开放发展政策和制度的制定往往是以地区的相应的经济发展情况为基础的，所以西部

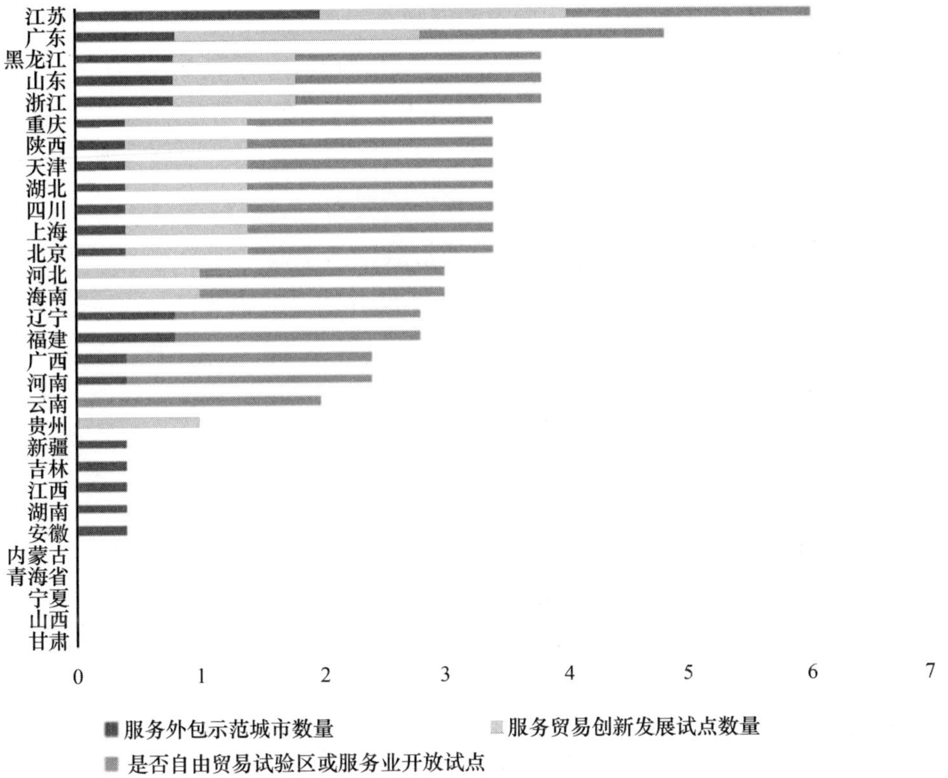

图 1—35　2018 年全国服务业开放发展政策和指标得分

资料来源：作者自制。

地区在获得相关的实验政策试点上不具备优势。

从区域的角度来看，就整体得分而言，东部地区优势突出，特别是在利用外资绝对额和服务贸易创新发展试点两项指标上显著高于全国平均水平，中部地区在五项指标上高于西部地区，但低于全国平均值。

第四节　城市指数

一、城市服务贸易发展指数概览

本部分对城市服务贸易发展指数进行评析。本次城市篇选取了 17 个城市和2个国家新区作为研究样本，① 均为国内服务贸易发展具有各自特色的典型城市，很大程度上代表着我国服务贸易发展趋势。从内容来看，首先对城市服务贸易发展指数进行评析，概括了19个样本的服务贸易发展综合水平情况；其次对发展指数的五个二级指数逐一展开评析，分别根据城市服务贸易规模指数、结构指数、地位指数、产业基础指数和综合环境指数探讨了样本城市服务贸易发展特征。有些城市的发展指数排名不高，主要是由于某些方面的不足大大地拉低了其总体排名，但在其他方面又具有不少亮点与优势，经过一段时间的培育与促进，这些城市的服务贸易仍具有很大发展前景。

值得指出的是，就指数与原始数据的关系来看，一方面，指标的原始数据与指数是成正比关系，即指标的原始数据越大，该指标的指数也越大。另一方面，由于计算指数时需要对原始数据进行标准化，如果某样本的某项原始数据最小则根据算法被标准化为零，这就是有些细分项指数为零的原因，但并不代表着该原始数据为零。如在服务贸易总额指数上，威海的服务贸易总额指数得分为零，是因为在这所有的19个样本中威海的服务业利用外资占比最小，仅为82.7亿元。

如表1—25所示，首先，在全国19个城市中，服务贸易发展指数表现最好的两位分别是上海和北京，是仅有的发展指数值超过80以上的两个城市，与其他城市相比优势十分显著，说明上海和北京服务贸易发展远远领先于其他17个城市。深圳和广州分别排名第三、四名，指数超过50以上。这4个城市即通常所说的“北上广深”可归为第一梯队。其次，南京、杭州、厦门、天津、苏州、成都、大连依次排列，发展指数值处于50—30，可归为第二梯队。这些城市虽与第一梯队存在差距，但凭借各自特色优势也能使服务贸易获得优良发展。最后，其余城市指数值在30以下，排名依次为武汉、青岛、贵安新区、重庆、哈尔滨、西咸新区、宁波、威海，发展指数值处于30以下，划分第三梯队。实际上，这些城市在某些方面也表现很出色，只是当所有指标融入进来时，限于各种客观原因，它们未必都能像“北上广深”那样表现较为全面。例如，威海的发展指数虽然排在最后，但威海的服务业劳动生产率指数最高，因为威海的服务业生产效率在所有样本城市中最高，人均

---

① 本样本中包含两个国家级新区，分别为贵安新区和西咸新区。为简化起见，报告正文中统一使用城市。

服务业产值达83万元，高于上海（23万元）和北京（22万元）。在排名前十的城市中，除成都是西部地区城市之处，其他城市都位于东部地区，说明东部地区的服务贸易发展情况普遍好于中西部地区。

表1—25　2018年城市服务贸易发展指数

分组	城市
第一梯队（50—90分）	北京
	上海
	深圳
	广州
第二梯队（30—50分）	南京 杭州
	厦门 天津
	苏州 成都 大连
第三梯队（20—30分）	武汉 重庆
	青岛 贵安新区（贵阳）
	西咸新区（西安＋咸阳）哈尔滨
	宁波 威海

注：其中分数为测算出的服务贸易发展指数，梯队之内城市排名不分先后。

资料来源：作者自制。

通过比较发现，一方面，大城市对整体样本服务贸易发展指数具有很大拉升效应，尤其是北京、上海这两座城市对整体的拉动效应更为明显；另一方面，相对于国内先进的服务贸易城市，国内其他城市的服务贸易发展指数仍有很大提升空间，这些城市在服务贸易发展方面遇到各式各样的问题，有的需要提高服务业产业规模，有的需要提高服务业利用外资比例，有的需要进一步提升服务贸易政策，还有的需要提高服务贸易出口能力。总之，能够在各方面达到很高水平的城市还不多，还需要通过服务贸易各界力量齐心协力共创美好明天。

二、城市服务贸易规模指数评析

本部分对城市服务贸易规模指数进行评析，从规模角度考察样本的服务贸易发展情况，并从服务贸易总额和人均服务贸易额两个二级指标对全国19个城市服务贸易规模进行评析，这两个二级指标的指数得分之和为城市的服务贸易规模指数。在19个样本中，服务贸易规模指数位于前十名的分别是上海、北京、深圳、广州、杭州、厦门、南京、苏州、天津和青岛，这些城市都属于东部城市，说明东部地区在服务贸易规模上具有显著优势。其中，东部地区的上海具有绝对优势，不论是服务贸易总额还是人均服务贸易额，都远超其他城市。

表1—26按得分由高到低的顺序列出全国19个城市的服务贸易规模指数。从表中可以看出，排名前三名的依次是上海、北京和深圳。2018年上海和北京是仅有两个服务贸易额超过1万亿以上的城市，分别为11738.6亿元和10628.9亿元。排名后三位的依次是哈尔滨、威海和贵安新区。上海和北京的服务贸易规模指数远超过其他城市，同时两个城市二级指标得分也具有绝对优势。上海作为日益兴起的全球金融和贸易中心，且通过近年来自贸试验区取得的服务业开放经验与制度创新，大大有利于服务贸易的发展，使其服务贸易长期居全国首位。北京作为全国政治中心、文化中心、国际交往中心、科技创新中心，其服务贸易发展具有得天独厚的优势。这两个城市都是超大型国际化城市，教育资源与人力资本聚集度高，这都是构成其服务贸易超大规模的原因。哈尔滨、威海和贵安新区的指数垫底，说明这三个地方的服务贸易规模还有相当大的提升空间。

表1—26 2018年城市服务贸易规模指数

	排名	服务贸易规模指数	服务贸易总额指数	人均服务贸易额指数
上海	1	14.86	7.5	7.36
北京	2	14.29	6.79	7.5
深圳	3	8.36	2.96	5.4
广州	4	6.52	2.54	3.98
杭州	5	5.78	1.69	4.09
厦门	6	3.08	0.44	2.65
南京	7	2.5	0.67	1.83
苏州	8	2.08	0.68	1.4

续表

	排名	服务贸易规模指数	服务贸易总额指数	人均服务贸易额指数
天津	9	1.66	0.72	0.94
青岛	10	1.54	0.46	1.07
大连	11	1.44	0.34	1.1
成都	12	1.36	0.62	0.74
宁波	13	1.08	0.3	0.78
武汉	14	0.93	0.34	0.59
西咸新区	15	0.35	0.1	0.25
重庆	16	0.33	0.32	0.02
哈尔滨	17	0.21	0.07	0.15
威海	18	0.19	0	0.19
贵安新区	19	0	0	0

资料来源：作者自制。

图 1—36 列出全国城市的服务贸易规模指数。可以看出，高于全国服务贸易规模指数平均水平的城市共有五个，按照指数大小排列依次是上海、北京、深圳、广州和杭州，全部位于东部地区。从中可以发现，大部分城市的服务贸易规模仍低于平均水平，说明当前很多城市仍面临做大服务贸易规模的紧迫任务。

图 1—37 列出城市服务贸易总额指数，上海、北京和深圳分别位列第一、二、三名，且上海、北京的指数远超第三位的深圳。第四和第五位的分别是广州和杭州。有 14 个城市的服务贸易总额指数低于平均水平，同样意味着大部分城市的服务贸易总额需要提高。在这 14 个城市中，天津的该指数最高，但天津与平均水平仍存在一定差距。哈尔滨、贵安新区和威海的服务贸易总额指数最为靠后。

图 1—38 是城市人均服务贸易额指数情况。排名前三位的是北京、上海和深圳，与服务贸易总额指数相比，北京和上海的名次互换了，说明北京的服务贸易总额虽然低于上海，但人均服务贸易额是高于上海的。杭州的人均服务贸易额指数超过广州，厦门虽然服务贸易总额指数处于平均水平之下，但人均服务贸易额指数超过平均水平，说明杭州、厦门在人均创造服务贸易

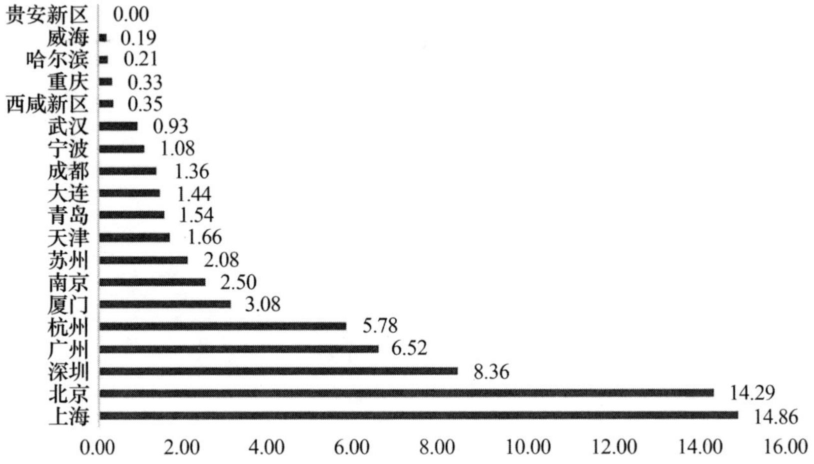

图 1—36　2018 年城市服务贸易规模指数

资料来源：作者自制。

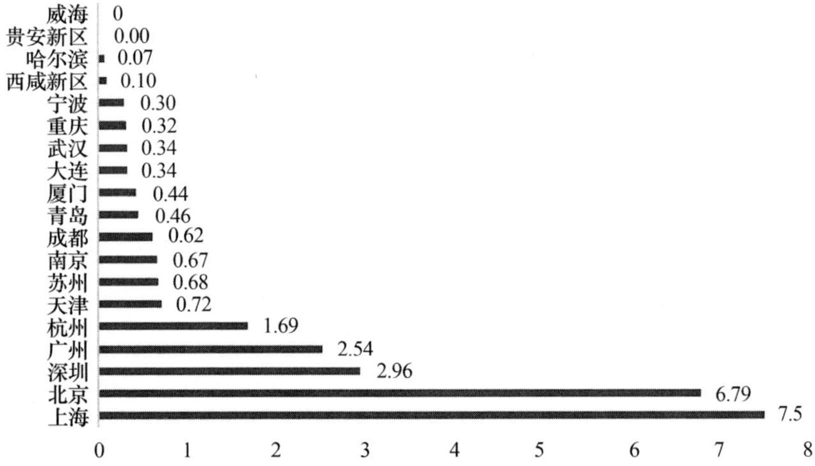

图 1—37　2018 年城市服务贸易总额指数

资料来源：作者自制。

方面具有较强能力。威海在服务贸易总额指数上垫底，但在人均服务贸易额指数上摆脱末位，说明威海在人均创造服务贸易效率上具有相对优势。排名最后三名是哈尔滨、重庆和贵安新区。

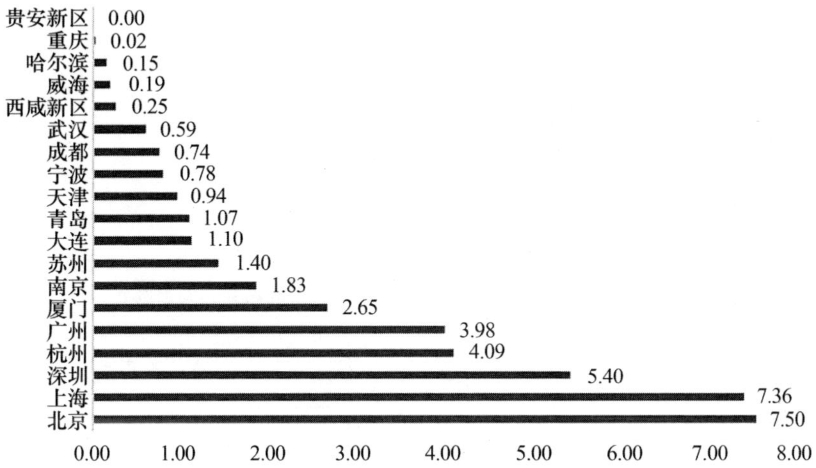

图 1—38　2018 年城市人均服务贸易额指数

资料来源：作者自制。

三、城市服务贸易结构指数评析

本部分主要分析了城市服务贸易结构指数，它由两个二级指标的指数构成，分别是服务贸易占比指数和新兴服务贸易占比指数，以二者指数之和作为城市服务贸易的结构指数。

如表 1—27 所示，列出城市服务贸易的结构指数。在全国 19 个城市中，服务贸易结构指数排名前十的城市依次为上海、贵安新区、南京、北京、苏州、广州、厦门、深圳、杭州、成都。排名前三位的分别是上海、贵安新区和南京。虽然上海和北京的对外贸易构成仍以货物贸易为主，但新兴服务贸易占比分别为 42% 和 42%，从而拉高了其结构指数的排名。贵安新区的结构指数之所以高达 9. 43，主要是由服务贸易占比指数这一项（7. 50）贡献的，贵安新区的对外贸易总额为 118. 94 亿元人民币，服务贸易总额为 84 亿元人民币，服务贸易占比达 71%。贵安新区的货物贸易规模也比较小，所以相对而言，服务贸易在对外贸易中的占比就很高，但其服务贸易的绝对值（84 亿元人名币）相较于其他 18 个城市，仅超过威海亿元人名币，处于较落后的地位。南京的综合实力较强，服务贸易的外贸比重为 21%，位居第 8，但是新兴服务贸易占比达到 40%，位列 19 个城市的前三名，因此其结构指数总体排名靠前。排名靠后的三个分别是威海、西咸新区和宁波。其中，宁波的服务贸易占比指数仅为 3%，这与宁波作为重要的货物贸易港口有关，其服务贸易的突出性还未显现，但宁波的新兴服务贸易占比达 17%，在整个样本中处于中游位置，说明宁波服务贸易的质量具有一定优势。

表 1—27　2018 年城市服务贸易结构指数

	排名	服务贸易结构指数	服务贸易占比指数	新兴服务贸易占比指数
上海	1	9.99	2.49	7.50
贵安新区	2	9.43	7.50	1.93
南京	3	9.09	1.93	7.16
北京	4	9.07	2.76	6.31
苏州	5	7.64	0.15	7.49
广州	6	7.47	2.87	4.60
厦门	7	6.89	0.89	6.00
深圳	8	6.58	1.14	5.45
杭州	9	6.46	3.43	3.03
成都	10	5.38	1.57	3.81
哈尔滨	11	4.89	4.89	0.00
大连	12	4.87	0.91	3.96
两江新区	13	3.96	0.73	3.23
青岛	14	3.74	1.09	2.65
武汉	15	3.71	2.09	1.62
天津	16	3.60	1.07	2.53
威海	17	2.59	0.26	2.34
西咸新区	18	2.46	1.00	1.46
宁波	19	2.36	0.00	2.36

资料来源：作者自制。

如图 1—39 所示，城市服务贸易结构指数位于中位数之上的分别是上海、贵安新区、南京、北京、苏州、广州、厦门、深圳、杭州，说明它们在服务贸易发展结构上具有相对优势。其中，上海、贵安新区、南京、北京的结构指数远超其他城市，优势十分明显。

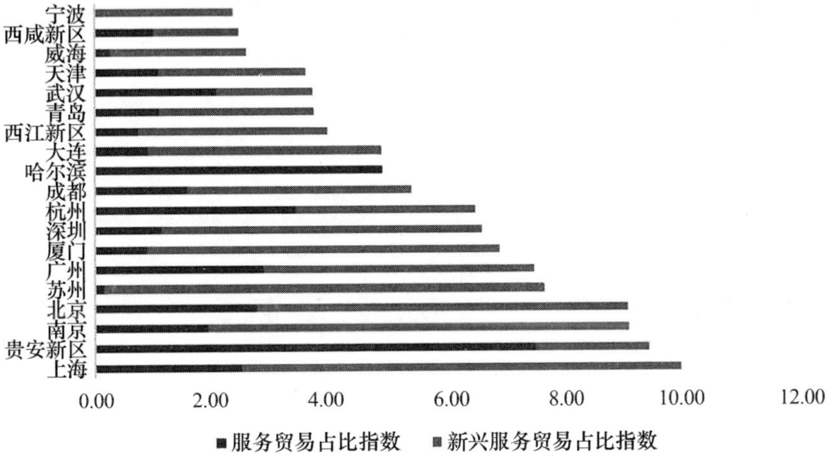

图 1—39　2018 年城市服务贸易结构指数

资料来源：作者自制。

城市服务贸易占比指数如图 1—40 所示，排名前三名的依次为贵安新区、哈尔滨和杭州，其中贵安新区的服务贸易占比指数远高于位列第二名的哈尔滨。哈尔滨之所以在此项指数中占据第二，主要是由于其服务贸易在其对外贸易总额中所占比重较大，2018 年哈尔滨货物贸易额为 209.7 亿元，服务贸易额为 187.7 亿元，服务贸易占比高达 47%，超过北京（28%）和上海（26%）。排名靠后的城市为威海、苏州和宁波。

如图 1—41 所示，城市新兴服务贸易排名位于中位数之前的是上海、苏州、南京、北京、厦门、深圳、广州、大连、成都，说明这些城市在新兴服务贸易发展上具有相对优势。上海和苏州的新兴服务贸易占比指数比较接近，分别为 7.50 和 7.49，优势比较明显。排名靠后的是武汉、西咸新区和哈尔滨，说明这 3 个地方的服务贸易总额中，新兴服务贸易占比较低，其服务贸易发展质量还有较大提升空间。

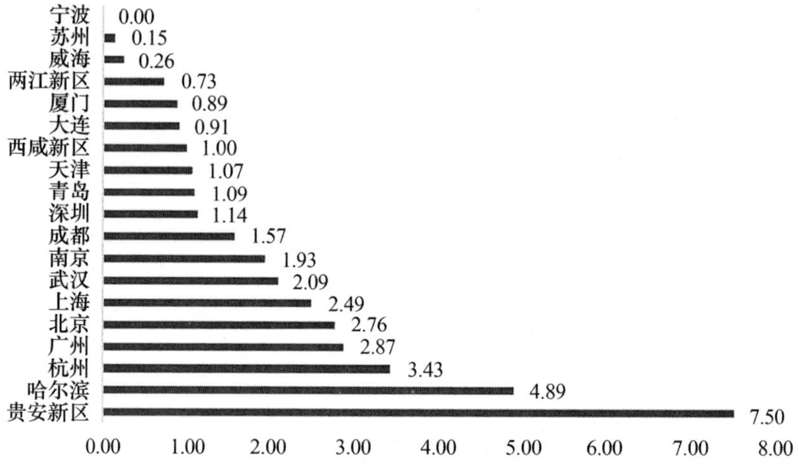

图 1—40　2018 年城市服务贸易占比指数

资料来源：作者自制。

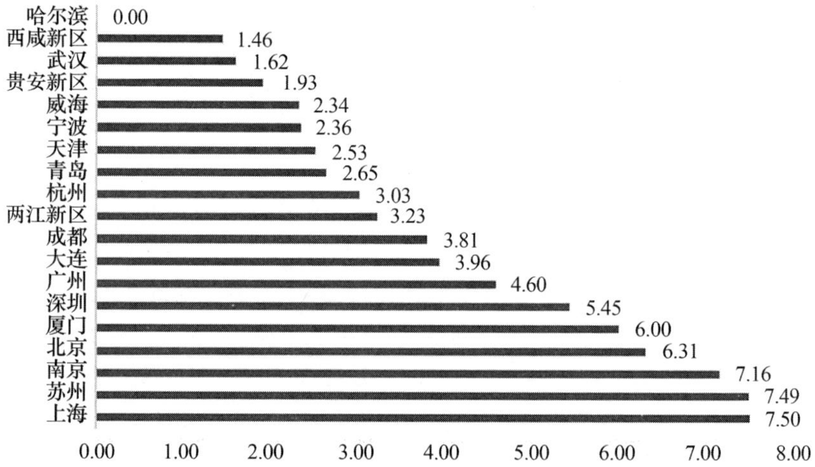

图 1—41　2018 年城市新兴服务贸易占比指数

资料来源：作者自制。

四、城市服务贸易地位指数评析

本部分对城市服务贸易地位指数进行评析，包括市场地位指数、竞争力地位指数和国际化地位指数三个方面。在全国 19 个主要城市中，服务贸易地位指数排名前十位的分别是上海、北京、深圳、厦门、杭州、南京、大连、苏州、天津和青岛。

表 1—28 所示，从整体上看，有四个城市的服务贸易地位指数评分超过 10，分别是上海、北京、深圳和厦门。其中，上海和北京的服务贸易发展地位指数显著高于其他城市，缘于这两个地方服务贸易总额占全国比重最高，分别为 26% 和 21%，合起来占全国的 47%，说明我国服务贸易发展具有高度的大城市聚集特征。因而，上海和北京在市场地位指数这一项与其他城市远远拉开了距离。厦门之所以能排到第四，主要是因为其竞争力地位指数得分最高，为 7.5。值得提出的是，在这 19 个城市中，仅厦门的 TC 值为正，即出口大于进口，为服务贸易顺差，而其余城市均为逆差。

表 1—28　2018 年城市服务贸易地位指数

	排名	地位指数	市场地位指数	竞争力地位指数	国际化地位指数
上海	1	19.85	7.50	4.85	7.50
北京	2	16.48	6.10	4.16	6.22
深圳	3	11.99	2.85	4.56	4.59
厦门	4	11.86	0.65	7.50	3.71
杭州	5	8.94	1.30	3.28	4.36
南京	6	7.65	0.73	5.24	1.67
大连	7	7.61	0.39	5.40	1.82
苏州	8	7.46	0.76	5.39	1.32
天津	9	7.34	0.80	5.42	1.12
青岛	10	7.27	0.53	5.47	1.28
广州	11	7.27	1.61	2.39	3.27
威海	12	6.32	0.03	6.14	0.15
成都	13	6.12	0.57	4.15	1.40

续表

	排名	地位指数	市场地位指数	竞争力地位指数	国际化地位指数
西咸新区	14	5.90	0.13	5.11	0.67
宁波	15	5.01	0.25	3.61	1.15
重庆	16	4.52	0.29	3.98	0.25
武汉	17	2.98	0.20	2.19	0.59
贵安新区	18	2.04	0.00	2.04	0.00
哈尔滨	19	0.13	0.00	0.00	0.13

资料来源：作者自制。

如图1—42所示，服务贸易地位指标中，上海、北京、深圳、厦门、杭州和南京得分较高。通过观察发现一个较为有趣的规律，除排名前两位的上海和北京之外，其他城市的市场地位指数和国际化地位指数大体上小于竞争力地位指数。市场地位指数缘于该城市服务贸易占全国的比重，国际化地位指数缘于该市服务贸易占服务业增加值比重，说明上海和北京作为经济高度服务化的城市，服务贸易在其城市发展中的地位比较突出。

如图1—43所示，城市服务贸易市场地位指数排名中，位于中位数之上的城市分别是上海、北京、深圳、广州、杭州、天津、苏州、南京和厦门。上海和北京远超其他17个城市，指数值分别为7.50和6.10。威海、哈尔滨和贵安新区的市场地位指数值排名最后，主要是这些地方服务贸易占全国比重较低所致。

如图1—44所示，总体来看，服务贸易竞争力地位指数的中位数值为4.56。服务贸易竞争力地位指数排名前三位的城市依次是厦门、威海和青岛。如前所指出的，在全国主要19个城市中，只有厦门的服务贸易净出口为正值，其余城市都为负值，表明厦门在服务贸易竞争力地位上具有绝对优势。排名靠后的3个城市分别是武汉、贵安新区和哈尔滨。

如图1—45所示，全样本城市国际化地位指数中位数值为1.32，位于该水平之上的城市分别是上海、北京、深圳、杭州、厦门、广州、大连、南京和成都，说明这些城市的服务业国际化水平具有相对优势。由于该指数衡量

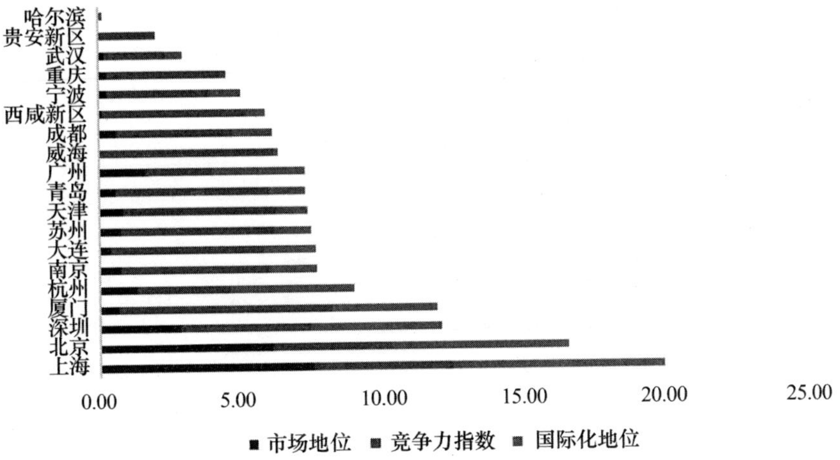

图 1—42　2018 年城市服务贸易地位指标

资料来源：作者自制。

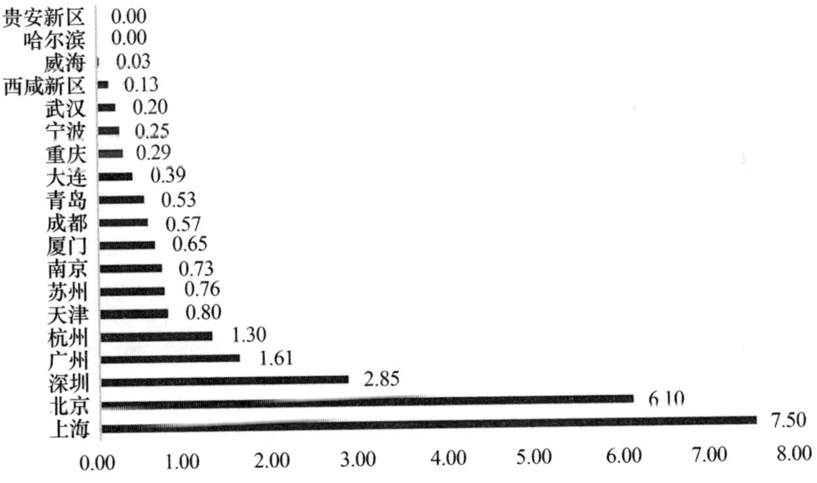

图 1—43　2018 年城市服务贸易市场地位指数

资料来源：作者自制。

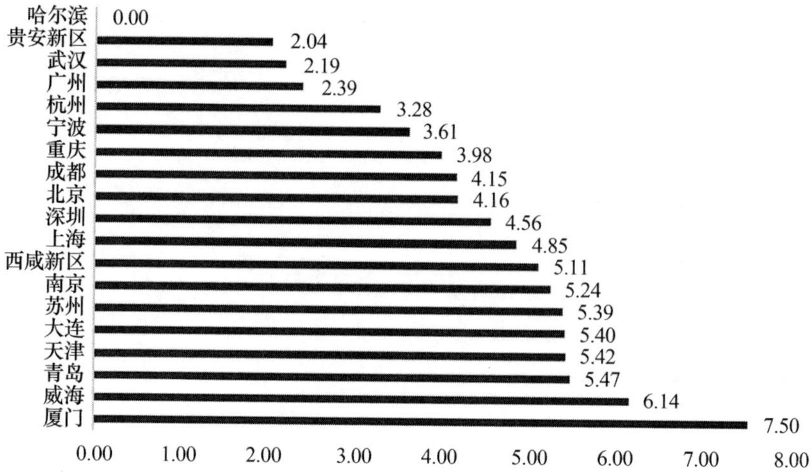

图 1—44　2018 年服务贸易竞争力地位指数

资料来源：作者自制。

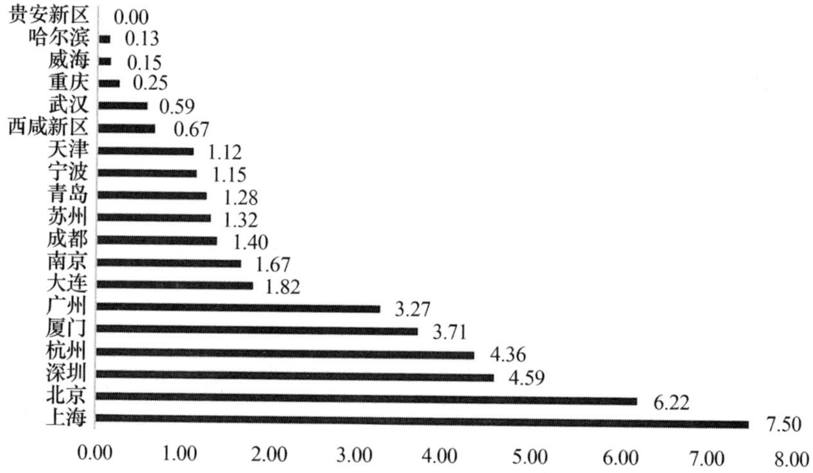

图 1—45　2018 年城市服务贸易国际化地位指数

资料来源：作者自制。

的是一个地区服务经济发展的国际化水平，上海和北京遥遥领先，这与两地服务产业国际化水平、服务业开放政策的实施具有密切关系。排名靠后的三 3 个城市为威海、哈尔滨和贵安新区。从整体来看，大部分城市在该项指数上仍低于平均水平，说明总体来看服务业国际化仍需大力提高。

五、城市服务贸易产业基础指数评析

本部分对服务贸易产业基础指数进行评析，并根据其 5 个二级指标进行分析，分别为服务业增加值指数、服务业劳动生产率指数、服务业增加值占比指数、服务业就业人员占比指数和固定资产投入服务业占比指数，通过加总以上 5 个分指标的指数值得到各城市的服务贸易产业基础指数。

表 1—29 列出全国 19 个城市的服务贸易产业基础指数排名情况，前十位依次是北京、上海、广州、深圳、南京、天津、杭州、大连、武汉和哈尔滨。其中，北京、上海、广州和深圳是仅有的得分超过 20 的城市，说明这四个城市服务贸易产业基础优势比较明显。北京在服务贸易产业基础上最具显著优势，除服务业劳动生产率指数之外，其余分指数均优于其他城市。排名靠后的三个分别是西咸新区、宁波和威海。

表 1—29　2018 年城市服务贸易产业基础指数

	排名	服务贸易产业基础指数	服务业增加值指数	服务业劳动生产率指数	服务业增加值占比指数	服务业从业人员占比指数	固定资产投入服务业占比指数
北京	1	35.53	11.68	1.36	7.50	7.50	7.50
上海	2	28.75	10.80	1.47	5.08	5.03	6.38
广州	3	25.31	7.50	2.10	5.48	4.04	6.18
深圳	4	20.43	6.39	1.63	2.65	3.36	6.40
南京	5	19.59	3.11	5.34	3.15	3.39	4.60
天津	6	16.69	4.75	1.10	2.61	4.20	4.03
杭州	7	14.45	3.52	1.33	3.81	2.88	2.90
大连	8	14.24	1.14	5.68	1.16	4.02	2.24
武汉	9	13.64	3.25	1.45	1.74	3.15	4.04
哈尔滨	10	13.48	1.19	0.23	3.98	5.26	2.83
厦门	11	13.26	0.53	3.76	2.52	0.41	6.04
成都	12	12.30	3.35	0.67	1.64	2.70	3.94
苏州	13	11.64	3.91	2.54	0.85	0.44	3.89

续表

	排名	服务贸易产业基础指数	服务业增加值指数	服务业劳动生产率指数	服务业增加值占比指数	服务业从业人员占比指数	固定资产投入服务业占比指数
重庆	14	11.46	4.56	0.32	1.24	1.72	3.63
贵安新区	15	11.39	0.24	0.23	2.65	2.46	5.81
青岛	16	10.63	2.56	1.34	2.12	1.71	2.89
西咸新区	17	10.59	0.61	0.00	1.84	3.83	4.31
宁波	18	9.99	1.63	0.94	0.00	1.68	5.73
威海	19	7.87	0.00	7.50	0.37	0.00	0.00

资料来源：作者自制。

如图 1—46 所示，城市服务贸易产业基础指数中位数值为 13.48。排名前 5 的城市分别是北京、上海、广州、深圳和南京。北京服务贸易产业指数高于上海，说明在服务贸易的产业基础方面，北京比上海还具有较强优势。除“北上广深”之外，南京和天津的服务贸易产业基础优势也较为显著。从总体来看，大部分城市仍低于平均水平，说明服务贸易发展赖以存在的产业基础仍需大力加强。

如图 1—47 所示，北京、上海、广州和深圳的服务业增加值指数排名前四，天津与重庆紧随其后。从原始数据来看，这 4 个城市的服务业产业规模均比较大，北京与上海服务业增加值超过 2 万亿元，分别达 2.5 万亿元和 2.3 万亿元，与其他城市相比具有非常明显的优势。广州、深圳、天津和重庆服务业增加值规模均超过 1 万亿元。苏州的服务业增加值近 1 万亿元，服务贸易产业基础也具有较强优势。排名靠后的是厦门、贵安新区、威海，说明它们在做大服务业产业基础方面还须加大力度。

如图 1—48 所示，北京、广州和上海的服务业增加值占比指数位于前三名，与这三个城市的服务业增加值占比较高有关，分别为 81%、72% 和 70%。哈尔滨紧随其后位列第四，其服务业增加值占比较高，达 65%。杭州、南京、深圳分别位列五至七名，说明这些城市的经济服务化程度较高。大部分城市在该项指数值上还处于平均水平之下。苏州、威海、宁波排名最后。

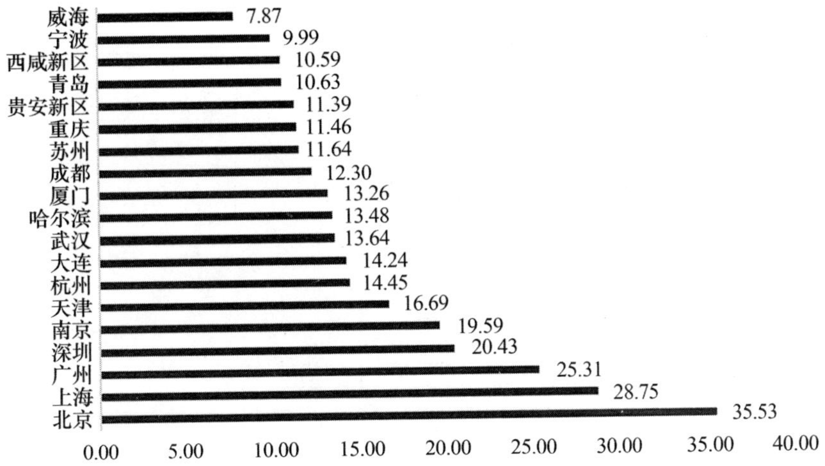

图 1—46　2018 年城市服务贸易产业基础指数

资料来源：作者自制。

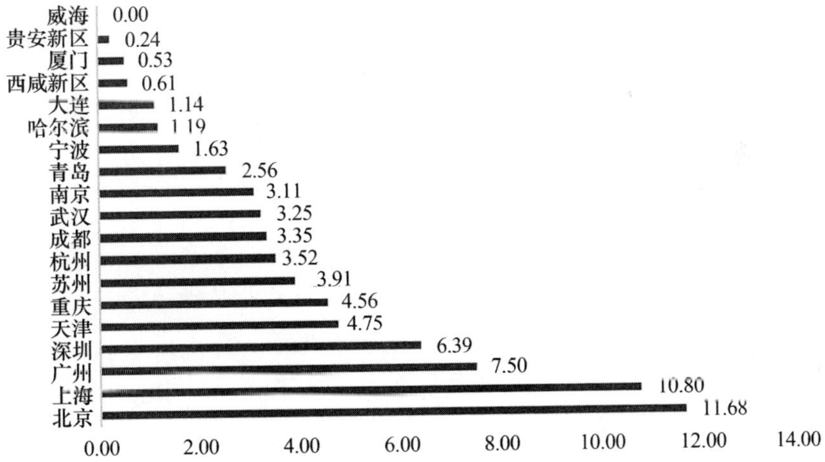

图 1—47　2018 年服务业增加值指数

资料来源：作者自制。

这说明这些城市仍须不断提高服务业在国民经济中的地位。

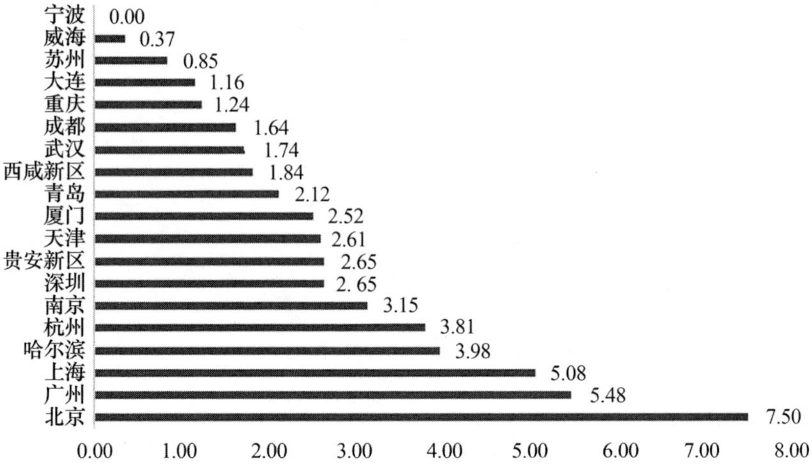

图 1—48　2018 年服务业增加值占比指数

资料来源：作者自制。

图 1—49 中，按照服务业劳动生产率指数得分由高到底的次序，威海、大连和南京分别位于前三名，说明这三个地方的服务业劳动生产率具有显著优势。其中，威海的表现最为出色，威海的服务业从业人员占比远低于大连和南京，说明在威海，更少的劳动力承担了更大部分的服务业产出。排名靠后的是贵安新区、哈尔滨和西咸新区，说明它们在服务业劳动生产率上还有很大的提升空间。

如图 1—50 所示，在全样本 19 个城市中，北京的服务业从业人员占比指数最高，远高于位于第二位的哈尔滨。北京的服务业从业人员占比达 81%，哈尔滨服务业从业人员占比高达 67%，仅次于北京。在该指数上，超过一半的样本数量达到平均水平以上，一定程度上反映了我国城市服务业就业逐渐扩大的趋势。服务业从业人员占比指数排名靠后的是苏州、厦门和威海。

如图 1—51 所示，城市固定资产投入服务业占比指数排名前三位的依次为北京、深圳和上海。广州、厦门、贵安新区、宁波和南京分列其后，均超过平均水平。排名后三位的包括哈尔滨、大连和威海。从整体来看，大部分城市服务业固定投资水平还较低，落后于平均水平，今后应在这方面继续加强。

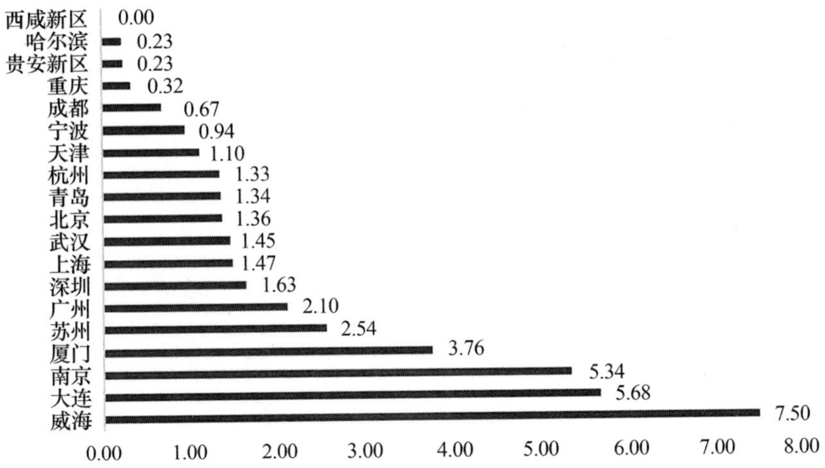

图 1—49　2018 年服务业劳动生产率指数

资料来源：作者自制。

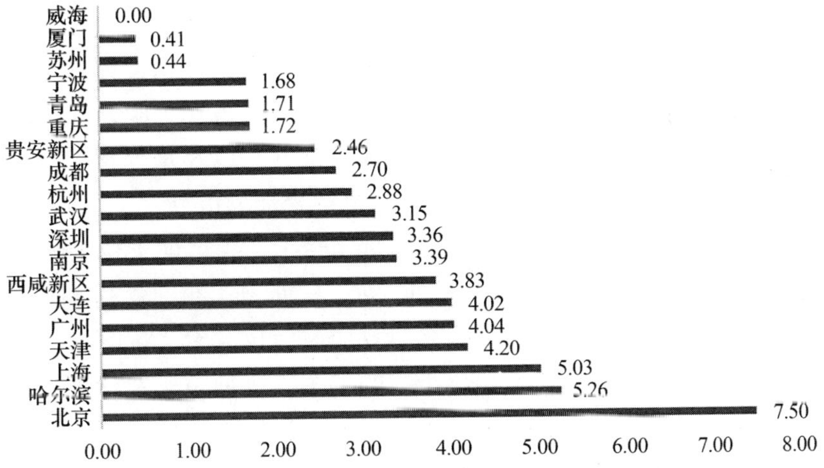

图 1—50　2018 年服务业从业人员占比指数

资料来源：作者自制。

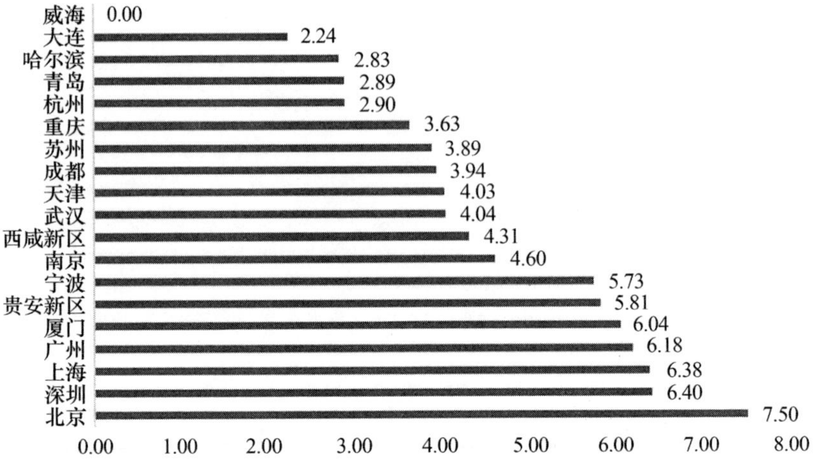

图 1—51　2018 年城市固定资产投入服务业占比指数

资料来源：作者自制。

六、城市服务贸易综合环境指数评析

本部分对城市服务贸易综合环境进行评价，以 5 个二级指标为基础，分别是服务业实际利用外资总额、服务业实际利用外资占比、服务外包示范城市排名、是否属于自贸试验区（含服务业开放试点）以及是否属于服务贸易创新试点。将这 5 个二级指数的指数汇总得到综合环境指数。

表 1—30 列出城市服务贸易综合环境排名情况。排名前十位的城市依次是北京、上海、深圳、广州、南京、武汉、天津、成都、杭州和哈尔滨。2019 年，国务院印发了 6 个新设自由贸易试验区总体方案，将南京江北新区等纳入自由贸易试验区范围。本报告中，既属于服务外包示范城市，又属于自贸试验区或服务业扩大开放试点、服务贸易创新试点的城市包括北京、上海、深圳、广州、武汉、成都、天津、重庆、苏州、南京、哈尔滨等 10 个城市，因此它们在该项指数上的排名相对靠前。其中，北京的服务业实际利用外资总额方面比较突出，杭州在服务业利用外资占比方面具有较大优势。排名靠后的三个分别是大连、贵安新区和威海。

表 1—30 城市服务贸易综合环境指数

	排名	综合环境指数	服务业实际利用外资总额	服务业实际利用外资占比	服务外包示范城市排名	是否属于自贸试验区或服务业开放试点	是否属于创新试点
北京	1	9.48	2.00	2.00	1.48	2	2
上海	2	8.99	1.39	1.99	1.61	2	2
深圳	3	8.21	0.55	1.72	1.94	2	2
广州	4	8.01	0.45	1.63	1.94	2	2
南京	5	7.45	0.22	1.24	2.00	2	2
武汉	6	7.15	0.49	1.24	1.42	2	2
天津	7	7.06	0.61	1.09	1.35	2	2
成都	8	6.85	0.59	1.15	1.10	2	2
杭州	9	6.00	0.48	1.71	1.81	0	2
哈尔滨	10	5.52	0.17	0.90	0.45	2	2
苏州	11	5.28	0.12	0.00	1.16	2	2
重庆	12	5.09	0.42	0.48	0.19	2	2
西咸新区	13	4.64	0.00	0.64	0.00	2	2
青岛	14	4.29	0.27	0.27	1.74	2	0
厦门	15	3.94	0.07	0.19	1.68	2	0
宁波	16	3.64	0.18	0.62	0.84	2	0
大连	17	3.00	0.13	0.48	0.39	2	0
贵安新区	18	2.71	0.01	0.70	0.00	0	2
威海	19	2.49	0.29	0.20	0.00	0	2

资料来源：作者自制。

如图 1—52 所示，城市服务贸易综合环境指数的中位数值为 5.52，指数高于中位数值的城市分别是北京、上海、深圳、广州、南京、武汉、天津、成都和杭州，说明这些城市服务贸易综合环境较好。北京、上海、深圳和广州的服务贸易综合指数大于 8，表现出绝对显著优势。

如图 1—53 所示，服务业利用外资指数得分最高的是北京，北京的服务

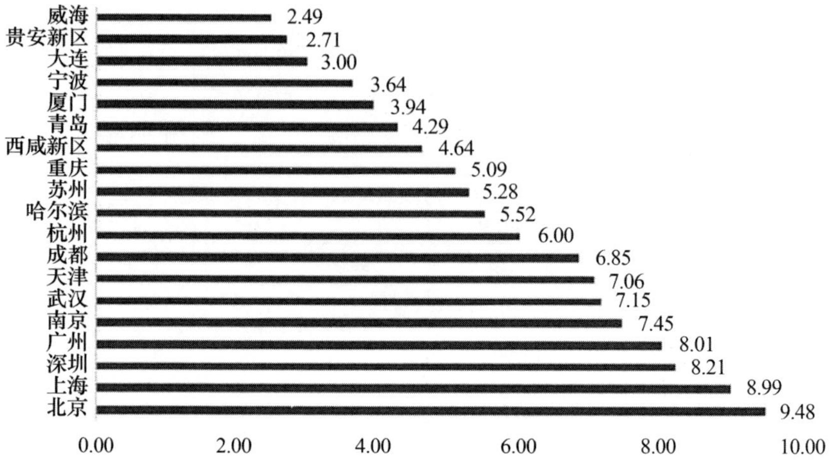

图 1—52　2018 年城市服务贸易综合环境指数

资料来源：作者自制。

业实际利用外资总额最多，达 232 亿美元①。上海排名紧随其后，服务业利用外资总额仅次于北京，达 161 亿美元②。这两个城市服务业实际利用外资总额远超过其他城市，说明北京和上海作为超级国际化大都市，对服务业外商投资具有十分明显的优势。天津、成都、深圳、武汉、杭州、广州和重庆的服务业利用外资指数超过中位数水平，说明这些城市吸收服务业外商投资具有较强优势。实际利用外资总额较低的城市分别是厦门、贵安新区和西咸新区。

从图 1—54 来看，北京在服务业利用外资占比指数上排名最高，上海、深圳、杭州、广州、武汉、南京、成都和天津依次排列，均处于中位水平之上。威海、厦门和苏州排名最后。从原始数据来看，北京和上海服务业利用外资占比分别高达 95.4% 和 95%③，北京略有优势，即北京、上海吸引的外商直接投资当中几乎是服务业，这两个城市在这个比值上远远领先于其他城市。

① 2017 年数据。
② 2017 年数据。
③ 2017 年数据。

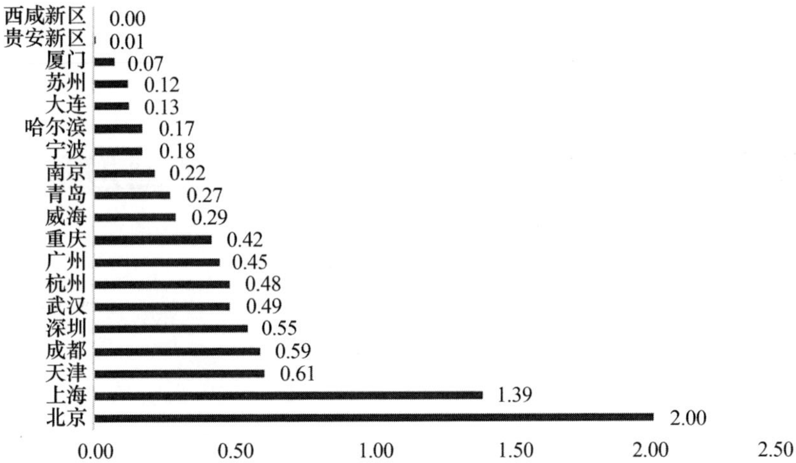

图 1—53 2018 年服务业利用外资总额指数

资料来源：作者自制。

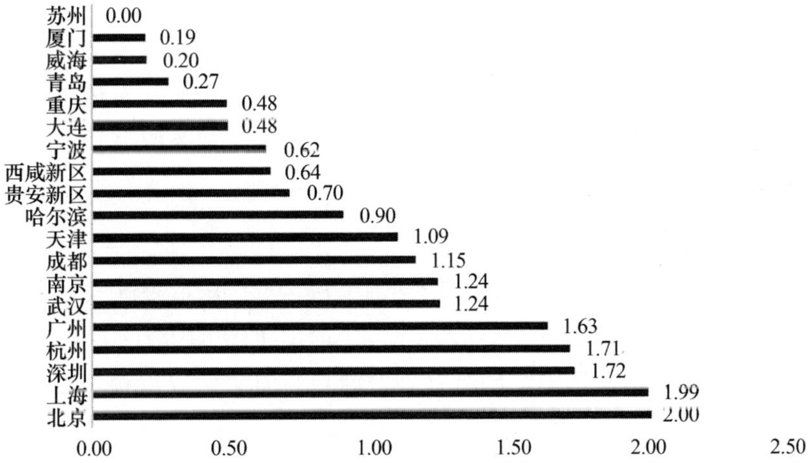

图 1—54 2018 年服务业利用外资占比指数

资料来源：作者自制。

第二章 专题篇：服务贸易强国发展动态与前沿热点

专题1 WTO贸易发展报告摘要[①]

服务贸易在世界上的地位越发重要。2005年至2017年，服务贸易增速超过货物贸易，平均每年增长5.4%。如果把其他国家的商业存在（模式3）考虑在内，2017年的世界服务贸易规模达到13.3万亿美元。商业存在是全球贸易服务的主要供应模式，占2017年服务贸易的60%左右。

分领域来看，分销服务和金融服务是全球交易量最大的服务，各占全球服务贸易的1/5左右。教育、保健或环境服务等其他服务的份额正在迅速上升，但目前占整个服务贸易的比例微不足道。此外，部分服务行业，比如基础设施服务，在整个经济体的运行中发挥着关键作用；而其他服务行业则影响该经济体生产要素的生产率。

发展中经济体对世界服务贸易发展贡献大。2005年至2017年，发展中经济体为服务贸易贡献了逾10个百分点的增长率，但主要集中在五个经济体。自2005年以来，最不发达国家已经有显著增长，但仍然仅占很小的份额。关于发展中经济体，微型及中小型服务贸易企业的出口速度开始超过生产企业。然而，这些企业的出口份额占总销售额的比例不足5%；与大型服务企业相比，不足1/3。

---

① 商务部研究院国际服务贸易研究所摘译于《World Trade Report 2019 – The Future of Services Trade》，发布于2019年10月。

服务是贸易总额增值的一个重要来源。全球价值链和技术变革模糊了服务贸易活动和货物贸易活动之间的区别，因此衡量服务在国际贸易中的作用变得更加复杂。在经济体中，建立在增值贸易基础上的统计数据反映了服务作为投入对所有行业领域的重要性，揭示了服务在国际贸易中发挥的作用比粗略统计数字所显示的要大得多。增值服务在国际货物贸易和服务贸易总值中所占的比例接近1/5。

服务贸易可以帮助经济体实现更快速的增长，有助于增强国内企业的竞争力，并在技能、性别和经济活动地点等方面扩大包容性。服务贸易服务于社会的一个重要途径就是提高企业在服务行业和生产行业的竞争力。通过提高资源配置效率、扩大经济规模以及增加服务种类，服务贸易创造了社会福利收益。在就业方面，服务出口为提供大量就业岗位提供了支柱，但是服务贸易对就业水平和就业结构的影响仍然微乎其微。服务贸易可能有助于降低女性开办的企业以及微型和中小型企业的经济不平等性。

服务贸易政策与壁垒的消除。服务提供商必须经常出现在提供服务的地区，因此与货物贸易比较，进口国家的机构制度的质量在服务贸易中显得更加重要。在过去几十年，尽管大多数经济体经历了改革，但服务贸易壁垒仍然高于货物贸易。服务贸易成本几乎是货物贸易成本的两倍。但是，随着数字技术的普及、政府降低政策壁垒以及对基础设施的大量投资，服务贸易成本在2000年至2017年下降了9%。事实证明，通过签署贸易协定来推动新型服务贸易的改革之路困难重重。进行市场开放谈判的同时，加强以国内监管措施为重心的国际合作，可能会成为充分利用服务贸易潜力的一种途径。

未来服务贸易发展趋势。今后，服务贸易将受到四大趋势的影响，即数字技术、人口结构变化、收入持续增长和气候变化。这些趋势将创造新类型的服务贸易，对服务需求产生影响，并可能对某些服务贸易产生干扰，同时在环境服务等领域创造新的市场。据世贸组织的全球贸易模型显示，截至2040年，服务业在全球贸易中所占的份额可能增长50%。如果发展中国家能够采用数字技术等手段，这些国家在全球服务贸易中的份额可能会增长15%左右。

专题2　美国服务贸易发展趋势与动态①

美国是全球服务贸易第一强国。据WTO数据显示，2018年美国服务贸易出口额为8284.28亿美元，同比增长3.9%；进口额为5592.13亿美元，同比增长3.1%；服务贸易进出口总规模达13876.41亿美元，同比增长3.5%。从贸易差额角度看，美国服务贸易呈现顺差状态，顺差额达2692.15亿美元。其中，金融服务为美国最大的顺差来源，顺差额达到822.53亿美元；其次是旅行，顺差规模为703.11亿美元；专业和管理咨询、加工和维修服务等领域的顺差也超过200亿美元。

一、服务贸易规模稳步扩大，贸易顺差优势不断加强

美国是世界上服务贸易最为发达的国家，服务贸易规模和发展水平均居世界领先地位。据美国商务部经济分析局（Bureau of Economic Analysis，BEA）的数据显示，1999年美国服务进口、出口规模分别为1928.93亿美元和2713.43亿美元，而到2017年进口、出口规模分别扩大为7976.9亿美元和5424.71亿美元，进口与出口规模年均增长率分别为5.84%和5.60%。从2009年起，美国服务出口增速快于进口增速，出现服务贸易顺差逐渐扩大的局面，贸易顺差从2009年的1259.21亿美元增至2018年的2692.15亿美元，增长了1.03倍。

美国服务贸易长期保持顺差，改善了美国国际收支常年逆差的不利局面。美国是世界服务贸易超级大国，服务贸易进出口额自1981年以来长期位居世界首位，2011年首次超过1万亿美元，2017年服务贸易进出口总额达13117亿美元，顺差2440亿美元。同时，服务贸易总额占GDP的比重不断攀升，从1994年的4.56%上升至2004年的5.04%，再上升至2017年的6.8%，呈逐年上升趋势。美国的服务贸易出口额约占世界服务贸易出口额的14%，是中国的四倍之多，占美国总出口额的近1/3，服务业对美国经济的拉动作用不言

---

① 商务部研究院国际服务贸易研究所课题组：李俊、崔艳新、李杨、王拓、刘斌、孙铭壕等。

而喻，且美国的服务贸易长期处于顺差状态。20 世纪 80 年代以来，美国由于国内储蓄减少导致投资下降以及国内劳动生产率增长缓慢等原因，货物贸易呈现巨额逆差，而服务贸易顺差填补抵消了美国近 1/4 的贸易逆差，在很大程度上改善了美国的国际收支状况。

美国服务贸易顺差源自美国服务业在国民经济中的核心地位。美国服务业增加值占国民经济比重超过 70%，拥有较强的服务供给能力和国际竞争优势，长期以来主导了全球服务贸易发展的方向和规则制定，并且从中获得巨大经济利益。此外，美国拥有世界一流的服务贸易促进体系。美国商务部有针对性地设立了五个职能部门，为服务业出口提供行业分析、拟定贸易政策、参加贸易谈判、组织扩大贸易市场计划、评估国内外经济政策对相关进出口影响等相关服务，以提高美国服务业的全球竞争力。

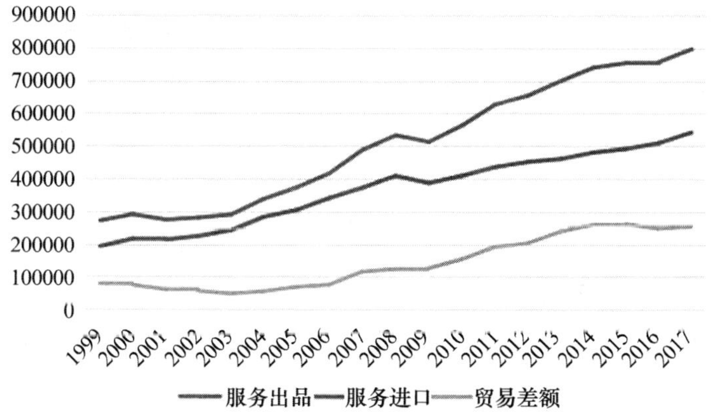

图 2—1　1999—2017 年美国服务贸易变动趋势

资料来源：美国商务部经济分析局（Bureau of Economic Analysis，BEA）。

二、服务贸易结构持续优化，知识、技术密集型服务贸易优势逐渐显现

作为传统服务贸易行业，运输、旅游、维护修理服务一直是美国服务贸易的基础。但上述三个行业占美国服务贸易出口规模比重从 1999 年的 51% 下降至 2017 年的 41%，而知识和技术密集的保险、金融、知识产权使用费、通信、计算机、信息服务占美国服务出口的比重从 1999 年的 30% 增长至 2017

年的37%，成为美国服务出口的主力军，尤其是知识产权使用费和金融等知识技术密集型的高附加值服务贸易始终保持巨额盈余，二者贸易顺差分别从1999年的344.29亿美元、111.53亿美元增长至2017年的770.80亿美元、807.11亿美元。知识和技术密集型服务行业的高增长和高盈余很大程度上反映出美国服务产业优化对服务贸易的促进作用。

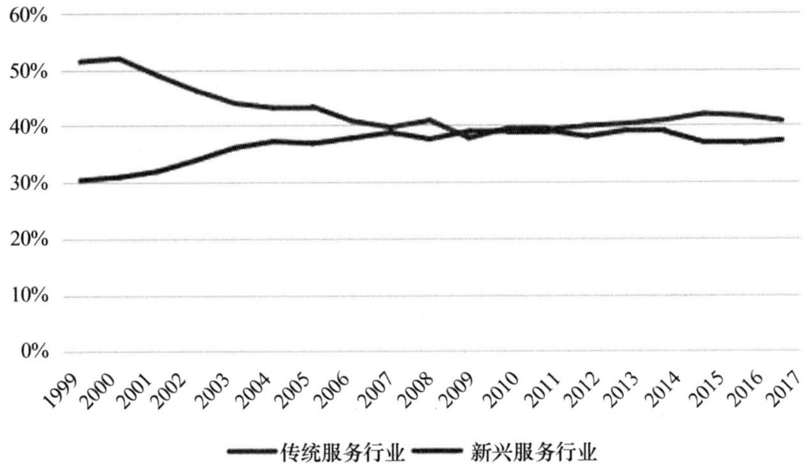

图2—2　传统与新兴行业服务贸易出口变化趋势

资料来源：美国商务部经济分析局（Bureau of Economic Analysis，BEA）。

三、ICT推动服务的可贸易性，与ICT相关的服务成为贸易主体

20世纪90年代以来，在服务经济得到迅速发展的同时，与信息通讯技术（Information and Communication Technology，ICT）紧密关联的服务贸易部门发展迅猛，如金融、电信、软件服务等，改变了服务贸易的内容与构成，有力地促进了服务贸易的发展。由于ICT已经渗透到服务行业生产经营的方方面面，与ICT有关的服务贸易，例如集成服务、外包服务、专业服务、知识服务、软件开发服务等的发展规模已不容忽视。BEA敏锐地察觉到ICT渗透到服务贸易的趋势，于2015年将服务行业划分为ICT行业和与ICT相关行业两大类，开辟了新的服务贸易分类。

如表2—1所示，BEA认为服务贸易可以分为两类，一类是ICT相关行业技术服务而产生的贸易，另一类是ICT作为行业因素潜在推动的服务贸易。美国ICT技术贸易自2015年起一直保持贸易顺差，顺差规模维持在250亿美元左右。ICT的发展和应用改变了服务贸易的方式、内容和构成，拓展了服务贸易的领域和范围，使得服务的可贸易性（tradabilty）显著提高。由ICT潜在推动的保险、金融、知识产权使用费、电信计算机和信息服务及其他商业服务出口占到美国服务总出口规模的53%以上，ICT技术贸易占总出口的8%左右，与ICT直接或间接相关的服务出口达到美国服务出口的60%以上。可见，ICT是美国服务贸易的核心因素。

表2—1　ICT行业及相关行业服务贸易进出口统计表

单位：百万美元

ICT行业相关服务贸易		2015年	2016年	2017年
ICT服务出口		66085	68070	70901
1	计算机软件知识产权使用费	36791	33670	37081
2	电信服务	12587	11736	10879
3	计算机服务	16707	19626	22941
ICT服务进口		41017	42613	47391
1	计算机软件知识产权使用费	6795	7593	9957
2	电信服务	6281	5490	5478
3	计算机服务	27940	29531	31956
ICT服务贸易余额		25068	25458	23509
ICT潜在推动的服务贸易				
ICT潜在推动的服务出口		401064	410026	439126
4	保险服务	16248	17067	18047
5	金融服务	102435	99384	109642
6	知识产权使用费	124769	124734	128364
7	电信、计算机和信息服务	36578	38548	42219
8	由ICT推动的其他商业服务	121034	130293	140854

续表

ICT 行业相关服务贸易		2015 年	2016 年	2017 年
ICT 潜在推动的服务进口				
4	保险服务	47420	49900	50665
5	金融服务	25769	25752	28931
6	知识产权使用费	40608	46577	51284
7	电信、计算机和信息服务	36704	37391	40054
8	由 ICT 推动的其他商业服务	88179	90255	95624
ICT 潜在推动的服务贸易余额		162385	160152	172568

资料来源：美国商务部经济分析局（Bureau of Economic Analysis，BEA）。

四、2018 年美国服务行业出口统计情况分析

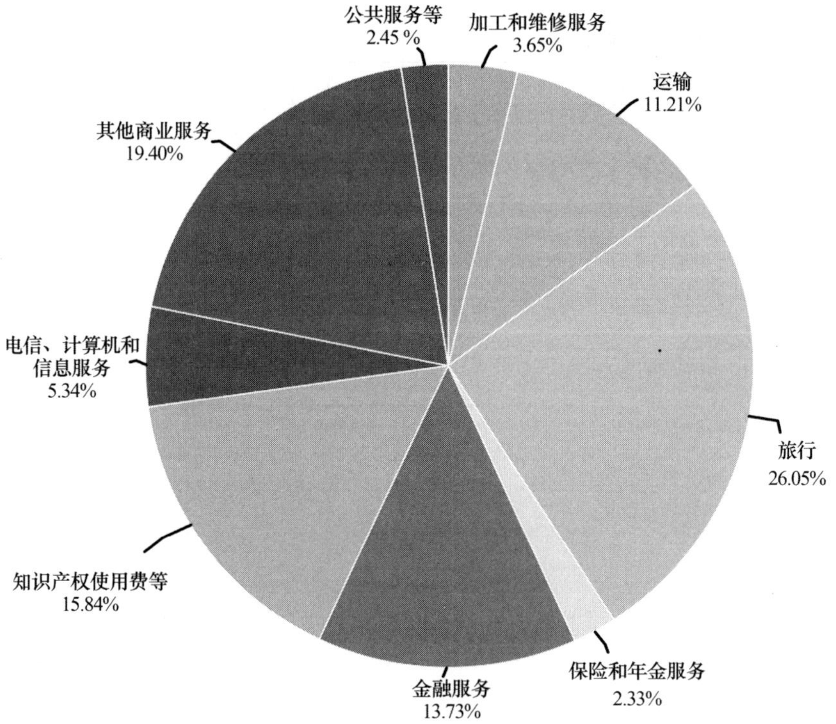

图 2—3　2018 年美国服务贸易出口类别

资料来源：WTO 数据库（注：此为 WTO 预测值）。

表 2—2　2018 年美国服务出口分行业发展情况　　单位：亿美元

	出口	同比
加工和维修服务	300. 41	13. 7%
运输服务	923. 04	4. 2%
海运	195	4. 2%
运费（海运）	39	2. 1%
其他（海运）	156	4. 8%
空运	678. 04	3. 9%
乘客（航空）	410. 54	1. 1%
运费（空运）	152. 1	11. 2%
其他（空运）	115. 4	5. 5%
其他运输方式	50	7. 3%
旅行服务	2144. 68	1. 8%
保险和年金服务	191. 64	6. 2%
金融服务	1130. 44	3. 1%
知识产权使用费等	1304. 52	1. 6%
电信、计算机和信息服务	439. 6	4. 1%
电信服务	99. 97	-8. 1%
计算机服务	242. 9	5. 9%
信息服务	96. 73	15. 2%
其他商业服务	1597	6. 9%
研发服务	420. 81	-0. 3%
专业和管理咨询服务	878. 9	11. 5%
技术服务，与贸易有关的服务和其他商业服务	297. 29	4. 7%
公共服务等	202. 04	4. 5%

资料来源：WTO 数据库（注：此为 WTO 预测值）。

分领域来看，美国在运输、旅行、金融、知识产权使用费和其他商业服务等方面出口份额所占比重较大，均超过 10%。其中，旅行服务为美国服务贸易出口的第一大领域，占比达到 26. 05%。从增速来看，在出口方面，美国在加工和维修服务、航空运输服务、信息服务、专业和管理咨询服务等领域均实现 10% 以上的增速。其中，信息服务出口增速达到 15. 2%，为美国服务出口增长最快的领域。

五、美国服务贸易开放度高、监管严格

美国是世界服务贸易超级大国，服务贸易长期保持顺差状态，2018 年服务贸易进出口总额达 13709 亿美元，顺差 2860 亿美元，均为世界第一。

美国拥有完善的服务贸易政策体系。美国服务业对外开放的制度框架主要包括其国内立法以及单边、双边、区域和多边服务贸易政策体系，形成自内而外的有机整体。从国内立法看，1974 年通过的《外贸法》、1984 年的《贸易与关税法》、1988 年的《综合贸易与竞争法》，均为美国政府通过制定贸易政策，开展对外谈判来维护本国利益提供了法律基础。双边和区域贸易协定中，如美国先后与以色列、约旦、新加坡、智利，中美洲五国和多米尼加、加拿大、墨西哥、摩洛哥、澳大利亚、阿曼等签署了自由贸易协定；多边贸易政策，如美国积极推进服务贸易和知识产权纳入 WTO 谈判内容，完成乌拉圭回合多边贸易谈判并签署了《服务贸易总协定》；在多哈回合谈判，美国提出服务业方面的草案“The United States of American，Initial Offer”，主要反映了乌拉圭回合谈判结束后美国在服务业相关法律法规方面做出的改进；进入 21 世纪，又提出更高标准的 TPP、TTIP、TISA 等具有引领意义的区域性协定。

美国服务业整体呈现“开放度高、监管严格”的开放模式。从总体上看，美国奉行服务业对外自由开放，但在实际运行中出于对国家安全的考虑，或出于保持产业竞争力和保障国内充分就业的需要，或受地方政治、文化、社会等具体情况的影响，对外国资本进入美国服务业市场设置了许多限制，从而形成“形式上总体开放，实际上有所限制”的事实格局。正如货物贸易中关税壁垒不断降低，但非关税壁垒层出不穷一样，服务贸易也提倡服务贸易自由化发展，奉行对外资的国民待遇，但是在具体监管执行过程中，却会以国家安全的名义对企业的业务进行严格的监管。

从行业来看，不同服务行业的开放度具有差异性。美国电影行业开放度最高，交通行业开放度最低。据 OECD 公布的 STRI 数据，由表 2—3 可以看出，美国交通和保险业开放程度最低，其次是工程、法律、银行和计算机，会计、电信和电影业则具有较高的开放程度。电影的开放度最高，这主要是

因为美国电影行业在世界上具有绝对优势，并且美国的文化体系是多种文化相互交织的，文化入侵程度相对较低，不会出现法国所谓的“文化例外”，因此限制性措施较少。

从限制方式来看，美国其他歧视性措施较多。从外资限制角度看，交通、保险、银行业仍具有较为客观的外资准入限制，其他行业限制较少。从人员流动限制角度看，工程、法律和会计行业对国际人员出入美国仍有一定的限制，其他行业限制较少。从监管透明度角度来看，除了物流及相关行业，其他服务行业接近行业监管透明。从竞争壁垒角度来看，美国主要服务行业已经开放到较高水平，基本消除了内外资竞争歧视。从其他歧视性措施来看，美国各个服务业行业都存在一定的内部歧视措施，这些其他歧视性措施为美国利用国内法律和政策打击外国企业留下了空间。

表 2—3 2018 年美国主要服务行业开放情况

行业	总限制指数	外资限制	人员流动限制	监管透明度	竞争壁垒	其他歧视性措施
会计	0. 169	0. 044	0. 079	0. 018	0. 000	0. 028
工程	0. 221	0. 034	0. 124	0. 027	0. 000	0. 036
法律	0. 206	0. 080	0. 081	0. 016	0. 000	0. 029
电影	0. 155	0. 029	0. 046	0. 029	0. 000	0. 051
电信	0. 172	0. 053	0. 020	0. 015	0. 044	0. 041
交通①	0. 314	0. 165	0. 040	0. 020	0. 046	0. 043
银行	0. 206	0. 120	0. 022	0. 030	0. 000	0. 034
保险	0. 288	0. 150	0. 032	0. 037	0. 037	0. 032
计算机	0. 203	0. 028	0. 082	0. 037	0. 000	0. 056
物流及相关行业	0. 232	0. 040	0. 034	0. 095	0. 023	0. 039

资料来源：根据经济合作与发展组织（OECD）数据库整理计算得出。

① 包含航空、水路、铁路和公路。

六、美国金融监管体系严格

（一）美国金融施行多部门联合监管

美国银行业监管机构主要包括财政部（U. S Dept. of the Treasury）、美联储（FED）、货币监理署（OCC）、联邦存款保险公司（FDIC）、国家信用社管理局（NCUA）、金融稳定监管委员会（FSOC）和消费者金融保护局（CF-PB）七个部门。

美联储担负着重要的金融监管职能。《多德弗兰克华尔街改革和消费者保护法案》将所有大型系统性金融机构纳入美联储监管职责范围之内。美联储有权对整个银行体系进行监管，但实际上很少直接参与银行检查，12 家联储银行具体对全国性的金融和银行控股公司、在所辖州注册的属于联储系统成员的本国银行和外国银行分行进行监管。

财政部主要负责财政、国债、征税等，监督中央银行和储蓄机构。货币监理署下设在美国财政部，但其监管职能相对独立，主要负责监管联邦注册的国民银行和外国银行分行。联邦存款保险公司主要负责监管加入 FDIC 保险但非联储系统成员的本国银行和少数在 FDIC 投保的外国银行分行。国家信用社管理局负责监管美国信用联盟组织和信用社的信用活动，管理信用社股份保险基金等。金融稳定监管委员会负责美国跨机构系统性风险监测与监管协调。消费者金融保护局负责金融消费者保护，包括消费者投诉、信用卡保护、约束收债公司滥用权力等。

（二）美国银行业法律体系完善

从 20 世纪 70 年代开始，美国就不断完善银行业的法律体系，至今已经出台多达十余部相关法律政策，构建起相对完整健全的法律制度。同时，这些法律政策也在实践中不断调整。从 1978 年《1978 年国际银行法》确立给予外资银行“国民待遇”的原则开始，先后制定了《1991 年外资银行监管加强法案》《1996 年经济增长与监管文件减少法案》《1999 年金融服务现代化法案》《银行控股公司法案》《2007 年外国投资与国家安全法》《联邦存款保险法案》《监管资本法案》等多种法案，形成对金融体系较为系统的法律保障和惩罚措施。

（三）美国银行业采取较强的监管手段

2010年《多得－弗兰克法案》对美国本土大型银行和外资银行同时提出更高的审慎监管（Enhanced Prudential Regulation）要求，并据此在2011—2017年出台诸多针对外资银行的监管措施，进一步丰富了审慎监管内容。

1. 给予国民待遇：置于审慎监管总体框架

美国成立大型金融机构监管协调委员会（LISCC），将大型机构分为三个序列。第一序列为LISCC机构－系统重要性金融机构（SIFIs），即超大型和最复杂的银行控股公司和非银行金融机构，这类机构是美国经济所面临的最大系统性风险，受到最严监管。第二序列为资产规模超过500亿美元的大型银行控股公司（LBOs），不具备系统重要性，监管强度相对较低。第三序列为大型外资银行组织（Large FBOs）。大型外资银行与SIFIs、LBOs重合，SIFIs及LBOs中有众多外资银行。目前，在美国13家系统重要性银行中，有4家外资银行。《多得－弗兰克法案》规定，美联储需对总资产超过500亿美元（含）的银行控股公司（BHCs）和金融稳定监督委员会（FSOC）指定的非银行金融机构，在资本、流动性、总体风险管理、生前遗嘱和信用风险报告、集中度等方面，实施“更严格的审慎监管”（Enhanced Prudential Regulation）。同时，“沃克尔规则”禁止银行从事自营交易，并限制投资私募股权基金和投资基金。《多得－弗兰克法案》没有区分内外资银行，只要达到500亿美元资产门槛或者经FSOC指定，都需遵循统一的审慎监管要求。

2. 防范道德风险：实施总损失吸收能力要求

金融稳定理事会（FSB）于2015年提出总损失吸收能力（TLAC）。TLAC指的是全球系统重要性银行（G－SIBs）在进入处置程序时，能够通过减计或转股方式吸收银行损失的各类资本或债务工具的总和，其主要用风险加权资产与最低杠杆率来进行衡量和计算。总损失吸收能力要求全球系统重要性银行进入处置程序后，通过减计（达到触发条款时，无需债券持有人同意的情况下少偿还或不偿还债务）或转股（达到触发条款时，银行可自主将债券转换为普通股）弥补的损失，应至少占到风险加权资产的16%—20%。美联储于2016年12月正式确定美国的8家G－SIBs和G－SIBs在美分支机构，自

2019 年 6 月 1 日起执行 TLAC 和长期债务比例要求。其中，TLAC 为风险加权资产的 18% 与缓冲资本之和，或风险暴露总额的 7.5% 与缓冲资本之和的较高者。长期债务比例为风险加权资产的 6% 与附加资本之和，或风险暴露总额的 4.5% 的较高者。合格长期债务系指距离到期日两年以上的债务，并有其他详细的认定标准。美国的 TLAC 要求，在长期债务比例和合格长期债务标准方面都要高于 FSB 标准。

3. 促进有序清算：外资银行提交生前遗嘱

《多得－弗兰克法案》要求总资产超过 500 亿美元的外资银行要按年向美联储和联邦存款保险公司（FDIC）提交生前遗嘱（Living Wills），即要求外资银行详述在危机状况下，如何按照《美国破产法典》有序清算。生前遗嘱的要求非常高，监管部门紧紧围绕如何有序清算和防止对金融市场产生冲击，从资本、流动性、公司治理、可操作性等方面深入审查方案的可行性。若方案被连续两次否决，则监管机构有权在资本充足率、杠杆率和流动性方面提出更高要求，并限制新设分支机构和规模扩张等。后来，美联储并没有要求所有大型外资银行提交生前遗嘱，只要求系统重要性外资银行提交。

4. 降低监管难度：建立中间控股公司

美联储要求，以 2015 年 6 月末为基期，若外资银行在美除分支机构所拥有的资产（U. S. non－branch assets）以外的其他所有资产达到 500 亿美元，则要在 2016 年 7 月 1 日前按照美国法律建立中间控股公司（Intermediate Holding Company，IHC），并将在美所有银行控股公司、投保机构及持有 90% 以上 U. S. non－branch assets 股份的机构的所有权，全部转移至 IHC 接受审慎监管。IHC 被视为具有与美国其他金融机构相同的法律地位和性质，也被当作一个独立的金融机构进行监管。在资本管理、生前遗嘱和杠杆率监管方面，与美国同等规模的 BHCs 保持同一标准。同时，美联储还通过穿透原则，对 IHC 的境外母公司进行监管，如果 IHC 被认为具有全球系统重要性，则其母公司也会被认定为具有全球系统重要性。境外母公司要按年向美联储提交报告，说明其所属国（地区）的监管标准是否与国际标准一致，是否按照国际标准认定 G－SIFIs，母公司是否为 G－SIFIs。

专题3　日本服务贸易发展趋势与动态①

一、服务贸易规模不断扩大

从2000年至2018年，日本服务进出口一直保持增长趋势，服务出口增长速度快于进口，增速服务贸易逆差逐渐收窄。据日本贸易振兴会的统计显示，2000年日本服务进口、出口规模分别为1183.32亿美元和694.08亿美元，到2018年分别增长至2010.62亿美元和1938.42亿美元。从2002年起，日本服务出口增长明显快于进口，尤其是2013年后，服务出口年平均增长率高达6%，高于进口增长率接近4个百分点。凭借较快的出口增长率，2015年日本进出口规模逐渐趋近，贸易逆差缩小至可控规模。

二、服务贸易逆差逐年缩小

截至2018年，日本服务贸易依然呈现逆差，但贸易逆差规模从2000年的489.24亿缩小到2018年的72.2亿美元，规模仅为前者的15%。进入21世纪，日本经济已止跌回升，逐步走上复苏之路。经济的回暖为日本服务贸易的发展创造了稳定的大环境。此外，服务业的日臻完善和渐进式的开放策略促使日本服务竞争力提升，服务贸易差额除受经济危机影响的个别年份（2007年、2008年、2011年、2012年）呈负值外，其余年份较上年均呈现不同水平的正向变动。

日本贸易逆差收窄源自其旅游、知识产权使用费、金融服务行业的强势推动。虽然旅游服务自2014年才实现贸易顺差，但旅游服务出口以年均24%的速度直线增长，成为近年来推动日本服务出口增长最快的领域。此外，日本知识产权使用费自2002年实现顺差以来，以年均26%的速度稳定增长，一直是日本服务贸易顺差的最大来源。正是这些高附加值行业出口规模的扩大，推动了日本服务贸易逆差的缩小。

---

① 商务部研究院国际服务贸易研究所课题组：李俊、李杨、王拓、崔艳新、孙铭壕、张琼、刘斌等。

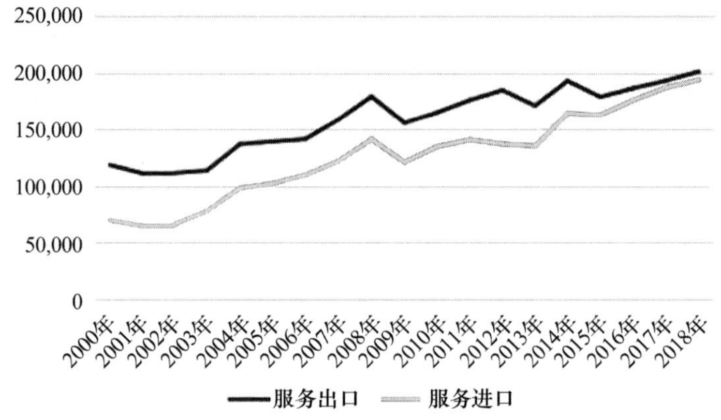

图 2—4 日本服务贸易进出口变动

注：按各月期中的平均汇率进行美元换算。

资料来源：日本贸易振兴会（JETRO）。

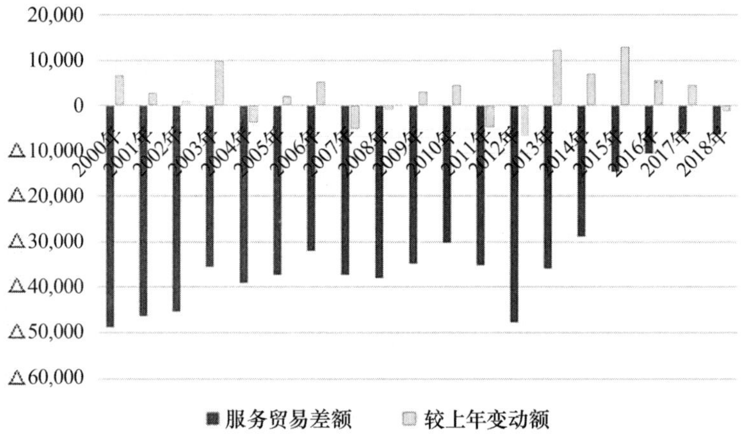

图 2—5 日本服务贸易收支差额及较上年变动额

注：按各月期中的平均汇率进行美元换算。

资料来源：日本贸易振兴会（JETRO）。

三、传统服务贸易出口增长快于进口

运输、旅游、委托加工服务、维护修理服务和建设行业是日本传统服务行业，2000 年至 2018 年，日本传统服务出口除在 2008 年、2009 年经历过短暂性低迷外，一直以年均 6% 的速度稳步增长，而传统服务的进口额在 2012 年后大幅下跌，年均跌幅超过 4%，2018 年的进口规模只有 2012 年的 75% 左右。正是由于传统服务出口多年的稳定增长和进口的持续缩减，2015 年日本结束了传统服务贸易的“逆差时代”，开始出现贸易顺差。

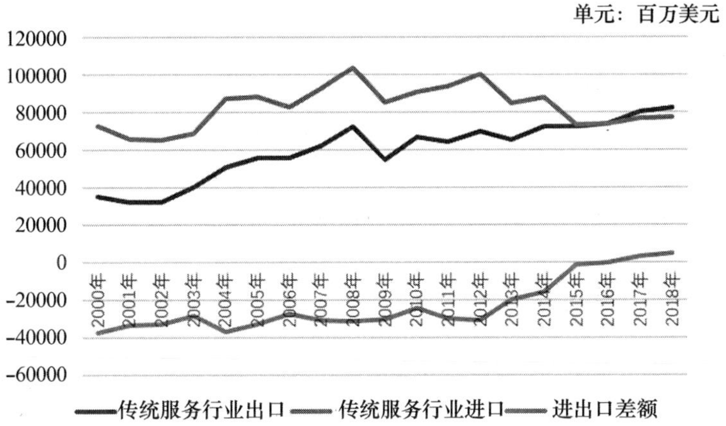

图 2—6　日本传统服务贸易进出口及差额

资料来源：日本贸易振兴会（JETRO）。

出现贸易顺差的原因在于传统服务的发展瓶颈和日本旅游服务的强势推动。一方面，过去日本通过“e – Japan”和“u – Japan”等国家战略极大地推动了服务经济的再生与发展，激活了日本传统服务的进出口能力。但是，2009 年经济危机爆发之后，日本国内传统服务行业发展陷入停滞，对外需求降低，传统服务进口规模飞速缩减。另一方面，在传统服务进口持续减少的同时，以入境游为代表的传统服务出口迅猛发展，使其成为传统行业出口增长的主要来源。如图 2—7 所示，日本其他传统行业贸易差额基本保持稳定，但日本的旅游服务出口自 2006 年起以年均 12% 的速度飞速增长，日本成为东亚地区著名的旅游胜地，贸易逆差持续收窄，并在 2015 年成为旅游服务净出口国。

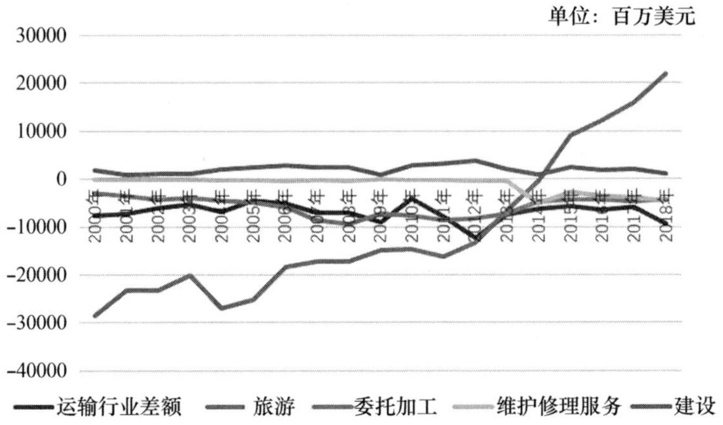

图 2—7 日本传统服务行业进出口差额

资料来源：日本贸易振兴会（JETRO）。

四、新兴服务贸易竞争力较强

保险年金服务、金融服务、知识产权使用费、通信、电脑、信息服务和个人文化娱乐服务是日本的新兴服务领域，2000 年至 2018 年，日本新兴服务进出口变化趋势基本一致，但出口增速始终快于进口增速，尤其是 2013 年后，出口以年均 11% 的增速飞速上涨，高出进口增长 4 个百分点。从 2004 年起，日本新兴服务贸易发展进入拐点，贸易逆差消除，自此日本在新兴服务领域一直保持贸易顺差，并在 2012 年后贸易顺差有逐渐扩大的趋势。

新兴服务贸易顺差的持续扩大源自日本新兴服务业强大的竞争优势，金融服务和知识产权服务的竞争优势尤其明显，上述两个行业自 2000 年起一直保持着贸易顺差的位势，并且分别以年均 21% 和 36% 的速度扩大。日本知识产权服务的国际竞争优势源自知识产业的良好发展基础，日本不断完善与知识产权相关的法律法规，这不仅保护了国民的知识产权，也大大促进了知识密集型产业的对外发展和自由化。金融服务的国际竞争优势源自政府的适时改革，日本的金融业曾在 20 世纪 90 年代遭遇泡沫经济的打击，此后政府对金融行业进行了改革，在国际上推动金融自由化，积极参加世界贸易组织和金融服务谈判，使金融业复苏并逐渐变成优势产业。可以看出，日本新兴服务行业优势的形成更多地源自政府合理及适时的行业发展战略，中国政府应当借鉴日本新兴服务行业战略制定和实施的经验，为新兴服务行业创造稳定、自由的发展环境。

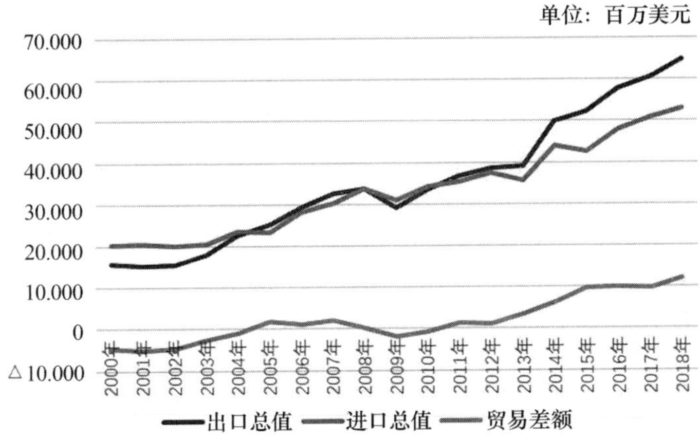

图 2—8　日本新兴服务进出口及差额

资料来源：日本贸易振兴会（JETRO）。

五、日本政府大力扶持服务业与服务贸易发展

进入 21 世纪以后，日本的服务贸易得到迅速发展，这主要得益于政府政策的调整和科技的创新，其服务经济在很大程度上得到提升。日本政府通过建立良好的制度以及出台一系列政策，促进通信技术服务、金融服务业、计算机和信息服务业以及其他商业服务等领域服务贸易的快速增长。

日本政府在推动本国新型服务贸易发展上发挥了重要作用，政府制定一系列政策扶持新型服务贸易发展：采用和制定各种有利于企业发展的优惠政策，如发展本国目前表面上看不具有优势，但具有内在潜力的产业，从而发挥其产业发展的联动效应。在政府的大力支持下，日本的服务产业快速发展起来，从根本上极大地提升了日本各服务产业的国际竞争力。

一方面，通过实施开放战略，日本现代服务领域如金融服务业和保险服

务业的开放程度不断扩大，再通过引进西方国家先进的管理经验和技术水平，日本的金融业、保险业保持着相对优势。同时，政府大力实施“电子日本”（e－Japan）的战略，极大地推进了信息服务业的发展。政府在物流、零售等领域也积极推出政策，并加大对这些政策的宣传力度，使得这些行业在短时间内取得快速的发展。

另一方面，日本政府为保护本国产业不受到别国服务贸易产品进口的冲击，增加了各国在金融等领域交易的手续费，通过此种方法提高了金融服务贸易的出口额，极大地扩大了金融等服务的出口。

六、大力发展构建吸引和培养优秀人才的机制

人才是一个国家得以发展的重要支撑力量，国家只有重视人才的培养，才能使国家在国际竞争中具有很强的竞争优势，日本大力发展构建吸引和培养服务贸易优秀人才的机制。在日本，无论是国家还是各组织机构，都十分重视人才素质的培养，日本采取诸多人才鼓励措施，如实行人才高工资奖励制度、增加人才培训提升的机会、外派高精尖人才出国交流学习等。这些具有很大吸引力的鼓励措施在很大程度上吸引国家优秀的人才投身于日本本国服务贸易领域的建设和发展，这对日本本国贸易的发展发挥了极大的促进作用。

专题 4　德国服务贸易发展趋势与动态①

一、德国服务贸易总体状况

从服务贸易进出口总体状况看，德国整体服务贸易水平居世界前列。2017 年，据世界贸易组织公布的数据显示，美国以 13189.85 亿美元的服务贸易进出口总额排名第一，第二名是中国（6956.79 亿美元），第三名是德国（6277.05 亿美元）。

从服务贸易净出口情况来看，根据联合国贸发会议数据库（UNCTAD），2005—2018 年，德国服务贸易一直保持贸易逆差，但顺差额度逐年收窄（如

① 商务部研究院国际服务贸易研究所课题组：李俊、李杨、王拓、刘斌、孙铭壕、张琼等人。

图2—9所示）。从2005年的-504.49亿美元缩小到2018年的-202.99亿美元，年均降速达6.7%。

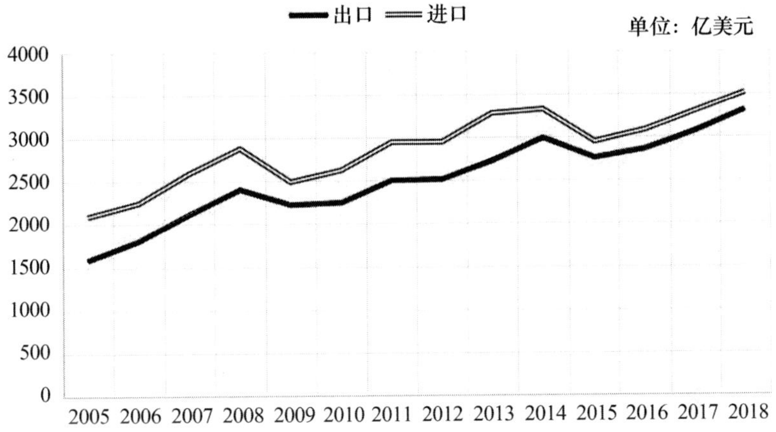

图2—9　2005—2018年德国服务贸易进出口情况

资料来源：UNCTAD数据库。

从服务贸易各行业出口规模来看，据联合国贸易和发展数据库（UNCTAD）显示，如图2—10所示，2017年，运输服务（617.77亿美元），旅行服务（397.24亿美元），电信、计算机和信息服务（372.27亿美元），专业服务（294.97亿美元），金融服务（237.98亿美元），知识产权使用费服务（200.53亿美元），保险和养老金服务（112.96亿美元）是德国服务业的七大领先部门。[①] 这七类服务贸易出口额占2017年德国服务贸易总出口额（3074.83亿美元）的72.65%。

二、德国服务行业整体开放水平较高

经济合作与发展组织（OECD）每年制定的服务贸易限制指数（STRI）可以较好地反映一国服务开放情况。此处通过比较2018年德国与其他G7国

① 来源：联合国贸发会议数据库（Services（BPM6）：Exports and Imports by service - category and by trade - partner，annual）：https：//unctadstat. unctad. org/wds/TableViewer/tableView. aspx。登录时间：2019年10月21日。

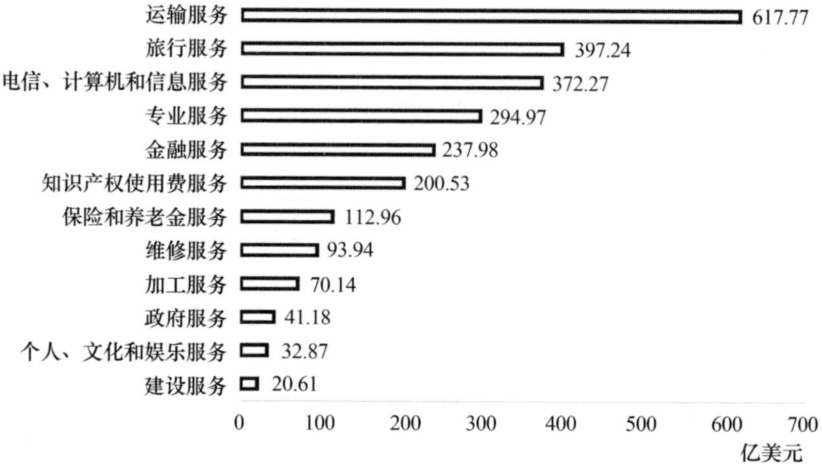

图 2—10 2017 年德国各类服务贸易出口额

资料来源：UNCTAD 数据库。

家，以及中国的 STRI 的总指标和分指标情况，具体分析德国服务开放情况。

由表 2—4 可以看出，在总指数方面，德国（0.171）最低，中国（0.446）最高，表明相对于其他 G7 国家和中国，德国服务业更加开放，居世界领先地位。从外资限制指数上看，德国（0.063）仅次于英国（0.052），位居第二。而中国对外资的限制水平最高（0.227）；从人员流动限制指数上看，美国对于人员流动限制最低（0.03），德国限制最高（0.08），而中国（0.05）位居第 5，与 G7 国家水平相差不大；从监管透明度指数上看，中国（0.06）最高，德国（0.036）在 G7 国家中排名靠后，仅高于英国、法国、加拿大；从竞争壁垒指数上看，美国、英国、德国（0.22）在同一水平，低于法国、意大利和日本，同时远低于中国（0.065）；从其他歧视性措施指数上看，德国处于绝对领先地位（0.003），美国和加拿大远远高于其他 G7 国家，也超过中国（0.042）。

由上可见，除监管透明度之外，德国的限制指数相比 G7 国家均较低，即其服务贸易整体对外开放程度较高，相比 G7 国家处于领先水平。

表 2—4 2018 年美国与其他 G7 国家及中国服务业开放情况

国别	总指数	外资限制	人员流动	透明度	竞争壁垒	其他措施
美国	0.239	0.083	0.03	0.039	0.022	0.044
英国	0.179	0.052	0.07	0.026	0.022	0.014
法国	0.229	0.071	0.045	0.018	0.035	0.034
德国	0.171	0.063	0.08	0.036	0.022	0.003
意大利	0.282	0.085	0.038	0.047	0.033	0.036
加拿大	0.216	0.087	0.063	0.029	0.024	0.044
日本	0.201	0.068	0.049	0.044	0.038	0.012
中国	0.446	0.227	0.05	0.06	0.065	0.042

资料来源：根据经济合作与发展组织（OECD）数据库整理计算得出。

通过 2018 年德国服务业分行业 STRI 整体指数可见，德国不同类型的服务行业具有不同的开放情况。由图 2—11 我们可以看出，除了空中运输业（0.37）和法律行业（0.24）之外，其他行业的限制指数水平均未超过 0.2，开放程度相对较高。

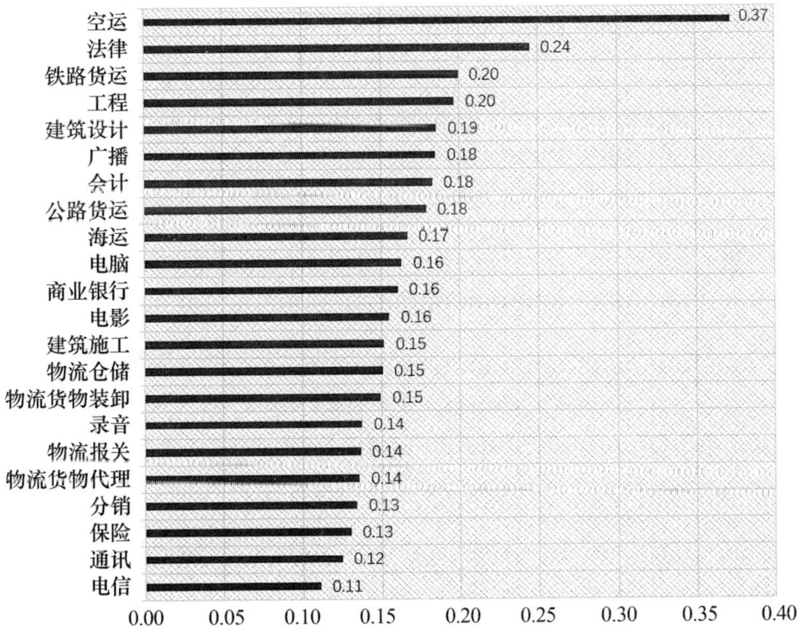

图 2—11 2018 年德国服务业分行业 STRI 整体指数

资料来源：根据经济合作与发展组织（OECD）。

监管透明度、竞争壁垒及其他限制性措施。在这五大因素中，德国对服务业的限制主要来源于人员流动和监管透明度，开放程度最高的是外资准入水平。具体分析如表2—5所示：

表2—5 德国服务业各部门STRI指数构成

部门	总指数	外资限制	人员流动限制	竞争壁垒	透明度	其他限制
物流货物装卸	0.15	0.04	0.03	0.00	0.04	0.04
物流仓储	0.15	0.05	0.03	0.00	0.02	0.05
物流货物代理	0.14	0.04	0.03	0.00	0.01	0.05
物流报关	0.14	0.06	0.03	0.00	0.00	0.05
会计	0.18	0.08	0.08	0.00	0.00	0.03
建筑设计	0.19	0.03	0.09	0.00	0.02	0.04
工程	0.20	0.05	0.09	0.00	0.02	0.04
法律	0.24	0.08	0.12	0.00	0.02	0.02
电影	0.16	0.04	0.05	0.01	0.01	0.05
广播	0.18	0.11	0.02	0.00	0.02	0.03
录音	0.14	0.02	0.04	0.00	0.00	0.07
电信	0.11	0.04	0.02	0.02	0.01	0.02
空运	0.37	0.23	0.02	0.00	0.11	0.02
海运	0.17	0.08	0.05	0.01	0.01	0.02
公路货运	0.18	0.08	0.05	0.00	0.04	0.01
铁路货运	0.20	0.06	0.04	0.00	0.07	0.03
通信	0.12	0.04	0.03	0.00	0.01	0.04
分销	0.13	0.05	0.02	0.01	0.03	0.03
商业银行	0.16	0.06	0.02	0.00	0.04	0.04

续表

部门	总指数	外资限制	人员流动限制	竞争壁垒	透明度	其他限制
保险	0.13	0.05	0.03	0.00	0.00	0.05
电脑	0.16	0.04	0.07	0.00	0.00	0.06
建筑施工	0.15	0.06	0.04	0.01	0.00	0.04

资料来源：根据 OECD 服务贸易限制指数（STRI）数据库整理计算得出。

（1）在外资限制方面，空运（0.23）最高，广播（0.11）次之，录音（0.02）最低（蓝色表示最低，红色表示最高），此外，海运（0.08）和商业银行（0.06）、建筑施工（0.06）、物流报关（0.06）也有较高的限制水平，其他行业相对限制较低；

（2）在人员流动方面，法律（0.12）最高，建筑设计（0.09）和工程（0.09）次之，分销（0.02）、商业银行（0.02）、广播（0.02）、电信（0.02）、空运（0.02）并列行业最低，其他行业限制水平居中；

（3）从竞争壁垒角度来看，包括物流报关、工程、法律、建筑设计、建筑施工、保险、电脑等在内的共 17 个行业基本消除了竞争壁垒（0.000），竞争壁垒较高的五个行业分别是建筑施工（0.02）、海运（0.01）、分销（0.01）、电影（0.01）和建筑施工（0.01）；

（4）从监管透明度角度来看，最不透明的是空运（0.11），透明程度最高的 6 个行业是物流报关（0.00）、会计（0.00）、报关（0.00）、保险（0.00）、电脑（0.00）、建筑施工（0.00），其他行业居中；

（5）从其他歧视性措施来看，限制程度最低的行业是公路货运（0.01），限制程度较高的是录音（0.07），其他行业居中。

三、德国领先服务行业竞争力分析

根据联合国贸发会议（UNCTAD）和经合组织（OECD）服务贸易数据库的数据，本节对德国 2005－2018 年整体服务贸易及 2017 年德国运输服务、旅行服务、电信/计算机和信息服务、专业服务、金融服务、知识产权使用费服务、保险和养老金服务共 7 个服务部门的出口市场占有率（MS 指数）①、贸易竞争力（TC 指数）② 和显示性比较优势（RCA 指数）③ 进行了实证分析，结果如表 2—6 所示。

表 2—6 2018 年德国七大领先服务行业竞争力指数

行业分类	出口市场占有率（MS 指数）	贸易竞争力（TC 指数）	显示性比较优势（RCA 指数）
运输服务	0.042	-0.036	3.082
旅游业	0.028	-0.382	0.0003
电信、计算机和信息服务	0.056	0.051	1.718
专业服务	0.064	-0.044	1.488
金融服务	0.051	0.339	1.509
知识产权使用费服务	0.052	0.223	1.244
保险和养老金服务	0.085	0.273	0.432

资料来源：根据 OECD 服务贸易数据库整理计算得出。

从市场占有率（MS，介于 0 和 1 之间，指数越高，市场占有率越高）角度看，德国服务业中保险业（0.085）和专业服务（0.064）市场占有率最高，分别约占全球 1/10 和 1/20 的市场；其次是电信、计算机和信息服务（0.056）；接下来是知识产权业（0.052）、金融业（0.051）和运输业

① 此处，出口市场占有率（MS 指数）＝一国某类产品出口/世界某类产品出口。

② 此处，贸易竞争力（TC 指数）＝（某产业出口－某产业进口）/（某产业出口＋某产业进口）。其值越接近于 0 表示竞争力越接近于平均水平；该指数为 -1 时表示该产业只进口不出口，越接近于 -1 表示竞争力越薄弱；该指数为 1 时表示该产业只出口不进口，越接近于 1 则表示竞争力越大。

③ 此处，显示性比较优势（RCA 指数）＝该产业出口在该国总出口中所占的份额/该产业出口占世界该产业总出口额的份额之比。显示性比较优势指数可以反映一个国家服务在世界服务中的竞争地位。如果 RCA ＞ 2.5，则表明该国服务具有极强的竞争力，如果 1.25≦RCA≦2.5，则表明该国服务具有较强的国际竞争力，如果 0.8≦RCA≦1.25，则表明该国服务具有中度国际竞争力，如果 RCA ＜ 0.8，则表明该国服务竞争力弱。

（0.042），最后是旅游业（0.028）[①]。

从贸易竞争力指数［TC，介于 -1 到 1 之间，其值越接近于 0 表示竞争力越接近于平均水平；越接近 -1（-1 表示该产业只进口不出口］表明竞争力越薄弱；越接近 1（1 表示该产业只进口不出口）表明该产业竞争力越大）角度看，金融业最具竞争力，达到 0.339，远远超过其他服务部门；排名第二的是保险业，达到了 0.273，知识产权使用费次之，旅游业最低（-0.382）。[②]

从显性比较优势指数（RCA，取值大于等于 0，如果 RCA > 2.5，则表明该国服务具有极强的竞争力，如果 1.25≦RCA≦2.5，则表明该国服务具有较强的国际竞争力；如果 0.8≦RCA≦1.25，则表明该国服务具有中度的国际竞争力；如果 RCA < 0.8，则表明该国服务竞争力弱。）角度看，与英国相同，德国运输业（3.082）也表现出较强的国际竞争力；计算机和信息服务业（1.718）和金融业（1.509）次之，具有中度的国际竞争力；而保险业（0.432）和旅游业（0.0003）国际竞争力较弱。[③]

综合三种竞争力评价指数可见，在所选 6 个服务部门中，整体而言，保险业（出口市场占有率 0.085）、金融业（贸易竞争力 0.339）和运输业（RCA 指数 3.082）分别在出口市场占有率、贸易竞争力和显示性比较优势方面位列第一。这三个行业是德国服务业中具有突出优势的行业，同时也是英国服务业中具有突出优势的行业，二者在这方面情况相同。而德国旅游业相对最弱，在三项指数排名中均位列最末，竞争力有待提升。

---

① 来源：联合国贸发会议数据库（Services（BPM6）：Exports and Imports by service - category and by trade - partner，annual）：https：//unctadstat. unctad. org/wds/TableViewer/tableView. aspx。登录时间：2019 年 10 月 21 日。

② 来源：联合国贸发会议数据库（Services（BPM6）：Exports and Imports by service - category and by trade - partner，annual）：https：//unctadstat. unctad. org/wds/TableViewer/tableView. aspx。登录时间：2019 年 10 月 21 日。

③ 来源：联合国贸发会议数据库（Services（BPM6）：Exports and Imports by service - category and by trade - partner，annual）：https：//unctadstat. unctad. org/wds/TableViewer/tableView. aspx。登录时间：2019 年 10 月 21 日。

四、德国服务贸易体制及其改革

（一）德国服务贸易管理体制

1. 具备健全的服务贸易法律体系

德国政府在联邦一级和州一级法律基础上，编制《电信法》《建筑法》《招投标法》《银行法》《保险法》《多媒体法》等行业性法律法规为服务业发展提供公平、规范的法律环境。德国政府还通过了《电信服务数据保护法》，并根据发展信息和通信服务的需要对《刑法》法典、《传播危害青少年文字法》、《著作权法》和《报价法》等做了必要的修改和补充。① 为适应欧盟统计要求，德国于2000年12月颁布了《服务业统计法》，并于2001年开始对上个报告年度进行首次服务业结构年度统计调查。2002年8月，德国又颁布了《特定服务业景气统计法令》，规定自2003年第一季度起，开始实施特定服务业季度统计调查，进一步完善了德国服务业统计，为更好地掌握德国服务业的经济实力、结构特征和发展状况提供了可靠依据。每一部法律或法规都对行业的运作和企业经营做出严格的规定。服务行业的立法工作，由所涉行业主管部门负责收集信息、征询相关行业商协会意见、提交法案，再交由立法机构经过立法程序变成正式法律付诸实施。

2. 行业主管部门宏观管理、经济和技术部宏观协调

德国实行的是社会市场经济制度，国家在市场经济中只负有调节的责任，它规定市场活动的框架条件，在这个框架内企业自由独立地对其想生产什么、怎么生产做出决定。而生产什么货物、生产多少以及谁从中得到多少，这些问题都由市场决定，国家尽可能地放弃对价格和工资形成的直接干预。任何行业的管理都由企业自身负责，政府主管部门不能干预企业合法、正当的行为，服务行业也不例外。所谓主管部门，也是主导而不管制，所起的作用更多的是架桥铺路、保驾护航。

---

① 来源：中国驻德国大使馆经商参赞处《德国的服务业及服务贸易概况》，网址：de. mofcom. gov. cn/article/ztdy/200606/20060602499142. shtml 。登录时间：2019年10月22日。

德国的政府共分14个联邦部，与服务业相关的，如交通运输方面由德国交通部管，金融、保险、证券等由财政部管，教育由教育部管，医疗卫生与社会服务由健康部管，其他则基本划归经济与技术部。

经济与技术部所辖第五司，也就是“对外经济政策司”，下设“贸易政策、服务业、知识产权特别问题处”，该处对服务贸易方面的部分职权就是：收集德国服务贸易信息，全面掌握德国服务贸易情况，协调政府各部门和经济技术部内部服务贸易领域的政策和促进措施，代表德国政府在欧盟和世界贸易组织内参与谈判和协商，负责德国服务贸易的统计和信息发布。

3. 德国服务贸易统计体系和方法

德国有着完整的统计体系，德国联邦统计局负责德国的所有统计工作。服务行业的统计数据也由联邦统计局提供。依据《联邦统计法》对联邦统计局和各州统计办公室的业务分工，德国各类经济商务数据的采集方式实行统分结合的原则，即各州分散采集（dezentral）和联邦统一采集（zentral）相结合。在贸易领域，除批发贸易（Grobhandel）数据由联邦统计局统一采集外，其余数据均由各州统计办公室采集后提交给联邦统计局汇总发布。

在具体各项数据采集过程中，联邦统计局遵照样本总体分析—抽样调查—结果预测相结合的统计学原则，将统计过程分为数据采集—数据加工—结果评估三个主要步骤。

根据统计日的的不同，统计数据分为月度统计数据和年度统计数据两类，月度统计数据主要用于观察宏观经济面的发展趋势，而年度数据则用于分析该统计领域内企业结构、经营情况及竞争力。

目前，联邦统计局主要采用纸面问卷、网络问卷和直接通过企业的EPR系统三种方式采集基本数据。随着德国政府推行的e－Goverment计划的推进，数据采集将日趋电子化和网络化，至2006年5月，网络问卷的使用率已在月度和年度数据的采集中达到20%左右。同时，联邦统计局和各州统计办公室也在大力推进eStatistik. core系统的建设和推广，从2006年起参加抽样调查的企业已可以通过该系统提交月度数据。

所有对外服务贸易数据则由德国联邦银行提供。德国联邦银行采用的是世贸组织《服务贸易统计手册》规定的“国际收支”（BOP）统计方法。国际收支一般由经常项目和资本金融项目组成。经常项目主要是计算货物和服务的流入和流出情况。

德国对服务贸易的分类大致如下：（1）旅游（出口方面含公差和因私旅行）；（2）交通运输（包括海运、空运、铁路、港口和机场服务）；（3）过境贸易；（4）保险；（5）金融；（6）专利与许可证；（7）研发；（8）工程及其他技术服务；（9）EDV 服务；（10）建筑、安装、修缮；（11）管理费用；（12）其他服务贸易（包括商业服务、广告与展会、信息、影视、其他个人活动酬劳、政府服务及其他各种服务）。

经济部对联邦统计局提供的关于德国服务行业的统计数据和德国联邦银行提供的服务贸易数据进行整理、分析，然后对服务贸易实施宏观调控。

4. 德国服务贸易促进和保护措施

（1）大力发展服务业

如前所述，服务业在德国整个国民经济中的地位举足轻重。德国非常重视服务业的发展，德国服务业的强势发展奠定了其在世界服务贸易体系中的重要地位。例如德国会展业，不仅被视为商务促进的重要载体，更被看成一个非常重要的服务产业。会展业既在引导生产、促进消费、扩大内需、增加就业、创造效益等方面发挥重要的作用，又为商业活动中的各种交易活动提供信息和服务平台，直接促进商品流通与服务交换，并且有着很大的“乘数”效应。

德国会展业居世界第一位，各行业领先的国际性展会中，有 2/3 来自德国。德国境内每年举办约 150 场国际性展会，总计约 16 万参展商（50% 来自国外）和 900 万到 1000 万的来宾（其中 1/5 来自国外）参展。会展业是德国最重要的 B to B 交流的形式，每年参展商和来宾在德国支出约 100 亿欧元，总体经济生产效益达到 230 亿欧元（2005 年德国总体 GDP 是 22440 亿欧元），创造了 25 万个就业岗位。①

（2）促进与保护并举

发展服务业和服务贸易对德国来说，如同货物生产和货物贸易一样意义

① 来源：中国商务部网站《德国展览业发展经验》，网址：http：//www. mofcom. gov. cn/article/i/dxfw/jlyd/201908/20190802889033. shtml。登录时间：2019 年 10 月 22 日。

重大。德国一方面出台政策、采取措施对服务贸易进行不同方向的干预，千方百计地保护本国市场和国内企业的利益，限制服务贸易的进口，同时又通过财政、金融以及产业发展政策等手段，促进本国服务业的迅速发展和出口的增加。

德国的金融、保险、法律、中介等服务行业近年来纷纷向国外开拓市场，但其本身的市场却设立各种过高门槛，阻止外国投资者的进入。诸如法律咨询、审计、会计、税务咨询等由政府制定专门法律进行限制，外国人要通过严格考试，想提供这些方面的服务困难重重，这些职业被称之为“受法律限制的自由职业”。

（3）构筑信息平台，政府和行业协会为企业保驾护航

政府的职能除了管理和协调以外，就是为企业服务，提供信息支持。每个部门都有相应的咨询服务机构，为企业排忧解难。德国联邦经济部下设服务机构“联邦外贸信息办公室”（BFAI），其主要任务是为德国公司提供国外市场信息。BFAI 在获取信息方面，在世界各地拥有由 45 家市场观察员形成的信息网络，这些观察员在本地市场代表 BFAI 与德国公司处理相关的问题。BFAI 还能得到德国 200 多个驻外使领馆发回的经济报告，并系统地使用国内外统计、数据库和专业杂志等资料。BFAI 的研究题目包括 150 多个国家的经济发展、行业走势、法律和海关规章、投资和金融项目投标、国外公司的需求、信息联络部门等。BFAI 将这些信息编选成册、制成光盘，或通过杂志、国际互联网对外发布。它还负责为个别题目提供信息服务。

此外，德国的各个行业几乎都有自己的协会组织。这些协会组织，尤其是商业领域、服务业领域注册的协会在行业的发展、法律法规的制这以及促进内外交流、提供信息等方面都发挥着重要的作用。

“德国工业协会”（BDI）是由德国 35 个行业协会与相关协会组成的重要组织，代表德国各工业部门与议会、政府、议会反对党、政党、欧盟有关机构、工会和其他社会团体进行磋商，以制定适宜的经济政策。在政府制定政策时，其作为工业界的代表参与决策。

“德国工商大会”（DIHK）是由德国 83 个工商会联合组成的机构，是德国重要的经济团体之一，其主要任务是维护工商业主的整体利益，促进工商业经济的全面发展。其主要职能是：（1）与联邦政府和联邦议会及欧盟等国

际组织保持联系，通过对重要经济和法律政策表态，参与和影响德经济政策的形成和制定；（2）通过建议、鉴定和报告等方式向有关部门和企业提供咨询和帮助，并举办各种研讨会，交流信息；（3）负责制定职业学校的教学大纲和考核标准，并对学徒进行考试和颁发技能证书；（4）通过设立驻外商会或代表处，促进对外经济合作与交流。迄今为止，德国工商大会在75个国家和地区设立了90多个驻外商会和代表机构。德国工商大会下设对外经济、销售经济、国外商会、交通电信和地区政策、财政和税收、法律、职业培训、国民经济、新闻和信息、工业结构和环保政策十个部门，共有200名工作人员。

为了向德国中小企业开拓世界市场提供统一的世界范围的服务，德国工商大会打造了一个被称为“De - international”的遍及全球的服务网。该服务网的工作方式类似于一个特许经营方案，其服务内容包括：首次咨询、广泛范围的地址搜索、关于各有关国家的详细信息、联系安排与当地政经界的接触，以及为企业提供详尽的市场分析、销售与法律咨询、重要博览会（展览会）活动概况等。

“德国贸易展览协会”（AUMA）是德国展览业界的代表性组织，其成员包括展览组织、观众协会和博览会公司。AUMA的主要任务是：向国内外对德国展览会感兴趣的个人或团体提供信息和咨询服务，维护展览业界的利益，推广德国各展览中心的项目，提高展览市场的透明度，代表官方参加海外展会。AUMA拥有广泛的展览信息和来自各方对展览业的支持，出版多种刊物，同时为个体参展商在选择展览项目方面提供咨询。

此外，还有诸如“德国外贸和批发商协会”（BGA）、“德国零售业外贸协会”（AVE）、“德国直销联合会”（HDE）、“德国联邦采购与物流协会”（BME）、“德国建筑协会”、“德国船东协会”（VDA）、“德国信息经济、通信与新媒体协会”（BITKOM）、“德国交通运输协会”等数目众多的协会组织，它们在德国经济生活、服务贸易方面所起的作用不容低估。

（二）德国法律服务业发展政策

德国法律服务业起步较晚，但发展迅速。在2015年，德国的法律服务市场总收入227亿美元，占欧洲法律服务市场价值的14.1%和全球法律服务市场的 3.8%，2016 年德国法律服务市场总收入 231 亿美元，相较于 2015 年增长 1.76%。随着经济的不断发展和变化，德国也在不断推动法制改革创新，努力为法律服务业注入发展活力。

1. 提出“法律—德国制造”，争夺国际法律服务市场

德国是经济强国，“德国制造”已成为产品的声誉保障，为提高德国法律在“法律体系的国际竞争”中的地位，2012 年德国司法部发布《Law - Made in Germany》，从而推动德国法律服务的全球化、高效率、低费用，争夺国际法律服务市场。在德国法典中，《民法典》《商法典》《有限责任公司法》和《反不正当竞争法》对个人、公司行为做出全面规范，以保障德国经济活动井然有序地开展。

2. 规范律师制度，律师行业发展迅速

德国是典型的大陆法系国家，经过多年演变，德国在律师制度方面进行了一系列改革，律师业发展迅速，但总体上仍然保留着大陆法系的传统和特点。一是律师制度法典化。德国有多部关于律师职业的成文法律和行业规范，主要包括《德国联邦律师法》《专业律师法》《德国律师职业规范》《联邦律师收费条例》等法律法规和行业规范，形成较为完备的法律规范体系。二是坚持律师职业的公共性和准司法属性。尽管德国律师业快速发展，但仍然保持着对律师职业的传统定位，法律明确规定“律师是独立的司法机构”，强调律师的执业活动既不受政府控制，也不完全属于市场经营行为，具有准司法机构性质，其主要价值在于保障公民有机会获得不受国家干预的法律专家的服务。三是严格的律师准入条件。法律规定，只有获得法官职业资格的人或者通过司法考试的人，才能被准许成为律师。德国虽是联邦制国家，但对律师执业没有地域限制，在一个联邦州获得资格即可在任何一个州申请执业。四是促进律师专业化。法律规定，在某一法律领域取得专门知识和经验的律师，由其所属的律师公会授予专业律师职衔且每名律师最多只能获得 3 个领域的职衔。德国制定了专门的《专业律师法》来推动并规范这一制度。

3. 完善法律援助，实现法律公平

德国宪法规定，各州负有保证经济困难的公民不因贫穷而得不到法律上平等保护的宪法义务。自 2009 年起，德国政府将法律援助义务扩展到法院诉讼外的咨询和代理服务，形成具有德国特点的法律援助体系。在管理方面，

法律援助管理工作授权由州法院直接实施，政府主要履行出资人职责。在援助提供方面，德国法律援助全部由私人律师提供。在援助类别方面，主要有刑事、民事法律援助、法律援助咨询和大学法律诊所服务等类型。

4. 法律数字化转型

2016 年德国政府发布“数字战略 2025”，推动德国经济数字化转型，法律界也开始了“数字化转型”。和许多国家相比，德国允许跨学科合作伙伴关系，使德国法律行业更加自由化。随着德国法律界数字化的发展，法律技术创新将能够通过促进和加速法律服务的在线提供来应对更多的挑战，同时通过在线服务平台创新法律服务数字化解决方案，以此促进和加速法律服务的自由化。

五、德国法律服务业开放管理情况

从欧共体到欧盟，德国法律服务业开放历经了 25 年的时间，德国律师服务业原有自己的一套体系，为与欧盟规则相一致，也为了适应 WTO 规则逐步开放的要求，德国制定了《律师职业法——欧共体规则援用法》（2000 年 3 月 9 日）。这部法律深化了原有的对外国律师管理的规则内容，同时划清了德国律师业务与“欧洲律师”业务的界限及审批条件，再加上德国原有的律师管理规则，逐步完善外国律师在德国境内执业的规范，从而形成多层次的律师行业、法律顾问咨询行业的框架结构，有效地促进和管理外国律师的执业活动。①

（一）德国法律服务业开放和有关规定

德国传统的法律职业以法官和公务员为主，但严格意义上的“法律职业”是指法官、检察官、公证员和律师等。律师是指独立开业，主要从事法庭代理诉讼业务。20 世纪 70 年代以来，德国律师业得到长足发展，出现了新的现象，律师被认为是自由职业者，其业务范围非常广泛，除了联邦法律特别规定外，不受任何限制，任何人在任何事务中都可以聘请律师充当顾问，特别

① 王江：《德国法律服务业开放的管窥和启示》，《德国研究》2001 年第 3 期，第 54—57 页。

是为大企业服务的法律顾问，具有很高的经济地位。这种现象的产生、观念的转变和社会需求的增加，无不得益于德国经济的繁荣、欧共体国家之间法律服务市场的开放。随着欧盟的成立，德国积极依靠法制，规范市场秩序，促进法律服务业进一步对外开放，使市场准入基本达到或接近国际惯例。德国对外国律师和律师事务所在其境内执业的规定主要包括三个方面：

1. 有关外国律师资格的取得和从业范围的规定

德国《联邦律师法案》第 206 条和第 207 条把进入德国法律服务市场的外国律师区分为三种情况：一是欧洲共同体或者欧洲经济圈内部所属各国的律师；二是所有 WTO 成员国的律师；三是前两种情况之外的其他国家。外国律师依其所属国别分别从事不同的业务范围。①

来自欧共体的外国律师可以从事德国法律业务，但必须符合审查程序。欧共体内部法律服务市场的开放有一个历史过程，德国 10 年以前的规定是，欧共体国家律师只要在德国开设了一间办公室，就可以申请成为德国律师协会成员，以其母国律师身份在德国执业，提供其母国法律和欧洲法律的咨询，但不能做德国法律咨询。而新的从业规定则是，任何欧共体成员国律师在德国连续工作 3 年，并持有证明，经审查确认后也可以从事德国法律咨询，并具有与德国律师同样的执业范围。

1995 年乌拉圭会谈后，德国做出此项规定：来自 WTO 成员国的外国律师可以在德国解释其母国法律和国际法，但不能从事德国法律业务，不能在德国法庭出庭。由于各国律师执业水平与德国律师不一致，这种情况的律师权限需要由德国司法部决定其是否达到与德国律师相等的水平，但还是不能作为德国执业律师。

来自除欧共体成员国和 WTO 成员国以外的其他国家的律师，只可解释其母国法律，提供其母国法律和相关国际法的咨询。迄今为止，到德国去申请开业的这一类外国律师还很少。中国司法部虽然在 1992 年做出规定，中国律师可以到德国申请执业，享受与德国律师到中国申请执业同等的待遇，但是目前德国司法部还没有这方面的具体操作程序。

---

① 王江：《德国法律服务业开放的管窥和启示》，《德国研究》2001 年第 3 期，第 54—57 页。

外国律师申请执业许可必须有三份证明：一是本国国籍证明；二是本国律师协会成员证明；三是参加执业责任保险的证明。例如，来自欧盟成员国的外国律师如果打算在法兰克福执业，需要递交正式的书面申请，并附上相关的证明材料：经过公证的护照、简历、获得其母国律师资格的有效证明，以及在其母国律师事务所执业的一切证明材料。外国律师的执业许可证由各州基层法院，或没有基层法院城市的州法院审核颁发，与各州司法部没有关系，但需得到州级律师协会确认。德国从 2000 年 1 月起开始取消执业地域限制，在某一个州登记的外国律师可以在德国全境执业。

2. 德国有关外国律师事务所分所的设立和登记及其与德国律师合作的规定

一般来说，外国律师到德国执业首先不能以机构的名义，而只能以律师个人的名义申请登记，然后再以律师事务所的名义对外执业。各州律师协会也只接收律师个人成为会员，而不接收律师事务所团体会员。

德国的律师事务所主要有无限责任公司（包括合伙公司）、有限责任公司等形式。其中，有限责任公司是比较时新的律师事务所组织形式。除了合伙制律师事务所外，以其他公司为组织形式的律师事务所都需进行工商登记。法律对德国律师和外国律师事务所分所的合作没有任何限制，既允许德国律师事务所聘用外国律师，外国律师必须在其法定的范围内执业，也允许外国律师事务所驻德分所聘用德国律师。

3. 德国有关对外国律师的管理和惩戒违法行为的规定

外国律师在德国执业受两部法律的规范：对没有得到批准或超范围从事业务活动的，受《法律咨询法》约束；对执业律师有违法行为的，受《律师执业条例》约束。虽然外国律师违法执业、触犯德国法律受德国管辖，但德国目前尚未发现一例这样的案件，其原因包括：一是德国对经过正式注册的外国律师的管理一般很宽松；二是没有把握做德国法律业务的外国律师，一般都委托德国律师做，很少出现违法行为。

在德国，无论是本国律师抑或是外国律师，所有律师均为律师协会会员，对其执业活动的管理权在律师协会。德国律师协会行使律师管理职能的一个主要体现就是制定行规和执业纪律，调解律师与客户或者律师与律师之间的纠纷，对律师的职业道德和执业纪律进行监督等。律师协会只能在法律赋予的职责内活动，如果律师违反了法律规定的强制性或禁止性义务，律师协会就可以查处。如果问题比较严重，就应当送交名誉法院处理。

律师的惩戒由名誉法院做出裁决。名誉法院也称职业法院，是国家成立的法庭，由律师协会推荐的律师或者协会成员及法官组成，分为三个层级：第一层级，每个地区律师协会都有一个名誉法庭，由三个律师组成，如果律师对律师协会所做出的警告、罚款等惩戒措施不服，可以起诉到名誉法庭；第二层级，名誉法院由三个律师、两个国家法官组成，有权做出禁止执业、吊销执业证等惩戒措施；第三层级，由三个律师、五个国家法官组成，同最高法院一样，不直接受理一审案件，只办理申诉、上诉案件。

（二）德国法律服务业开放的启示

1. 法律服务业开放是一个渐进过程并且适应形势需要而不断扩大

1994 年 4 月，WTO 在摩洛哥马喀什签署《服务贸易总协定》，服务贸易包括保险、证券、房地产、金融和法律等服务行业，其中律师、会计师、建筑师等职业称为“专业服务”。服务模式涉及跨境提供、商业存在和自然人流动等。关于具体承诺，首先是市场准入，要求成员国除了在清单中列明的限制措施外，不能采用其他限制措施，如服务的数量，或特定服务部门或提供者为提供特殊服务所必须雇佣的自然人总数量，或限制外国资本最高股权额等。其次是国民待遇，倡导成员国相互允许其他成员国的外国律师投资自己国家律师事务所等专门职业的经营体，这种投资甚至可以像外国公司的全资子公司一样，即外国律师对本国的律师事务所的完全所有。在义务与纪律方面，则规定了最惠国待遇、透明度，从保障国际服务贸易的运行。

德国基于本国政体、经济发展水平和文化语言的不同，开放程度与其他国家也不尽相同，从欧共体成立到目前的欧盟法律服务市场的逐步开放，经历了 25 年的适应期，但外国律师事务所在德国设立还是有一定难度的，因为德国实行有限制的开放。WTO 将服务性贸易作为自己的调整范围，试图用市场原理对其进行国际性的规范，但律师业至少应该说并不是纯粹的服务性行业，律师制度是国家司法体系中不可或缺的重要组成部分，同时也是国家主权的一个组成部分，这是其与其他专业职业的不同之处。

一个国家的律师制度与其政治、经济、文化和历史等本土性因素有着密切关系，不同国家之间的法律制度往往具有不同的社会性质，或者分属不同的法系，在法律属性、结构、术语、适用、实施等诸多方面相异之处也颇多，目前尚没有、将来也很难形成具有国际普遍性的标准形式。因此，法律服务业开放与该国法律服务市场的需求，以及与该国律师业的成熟程度有着密切的关联，必须慎重，切忌操之过急。

德国法律服务业开放的渐进过程、慎重态度和对待不同国别开放的不同程度，可以说是明智之举。中国律师制度的恢复和发展仅仅 20 年，但改革开放成就令人欣喜。经国务院批准，司法部自 1992 年 7 月起开始允许外国律师事务所在中国境内设立办事处的试点工作。司法部与国家工商行政管理局联合颁布了《关于外国律师事务所在中国境内设立办事处的暂行规定》（简称《暂行规定》），作为此项试点工作的政策依据，外国律师事务所经司法部批准，国家工商行政管理局登记注册，可以在中国境内的一个试点城市设立一个办事处，并从事下列业务活动：向当事人提供该律师事务所律师已获准从事律师业务的国家的法律和有关国际条约、民商事法律和惯例的咨询；接受当事人或中国律师事务所的委托，办理该所律师已获准从事律师业务国家的法律事务；代理外国当事人委托中国律师事务所办理在中国境内的法律事务。但不得从事下列业务活动：办理中国法律事务，包括在中国出庭辩护或代理；向当事人解释中国的法律；从事有损于中国国家安全、社会公共利益的活动以及禁止外国人所从事的其他业务活动。到目前，司法部已批准共 121 个外国律师事务所和特别行政区的律师事务所在大陆设立办事机构，或建立相互委托律师业务的合作关系。同时，大陆有 13 家律师事务所经司法部批准，向外国政府申请设立办事处，并陆续设立了分支机构。

借鉴德国法律服务业开放的经验，中国迎接 WTO，发展法律服务业的对策，必须坚持开放和保护相结合，立足国家安全和社会利益的原则，循序渐进。同时，根据实际国情，在市场准入方面，考虑公平竞争原则的适用，增强适当的灵活性。

2. 引入国际竞争机制，促进中国律师事务所（律师）对外交流与合作

德国传统的律师事务所规模都比较小，所做的大多是传统的民事和刑事诉讼业务，开放之初，其在办理金融、投资、证券和贸易等国际法律业务上无法与英美律师事务所的团队作战方式竞争，一度受挫。政府通过实行鼓励

合并，特别是跨国间律师事务所的合并、实现强弱联合、强强联合的行业政策，加强专业培训和职业道德教育，强化行业自律，使德国律师事务所在近十年内发展较快，1990 年德国 20 个大律师事务所的总收入相当于所有一般私人律师总收入的 1/3，特别是英美法系和大陆法系国家的律师合作、合伙，对提高德国律师的竞争力和事务所的管理水平起着相当重要的作用。最近几年，欧洲大陆国家在合作、合伙的基础上进一步发展多所合并以及多国律师所合并，组成新的律师事务所联盟，如德国潘德所和英国高伟绅所及美国一家律师事务所合并后，成为拥有 2700 名专职律师的世界第一大所。

德国经验告诉我们，在经济全球化和竞争日益激烈的过程中，律师事务所必须打破传统的小而全和只能做本国业务的局限，向规模化、专业化和高层次化方向发展，才能适应形势发展的需要，使律师事务所获得发展，借鉴德国律师服务机构适应于市场经济规律的各种机构形态，组建多种形式的事务所，打造法律服务的航空母舰。法律服务业的集团化发展，有利于降低服务成本，促进服务提供者之间的知识和技能的交流合作，扩大律师自主交流。允许外国律师和中国律师通过合作、合伙、组建公司等形式，产权界定和重组，实现全国范围内智力、质量、管理和信息等要素的最优配置，甚至走出国门，吸引外国资本的介入进行，加快涉外律师事务所的发展，提升中国律师提供国际化服务的能力。

3. 改革律师管理体制，形成法院、律协、行政机关等综合监管体系

德国是大陆法系国家，传统的律师行业以行政管理为主。随着法律服务业的开放以及法律服务贸易的国际化，律师作为法律服务提供者的社会身份日益突出，律师管理机制逐步参照国际惯例，司法行政部门转变管理职能，突出了宏观调控作用，并确立了共识：由律师协会掌握行使惩戒的权力是保障律师独立执业的一道屏障或壁垒。但同时应清醒地认识到，律师制度又是国家司法主权的一个象征，律师协会的行业管理和自律，不能代表国家对司法主权的控制和支配，应由法院对境外律师资格进行审核。

中国加入 WTO 后，逐步建立了开放、竞争、平等和透明的法律服务市场。目前，国务院司法行政机关是外国律师事务所在大陆执业的唯一审批和管理机关，但由于市场准入门槛较高，透明度较弱，这一管理体制需要改革。首先，政府主管部门应转变管理职能，从微观事务中解脱出来，着重于宏观

管理和导向，健全和完善法律服务对外开放的法规和规章体系。应尽早建立可行的司法、仲裁的机构和程序等，对境外法律服务提供者来中国大陆设立执业机构的资质、审批程序、业务范围、执业的权利和义务、与中国律师的合作、法律责任以及监督管理等做出较详细的明确规定。例如实行境外律师资格制，借鉴目前德国对境外律师实行的个人资格登记制的经验，境外律师或境外律师事务所来中国开业，先以律师个人名义向中国司法部申请确认境外律师资格，授予资格后再以所从业的境外律师事务所名义或个人申请开业；允许中国律师事务所聘用境外律师从事国际法律业务。其次，落实行业管理，通过立法赋予律协更多的管理权限，对违规境外律师的处罚手段附诸于文字，并贯彻到实践之中。另外，对境外律师的管理还必须通过保险公司对每项事务的申报、税务机关对外国事务所的收费、法院对境外律师事务所咨询的内容等进行监督，形成严格的监管体系。无论是采取行政管理还是行业管理的措施，对法律服务业发展的引导通过先国内立法，培育法律服务的良好环境，构筑法律权威的社会平台，然后做出国际承诺，使中国法律服务对外开放逐步走向法制化和规范化的轨道。

专题5　中美服务贸易发展比较评析①

本文系统科学地从服务贸易规模、结构、地位、产业基础和综合环境五个方面构造服务贸易发展指数，并对中美两国服务贸易发展指数和分项指数进行对比分析。结果发现，美国的服务贸易在规模、结构、竞争力、开放程度和产业基础上具有绝对优势，这源于美国对人力资本和科研的重视、政府的政策支持和自由开放的服务业市场。美国科学技术的发展和自由贸易市场促使服务贸易结构向新兴产业贸易偏移，电信、互联网、金融等具有高附加值服务业顺差明显，提高了美国服务业的全球竞争力。发达的教育培训业和高素质劳动力使得美国具有较高的生产率和较低的机会成本，进而加大了美国服务业的出口优势。

我国服务贸易规模和地位排名靠前，但贸易结构、产业基础指数、综合

① 商务部研究院国际服务贸易研究所课题组：崔艳新、李俊、孙铭壕、王拓等。

环境指数排名靠后。科技水平低下是造成我国服务贸易结构不平衡的重要原因之一，我国科技投入起步晚，在以技术为根基发展而来的金融和计算及服务等行业存在明显的短板，而劳动力的丰裕使得建筑业、旅游业等劳动密集型服务业具有一定的竞争优势，综合起来我国的服务贸易偏重于低附加值的劳动密集型服务业。与美国相比，我国服务业人力资本水平一直处于不利地位，服务业就业占比低，质量也很低，阻碍服务业生产率的提高和在新兴服务领域的发展。我国医疗、教育、金融、保险、通信等领域开放程度低，开放滞后，且服务业国内管制严格，税收制度不完善，市场准入限制较多，因而我国服务业综合环境排名靠后。

一、中美服务贸易发展指数对比

服务贸易发展指数共包含 5 个一级指标和 14 个二级指标，根据重要程度赋予不同权重，最终加总得出发展指数。具体评价体系见表 2—7。

表 2—7　服务贸易发展指数评价体系

一级指标	二级指标
服务贸易规模指数	服务贸易总额
	人均服务贸易总额
服务贸易结构指数	服务贸易占比（服务贸易/总贸易）
	新兴服务贸易占比（新兴服务贸易/服务贸易）
服务贸易地位指数	市场地位（出口市场占比）
	市场地位（进口市场占比）
	竞争力地位（差额/总额）
	国际化地位（服务贸易额/服务业增加值）
服务贸易产业基础指数	服务业增加值
	服务业劳动生产率
	服务业增加值/GDP
	服务从业人员占比
服务贸易综合环境指数	服务贸易限制指数（STRI）
	营商环境指数（DTF）

资料来源：作者自制。

2018 年，与测算的 87 个国家（或地区）相比，中国服务贸易发展指数全球排名第 20 位，与 2017 年持平。从分项指标来看，中国地位指数和规模指数排名比较靠前，分别排全球第 4 位和第 7 位，地位指数较之 2017 年上升 2 位，规模指数排名与 2017 年相同。结构指数、产业基础指数和综合环境指数排名靠后，分别排全球第 64 位、第 49 位和第 51 位。与 2017 年相比，结构指数上升 8 位，产业基础结构下降 8 位，综合环境指数上升 8 位。总体来看，中国服务贸易发展总体向好，但各指标发展不平衡。

美国服务贸易发展指数继续保持世界第一。其中地位指数和产业基础指数全球排名第一，均与 2017 年持平。结构指数和环境指数排名较为靠后，分别为全球第 16 位和第 9 位，较之 2017 年，美国服务贸易环境指数下降 1 位，结构指数保持不变。规模指数排名第 3 位，比 2017 年下降 1 位。美国的服务贸易发展均衡，各方面均较为突出。

表 2—8　2018 年中美服务贸易指数对比

	规模指数	结构指数	地位指数	产业基础指数	综合环境指数	发展指数	排名
中国	4. 4338	3. 5822	15. 6779	7. 2465	5. 9942	36. 93	20
美国	7. 8984	6. 6746	21. 9620	24. 8917	8. 6033	70. 03	1
总分	15	15	30	30	10	100	

资料来源：作者自制。

从纵向看，中国与美国相比，各项指数均不及美国，其中结构指数和发展指数是美国的 1/2，产业基础指数不及美国的 1/3，规模指数、地位指数和综合环境指数略有差距。从横向看，我国规模指数、结构指数和产业基础指数发展薄弱，美国的规模指数和结构指数也相对较弱，而美国地位指数、产业基础指数和综合环境指数发展较好，特别是综合环境指数得分 8. 6，与满分 10 分相比差距很小。由此可见，产业基础指数是中美服务贸易发展指数差距拉大的主要因素。

（一）中美服务贸易规模指数对比

服务贸易规模指数是从服务贸易总量上衡量一国服务贸易发展情况，包

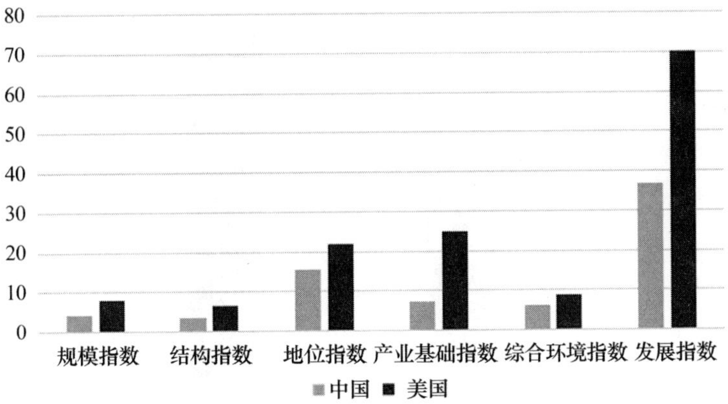

图 2—12　2018 年中美服务贸易发展指数和分项指数对比

资料来源：作者自制。

括服务贸易总额得分和人均服务贸易总额得分。

表 2—9　2018 年中美服务贸易规模指数对比

	服务贸易总额（千亿美元）	人均服务贸易总额（美元）	服务贸易规模指数	排名
中国	7.86	564.1129	4.43	7
美国	13.44	4109.3913	7.90	3

资料来源：作者自制。

中国服务贸易规模指数为4.43分，排名第7位。与满分15分相比，不足1/3。从数量上看，中国服务贸易总额为7.86千亿美元，排名第2位。这与我国针对服务贸易发展制定一系列经济举措有关，比如开展国家服务业综合改革试点工作，对服务业出口提供通关便利和税收优惠，促进服务贸易全面提升。但由于人口众多，中国人均服务贸易额仅为564.11美元，在87个国家（或地区）中排第54位，处于中下游位置，可见我国是服务贸易“大国”，但不是“强国”。

美国服务贸易规模指数为7.90，排名第三，与满分15分相比，已超过

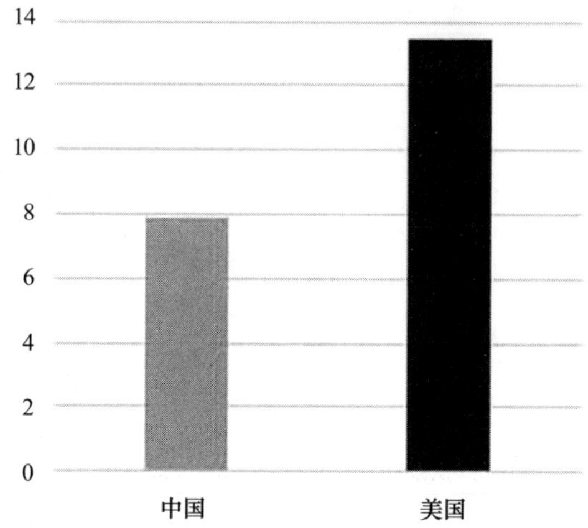

图 2—13　2018 年服务贸易总额（千亿美元）

资料来源：作者自制。

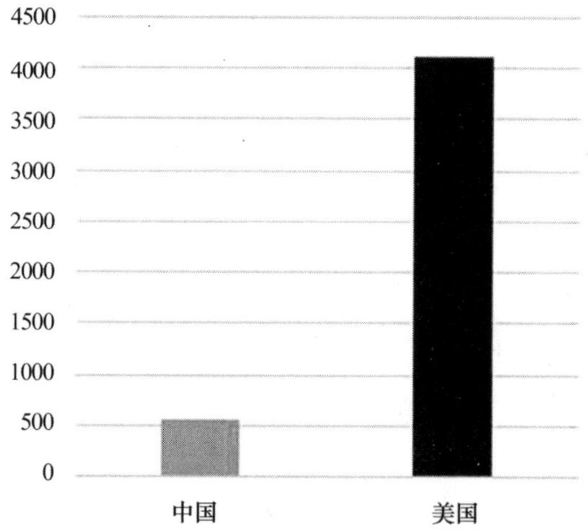

图 2—14　2018 年人均服务贸易总额（美元）

资料来源：作者自制。

1/2。从数量上看，美国服务贸易总额为13.44千亿美元，在参与测算的87个国家（或地区）中排名第1位。美国服务贸易规模如此庞大，与美国自由的贸易环境、新兴服务业为支柱产业和新型服务外包发展迅速有关。据美国人口普查局和经济分析局数据显示，2018年知识产权、金融服务、电信及互联网、政府服务、保险服务等新兴服务是美国对外服务贸易的主要领域。美国人均服务贸易总额4109.39美元，排名第27，处于中上位置。

通过中美服务贸易规模指数和细分项对比发现，从总量上看，美国是全球市场上服务最大的出口国和进口国。美国向世界许多不同国家和地区提供服务，服务贸易出口和服务贸易进口各项数据均居全球第1位。虽然中国服务贸易进出口总额居第2位，但较美国仍有很大差距，中国服务贸易仅占全部贸易额的17.17%，占世界服务贸易的5.6%。中美服务贸易规模差距较大的原因主要有两点：一是中国缺乏服务业必要的知识和技术，服务贸易集中在密集使用劳动和资源而技术含量较低、附加值小的部门，世界需求量小，导致服务贸易规模小；二是市场约束强。虽然中国放宽了服务市场的准入条件，但仍有过多的政府管制和约束，因而服务贸易自由度开放不够。

（二）中美服务贸易结构指数对比

服务贸易结构指的是一定时期内服务贸易中各种服务构成情况，能真实反映一国的比较优势、工业化程度以及国际分工地位。本文用服务贸易占对外贸易比重，以及新兴服务贸易占服务贸易总额比重衡量一国服务贸易结构。

表2—10　2018年中美服务贸易结构指数对比

	服务贸易占比	新兴服务贸易占比	服务贸易结构指数	排名
中国	0.1453	0.3384	3.5822	64
美国	0.2391	0.5840	6.6746	16

资料来源：作者自制。

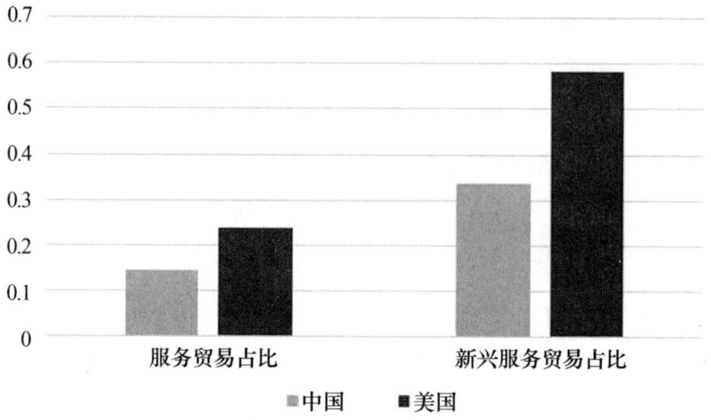

图 2—15　2018 年中美服务贸易结构指数各分项对比

资料来源：作者自制。

2018 年中国服务贸易占对外贸易总额的 14.53%，服务贸易增速高于同期对外贸易增速 1.8%。中国服务贸易发展向好，主要有三个原因：一是中国经济发展从投资驱动向消费驱动转换的趋势明显，内生动力不断增强；二是服务贸易管理体制机制不断创新，营商环境不断改善；三是数字技术的应用和发展提高了服务的可贸易性，互联网、云计算、大数据等数字技术手段极大地促进了要素的跨境流动。

新兴服务贸易发展迅速，2018 年新兴服务贸易占服务总额贸易比重的 33.84%，比 2017 年增长 1.3 个百分点。伴随我国自主研发能力不断提升，服务贸易开放逐步扩大，我国知识密集型的新兴服务贸易进出口规模也呈现增长态势。2018 年中国知识密集型服务进出口额达到 1.7 万亿元，同比增长了 20.7%。其中，新兴服务贸易进出口 4580 亿美元。电信、计算机和信息服务进出口增长了 64.3%，个人、文化和娱乐服务增长了 47.6%，维护和维修服务增长 14.3%。金融服务、其他商业服务均有小幅增长，取得稳定发展。知识产权使用费服务进出口额增长了 20.9%。

美国服务贸易占总贸易的 23.91%，新兴服务贸易超过服务贸易总额的一半，占比达 58.40%。可见，美国新兴服务贸易是主要贸易对象。在美国服务贸易结构中，出口比重较大的行业包括旅游、其他商业服务、专有权利使用费和特许费、运输和金融服务等；进口比重较大的行业包括运输、旅游、其他商业服务和保险服务。美国不仅在运输和旅游等传统服务项目上处于世界领先地位，以资本、技术密集型为主的新兴服务部门出口比重也较突出，在服务贸易出口结构中处于主体地位。技术密集型的专有权利使用费和特许费、金融、保险和咨询等项目都保持大额顺差。

中国服务贸易结构与美国相比，有两处不足：第一，中国服务贸易结构不如美国合理。从出口来看，2017 年美国旅游占美国服务出口的比重最大，大约达到 27%。知识产权与其他商业服务产生的版税和费用分别贡献了 17% 和 19%。运输和金融服务业分别占美国服务业出口的 11% 和 13%。由此可见，除旅游项目外，美国对于知识型服务贸易十分重视，此类服务贸易出口占比也很高。我国的服务贸易分类与美国基本类似，但知识型服务占比较低，知识产权使用费占比仅有 2.09%。第二，中国服务贸易以逆差为主，美国则以顺差为主。近 10 年来，中国服务贸易逆差逐年扩大。美国服务贸易历年来均是顺差且呈现扩大趋势，服务贸易顺差部分抵消了美国经常账户中大量货物贸易逆差。美国服务业在全部经济中占比超过 70%，拥有较强的服务供给能力和国际竞争优势，长期以来主导了全球服务贸易发展的方向和规则制定，并且从中获得了巨大经济利益。近年来，中国服务贸易发展很快，占国内经济总量和全球服务贸易的比重也有明显提高。但是，中国服务业缺乏足够的国际竞争优势，服务贸易失衡问题突出。

（三）中美服务贸易地位指数对比

一国服务贸易地位影响国家在全球价值链的分工地位，对一国贸易利得有直接关系。服务贸易地位指数由 4 个二级指标得分构成，分别是市场地位（出口额占世界服务贸易出口总额比重）、市场地位（进口额占世界服务贸易出口总额比重）、竞争力地位（服务贸易净出口额占总额比重）和国际化水平得分（服务贸易占服务业增加值比重）。

表 2—11　2018 年中美服务贸易地位指数对比

	市场地位（出口世界占比）	市场地位（进口世界占比）	竞争力地位（差额/总额）	国际化地位（服务贸易额/服务业增加值）	服务贸易地位指数	排名
中国	0.0454	0.0929	-0.2852	0.1490	15.6779	4
美国	0.1383	0.0957	0.1105	0.1019	21.9620	1

资料来源：作者自制。

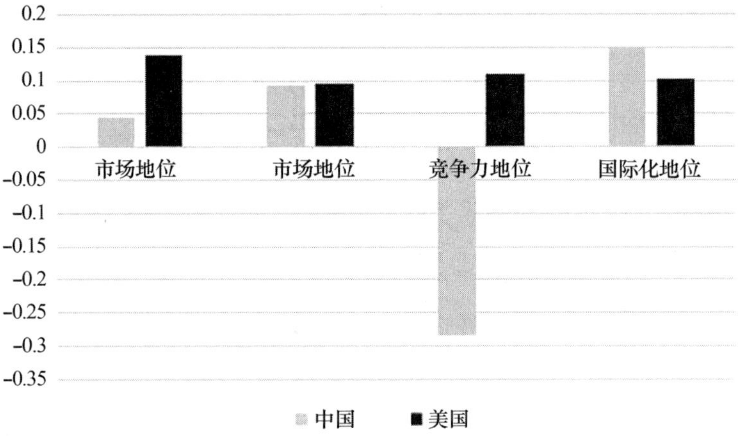

图 2—16　2018 年中美服务贸易地位指数各分项对比

资料来源：作者自制。

中国内地服务贸易国际地位指数 15.68，排名第 4 位，是所有指标中排名最高的。

4 个分项中，服务贸易出口额占世界服务贸易出口总额的 4.54%，进口额占世界服务贸易的比重为 9.29%，服务贸易净出口额占总额的 -28.52%，中国内地服务贸易存在逆差。据国家外汇管理局统计，2018 年，“旅行”“运输”和“知识产权使用费”逆差增加额排在前三，“旅行”项目逆差增加主要反映了国内居民个人可支配收入上涨、消费升级背景下，出境旅游、留学和就医等支出的增长。“运输”项目逆差增加主要反映了进口较快增长带来的运输支出增加。“知识产权使用费”项目逆差增加主要反映了国内知识产权保护意识和力度的增强，以及对外知识产权使用费支出的增长。

2018 年服务贸易额占服务业增加值比重为 14.90%，比 2017 年增长 4.9%，我国服务贸易的国际化地位进一步提高。2018 年服务业增加值比 2017 年增长 7.6%，服务贸易增长 9.7%，我国服务贸易额与服务业增加值比重上升的主要原因是服务业增加值增长速度低于服务贸易额增长速度。中国服务贸易国际化地位在上升，主要是因为近年来中国与东盟以及“一带一路”倡议沿线国家的服务贸易规模增长迅猛。

美国是世界服务贸易大国和强国，地位指数排名全球第一。从分项看，出口和进口位列全球第一。美国服务贸易一直处于顺差地位，出口占世界服务贸易出口的 13.83%，进口占比 9.57%，竞争力地位指数 0.11，在世界上具有较高的竞争力。2017 年《美国服务贸易最新趋势》报告指出，美国电信、银行和保险服务出口增长较快，对美国服务贸易顺差贡献最大，加之美国许多服务部门扩大海外商业活动，保险、银行、物流和零售服务的跨部门并购促使供应商靠近海外消费者，扩大了美国服务业出口，美国形成了一个以服务业为基础，金融、管理、教育、物流方面拥有强大竞争力的经济体。

美国国际化地位指数 0.44，略低于中国。从贸易国别看，美国服务贸易伙伴国趋于多元化。从贸易地理方向看，欧盟、日本是美国的主要贸易伙伴，近年来美国也逐渐加强了向发展中国家和新兴工业化国家的服务出口，如墨西哥、巴西、阿根廷、中国、韩国、马来西亚、新加坡、泰国等，每年出口的服务贸易超过 10 亿美元。

美国服务贸易长期以来占据世界第一的位置，服务贸易出口持续增长，服务贸易环境不断改善，服务贸易利益呈现持续增加趋势，国际竞争力强劲。中国服务贸易尽管发展迅速，但起步晚，竞争力较弱，主要集中在劳动密集型和资源型的传统服务业，结构不够合理、产业层次较低，出口市场过于集中，主要集中在美国、日本、东盟以及中国香港地区，而且长期处于逆差状态。

（四）中美服务贸易产业基础指数对比

服务贸易产业基础指数由 4 个二级指标得分构成：服务业发展水平（服务业增加值）、服务业发展水平（服务业劳动生产率）、服务业经济水平（增加值占 GDP 比重）、服务业经济水平（服务业就业人数/从业人员总数）。

表 2—12　2018 年中美服务贸易产业基础指数对比

	服务业增加值（亿美元）	服务业劳动生产率（万美元）	服务业增加值/GDP	服务业从业人员占比	产业基础指数	排名
中国	46.69	1.34	0.4608	44.611	7.2465	49
美国	131.50	10.16	0.7580	79.14	24.8917	1

资料来源：作者自制。

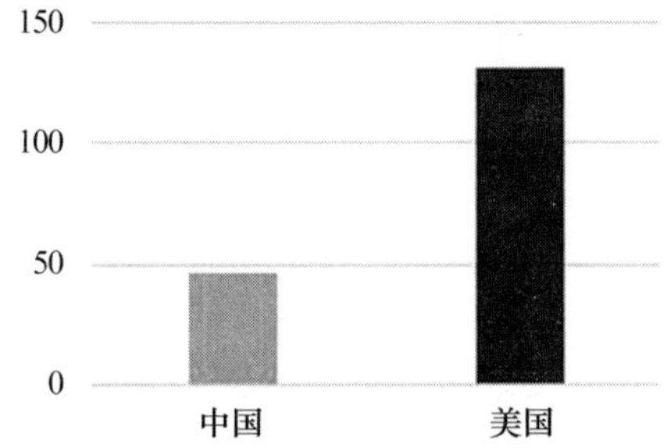

图 2—17　2018 年服务业增加值

资料来源：作者自制。

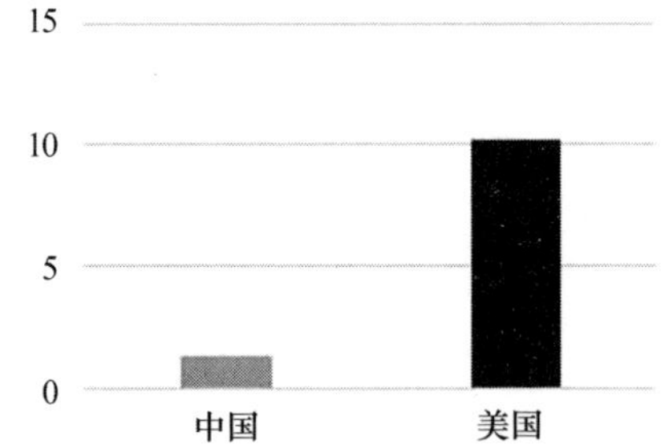

图 2—18　2018 年服务业劳动生产率

资料来源：作者自制。

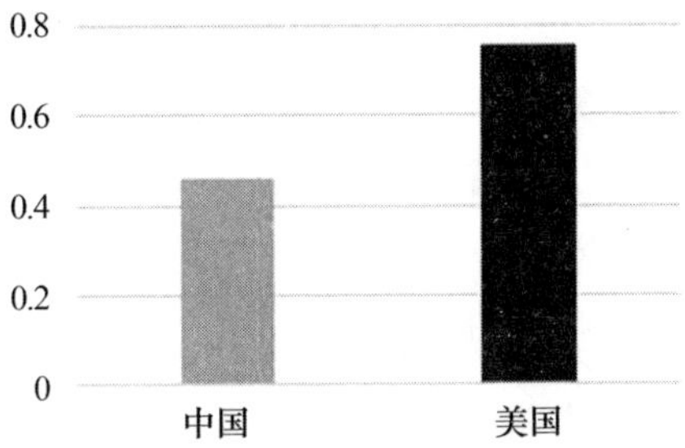

图 2—19　2018 年服务业增加值/GDP

资料来源：作者自制。

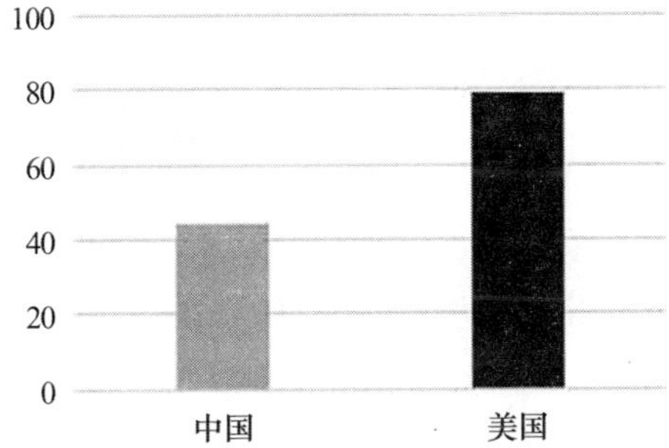

图 2—20　2018 年服务业从业人员占比

资料来源：作者自制。

中国内地服务产业基础较为薄弱，产业基础指数 7.25，在 87 个国家（或地区）排名第 49。从细分项看，服务业增加值指数为 2.66，位列第 2，但与美国相差较大，服务业增加值仅为美国的 1/3。中国服务业增加值较低的主要原因是服务业具有优势的部门在批发零售服务业、运输服务、金融服务等少数几个，这些部门附加值低，提高服务业增加值能力有限。服务业增加值占 GDP 比重位为 46.08%，比第二产业高出 11.5 个百分点，服务业对我国经济增长发挥着关键作用。

从服务业劳动力看，不仅服务业从业人员少，而且劳动生产率低。中国内地服务业从业人员占比不足一半，且不足美国的 1/2。劳动生产率仅为美国的 1/10，指数为 0.72，与满分 7.5 相差十倍。可见，中国内地服务业不仅就业人数少，劳动生产率也较低，是导致服务业增加值低的原因之一。

从生产率看，美国服务业增加值131.5亿美元，全球排名第1位，占GDP比重的75.80%，排名第3位。美国服务业增加值高的主要原因是以信息、金融、商业服务为代表的现代服务业发展迅速，这类服务业具备中间消耗少、附加价值率高等特征，增加值占GDP比重不断增加，带动着美国经济的发展。

从劳动生产率看，美国服务业劳动生产率10.16万美元，服务业从业人员占比79%，美国不仅服务业从业人数多，且劳动生产率高，与美国发达的教育培训业和高素质劳动力有关。

与美国相比，中国服务业就业人员少，劳动生产率低，服务业增加值较少，主要是中国内地小规模、低层次、低附加值的企业较多；美国服务贸易企业规模较大，多为全球化大型企业或者高新技术企业，并已形成产业集群，具有规模效应。

（五）中美服务贸易综合环境指数对比

服务贸易综合发展环境由2项二级得分构成：服务贸易限制指数（STRI）和营商环境（DTF）指数。

表2—13　2018年中美服务贸易综合环境指数对比

	服务贸易限制指数（STRI）	营商环境指数（DTF）	综合环境指数	排名
中国	36.6	73.64	5.99	51
美国	17.7	82.75	8.60	9

资料来源：作者自制。

中国内地综合发展环境指数为5.99，排名第51位，服务贸易限制指数（STRI）为36.6，营商环境（DTF）指数为73.64，服务贸易限制指数（STRI）反映一国服务贸易便利化程度，中国内地服务贸易限制指数排名第69位，服务贸易开放程度处于平均值之下。中国内地服务业行业整体上存在明显的限制，虽然我国在建筑服务、计算机和信息服务以及电信服务方面具

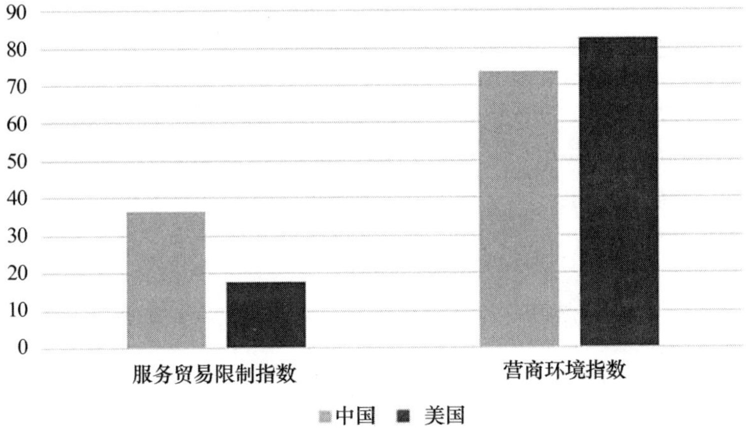

图 2—21　2018 年中美服务贸易综合环境指数细分项对比

资料来源：作者自制。

有竞争优势，但从服务产业限制性角度来说，我国在电信、计算机和建筑等服务贸易领域的限制性均明显高于美国。

营商环境指数（DTF）反映企业活动的周围情况和条件的指标，直接影响招商引资和企业经营，最终影响经济和社会发展。中国内地营商环境指数为 73.64，排名第 33 位，处于中等水平。从世界银行公布的历年《全球营商环境报考》看，办理施工许可证较为困难，不注重对投资者的保护。我国税收制度在一定程度上滞后于其他国家，较高的劳动税及缴付严重阻碍了我国服务业，尤其是高端生产性服务业的发展。

美国服务贸易综合发展环境指数为 8.60，排名第 9 位。其中服务贸易限制指数为 17.7，排名第 29 位，营商环境指数 4.57，排名第 7 位。

中国对外开放程度仍在提高当中，在一些重要行业有一定对外限制性，如银行、电信、公路和铁路等，同时在一些政策法规的制定方面仍与国际社会有一定的差距。虽然，近年来中国不断出台相关服务激励政策，如对一些行业或商品生产实行国际服务外包免税政策，服务外包产业园的建设，鼓励核电、高新技术产业等行业到“一带一路”沿线国家进行投资和生产，但是其中的部分政策与当前服务贸易的发展趋势和配套设施仍需磨合。虽然中国已经实行市场经济体制，但在服务贸易中，政府还是指导性政策较多。

美国的市场经济实行自主调节的原则，政府干预较少，采取更多的优惠政策，简化服务贸易手续，如在其他国家设置签证官，扩大旅游业的发展，提高产业的竞争优势，在法律制度和政策的制定上较其他国家完善，为服务贸易提供健康稳定的环境，服务贸易的内部结构较为合理，一直保持顺差地位。在人才的培养方面，国家加大科研投资力度，关于教育事业的发展政策较为完善。

二、基于“钻石模型”的中美服务贸易竞争力影响因素比较分析

波特认为，一国产业的竞争优势由生产要素、需求条件、相关与支持性产业、企业战略及其结构等四个关键因素决定，在这四个要素之外还存在两大变数——政府和机遇。这六个因素构成一个菱形结构，揭示了一国产业竞争力的来源。以下就从这六个方面分析影响中美服务贸易竞争力的原因。

（一）生产要素

一国要素条件越丰富，则越有利于服务产业竞争力的提高。生产要素分为初级要素和高级要素。初级要素包括自然资源、气候、地理环境和非技能劳动等，高级要素包括现代化的信息技术设施、高级专业化人才、尖端研究机构。如今，伴随科学信息技术的发展，初级要素的重要性不断下降，高级要素逐渐成为制约产业竞争力提高的关键因素。

美国信息基础设施发达，技术领先。据统计，二战后资本主义世界的重大科技发明有 60% 出自美国，70% 在美国最先付诸使用。现代信息产业已占美国国内生产总值的 10% 以上，跃居美国头号产业。以信息技术为主的知识密集型服务出口已相当于产业出口额的 40% 。而构成中国信息基础设施的网络、硬件、软件等产品很多是建立在美国核心信息技术之上的。另外，世界经济论坛统计的“网络就绪指数”显示，2013 年美国排名第七，而中国内地虽然在网络连接和数字化规模方面都有提升，但信息技术增长步伐略慢于全球其他经济体，排名下滑至第 62 位。由此可见，中美在信息技术方面还存在一定差距。

美国高级人才众多，而中国人才流失严重。首先，美国高等院校的入学

率远高于中国。从世界银行公布的数据看，中国高等院校入学率约43%，而美国的高等院校的入学率几乎在80%以上。其次，中美高技能人才流入流出不均等。波特认为，知识资源和人力资源要素可以流动，如果使有利要素流入本国，可以取得竞争优势。美国拥有来自世界各地的留学人才和海外移民，而不论是在留学人才还是海外移民人才的流失上，中国的形势都比较严峻。因此，美国服务业劳动生产率远远高于中国。

美国教育科研水平领先，科研水平高于中国。英国高等教育调查公司QS公布的2018年世界最佳大学排行榜显示，美英在高等教育领域仍处于领先地位，排名十位的均为美英高校，其中美国高校就有5所。而前100强里，美国占31所，中国内地仅有6所。从论文发表情况看，虽然中国发表的科研论文数量在以惊人的速度增长，成为继美国之后全球发表科研论文第二多的国家，但这些论文中只有0.05%发表在顶级杂志上。同时，中国高校和公共研究机构的专利申请量也在显著增加，专利申请数量领先全球，但其质量及影响力仍有待提高。而创新专利比论文更能反映一国在竞争条件下真实的科研能力。在汤森路透所发布的“2018年全球创新力公司100强”名单中，美国是创新企业最多的国家，占据了51家，中国仅有7家公司上榜。

（二）需求条件

国内需求状况对一个国家的服务贸易竞争力具有很大的推动作用，一般来说，企业的投资生产和销售首先是从本国需求来考虑，国内需求是其竞争优势产生的基础。与有形产品相比，服务产品更依赖于需求的影响，这主要因为服务产品质量的高低主要由服务接受者的主观体验和评价决定，以及消费者直接参与了服务的生产与消费过程，不同消费者的不同反应会直接影响服务的质量与效果。

中国人均居民收入低于美国。波特认为，国内成熟和苛刻的消费者将有助于企业不断提高产品质量和服务档次，进而提升服务业的竞争力。美国的人均收入水平较高，所以绝大多数消费者对服务产业的需求层次较高，这使得企业增加了创新和自我提升的压力。而在这一方面，由于人均收入水平的限制，中国对于服务贸易需求的质量还处于比较低的层次，造成一些生产高新技术服务产品的企业因市场需求不足而降低了创新的动力，因此中国技术密集型产业的竞争力较弱，在服务贸易中所占比重较低。

中国城镇化水平与美国相比存在一定差距。城镇化水平也影响一国服务贸易的质量与层次。有研究表明，产业结构的演变与城市化进程密切相关，纺织业、食品加工业、零售业、农业服务等传统产业与小城市有着紧密的联系，普通制造业和运输业与中等城市联系紧密，而现代服务业和高技术制造业则与大城市关系密切。2018 年，中国城镇化率为 59.6%，而美国同期城市人口为 2.7 亿，城市化率达到 83%。中国城市化水平滞后的同时，居民收入水平差距较大，2018 年基尼系数为 0.47，导致中国服务业发展缺乏需求空间，也造成服务贸易的消费层次比较低。

（三）支持性产业及相关产业

国际服务贸易竞争优势的形成，在很大程度上依赖于相关与支持性产业的发展。一国国内拥有具备国际竞争力的供应商和关联辅助性产业，将带动上、下游产业的创新和国际化，并形成强大的产业集群，从而使主导产业更容易获得较强的竞争优势。但观察后发现，美国产业集群效应较强，而中国服务业内部相关部门的良性互动有待加强；而且中美农业、制造业发展对服务业的带动作用也存在差异。

美国服务业内部各行业对其服务贸易的促进作用较大。首先，服务业是美国国民经济的最大组成部分，第三产业占国内生产总值的比重在 75% 以上，而中国 2013 年第三产业才首次超过第二产业，占比提高到 46.1%。其次，美国服务业有能够对整体竞争力产生带动作用的强势行业，美国目前是世界上最大的软件生产和出口国，国内软件公司占据了 2/3 以上的世界软件市场，其提供了大约 70% 的全球服务外包合同。软件业已成为美国在世界上具有国际竞争优势的产业，由此带动了相关服务业竞争力的提升。

（四）企业战略、组织结构和同业竞争

服务企业的战略、组织和管理模式，以及国内竞争程度与服务业的竞争力密切相关。中美两国的企业由于面临的环境不同，其目标、战略和组织方式也不同。美国企业在激烈的市场竞争中较早采取了跨国经营战略，大型跨国公司的分支机遍布全球各地，拥有丰富的企业管理经验、优秀的人才和广

泛的营销网络，极大提高了美国服务业的国际竞争水平。中国自改革开放以来，不断完善市场竞争机制，推动要素市场化配置，逐渐探索建立起具有中国特色的现代企业制度，不断推进公司治理体系和治理能力现代化。中国服务企业在战略规划、组织结构、经营能力等方面同美国企业的差距正在不断缩小。

（五）政府与机遇

政府可通过在资本市场、财政补贴、生产标准、竞争条例等方面的合理保护和促进政策来影响竞争环境的各个因素，从而改变产业的竞争优势。在尊重市场机制和公平竞争基本原则的前提下，世界各国都在努力构建以科技与创新政策为核心的现代产业政策体系，而政府在其中正发挥着越来越积极的作用。同时，全球第四次工业革命带来数字化、网络化、智能化机遇，中美作为全球数字经济发展的引领者，企业在竞争中开展合作的空间与前景十分广阔。

目前，中国面临全球产业调整、中国与周边国家睦邻友好关系持续增强、第四次产业变革以及相对稳定的国际局势。但也要看到，发达国家对中国采取的歧视政策在一定程度上还是存在的，国外大量的外资企业涌入中国，加剧了市场的竞争程度，这在一定程度上会带动了中国服务业的创新和升级。而美国很早就开始发展服务贸易，更是抓住了经济全球化的蓬勃发展和以信息技术为代表的知识经济的机遇，并凭借在国际上的地位，制定了大量有利于本国服务贸易发展的法律法规。例如早在 1993 年，美国总统克林顿就将信息高速公路建设作为优先发展项目制定了《国家基础设施行动计划》，以确保美国在未来的信息服务竞争领域的国际领先地位。在国际舞台上，美国政府则成功地通过多个多边和双边贸易谈判并签订协议，取得扩大服务贸易的规范保护。由此可见，中美两国服务贸易发展在外部环境上都存在有利于提高竞争力的因素，但中国由于服务市场对外开放较晚且程度较低，其所面对的环境更加复杂，要提升服务贸易竞争力还需付出更大的努力。

三、政策建议

（一）发展新兴服务业，促进产业间的良性互动

中国的服务贸易产业优势在于传统的资源、劳动密集型行业，而知识技术密集型的服务业发展水平较低。因此，一方面，运用现代信息技术和先进管理方法，加快改造传统劳动密集型服务业，培养竞争优势并形成长期动态比较优势。另一方面，要重视服务业基础设施的建设，给现代服务业的发展搭建平台，重点发展知识密集型的现代服务贸易行业，包括金融、保险、通信行业及特许权专利权等。提高这些高附加值服务产业的比重，中国调整和优化服务贸易结构以提高服务贸易竞争力便有了强有力的产业基础。

（二）加大人力资本投资，提升服务业生产效率

中国高级生产要素尤其是高技能高素质人才匮乏，这对服务贸易的发展产生了不利影响。中国应该加大对高等教育事业的投入，在培养适应现代服务业发展要求的专业人才的同时，通过优惠政策创设海外人才来华的软硬件环境，提高本国的教育科研和技术水平。

政府对教育、研究开发的投入和支持有利于高级生产要素的创造。因此，中国在增加研发投入的同时，有必要加强国家科技资源的统筹，引导资金流向基础科学研究领域和容易出现技术创新的中小企业。

虽然从目前来看中国在高级要素方面不具备优势，但积极的引进和本国的消化、吸收与创造有利于高级要素的积累，从而促进中国服务贸易竞争力的提升。

（三）把握机遇调整产业结构，促进产业结构升级

在国际产业分工体系中，中国产业在研发、技术、专利、标准制定和品牌、销售等高附加值环节尚不具备明显优势。因此，中国要改变国际分工地位，向高附加值的产业链发展，需要提高产业的技术创新能力。中国已经入世十年有余，在一定程度上适应了国际市场竞争，成为世界第一的制造大国，但在国际贸易中，中国能否从“中国制造”向“中国智造”转变，取决于能

否把握当前国际服务业转移的机会。但是，目前中国由于信息通讯基础设施建设不完善，高端人才缺乏，服务需求能力不足，服务业的立法体系不健全等，使得有效承接服务业国际转移的能力仍受到制约。

（四）深化对外贸易开放程度，提高企业国际竞争力

从中美的贸易开放程度可以看出，美国的高开放度对其服务贸易竞争力的影响是巨大的，其服务贸易竞争力的各项指标均在一个合理的范围之内。而对于我国来说，由于国家性质和政治经济体制不一样，对外开放的限制条件有所不同。要是服务贸易竞争力有所提高，我国政府应放宽服务业对内和对外市场的准入门槛，不断完善国内服务基础设施的建设，加大对知识、资本、技术密集型服务企业的扶持力度和优惠政策的倾斜；其次，国家应该为服务行业创造良好的经营环境，以此扩大服务贸易开放的范围及领域，努力与世界服务贸易的发展接轨；最后，加大对外引资和对外投资的力度，优化服务贸易部门的结构，着重扩大和发展现代服务贸易，比如扩大通信、金融、保险、计算机信息服务和文化领域引进外资的规模，同时引进其国家先进的技术和管理理念，为推动我国服务贸易的国际竞争力添砖加瓦。

专题6　中欧班列铺就更加畅通的“一带一路”贸易通道①

中欧班列打通了“丝绸之路经济带”的贸易通道，不仅成为沿线国家陆上贸易通道和经贸交流纽带，而且成为推进“一带一路”倡议的重要抓手，更成为促进“一带一路”贸易畅通的重要载体和共建“一带一路”的标志性成果。未来，中欧班列有望延伸至非洲，打造一条亚欧非贸易大通道。

一、中欧班列正在释放更大“一带一路”贸易通道潜能

（一）新平台拓宽新天地

2011 年，重庆至杜伊斯堡“渝新欧”国际铁路首列中欧班列开行以来，

---

① 商务部研究院许英明等人。

发展势头迅猛，开行数量大幅增加，辐射范围快速扩大，运输品类逐步拓展，开行质量显著提升，贸易通道潜力正在释放。2013 年，“一带一路”倡议提出之后，中欧班列被逐步纳入“一带一路”框架。2015 年，中国政府发布《推动共建丝绸之路经济带和 21 世纪海上丝绸之路的愿景与行动》，明确提出要“建立中欧通道铁路运输、口岸通关协调机制，打造‘中欧班列’品牌，建设沟通境内外、连接东中西的运输通道”。2016 年，中国政府颁布并实施《中欧班列建设发展规划（2016—2020 年）》，“完善国际贸易通道”成为该规划的重点任务之一，并对“重点完善境内通道网络”“有序推动境外通道建设”做出具体规划。2018 年，中欧班列共开行 6300 列，同比增长 72%，创年度开行数量历史新高，几乎与 2011—2017 年开行数量的总和相当；回程班列 2690 列，同比增长 111%，回程班列占去程班列比例由 2017 年的 53% 提高到 72%，双向运输进一步趋向均衡。

（二）中欧班列覆盖范围和辐射范围快速扩大

截至 2018 年底，国内开行城市达 56 个，可通达欧洲 15 个国家 49 个城市。境外到达城市由中欧和西欧地区逐渐扩展至东欧、南欧和亚洲。目前，中欧班列已联通了包括德国、波兰、捷克、斯洛伐克、法国、白俄罗斯、俄罗斯、荷兰、英国、意大利、西班牙、比利时、拉脱维亚、奥地利，以及中亚、中东、东南亚等在内的国家和地区，国际知名度和影响力不断扩大。

（三）互联互通的贸易创造效应更加凸显

中欧班列贸易货物品种从单一变得丰富。从出境货源看，中欧班列运送货物由开行初期的手机、电脑等 IT 产品，逐步扩大到服装鞋帽、汽车及配件、粘胶纤维、日用品、箱包文具、装饰材料、建材、钢材、机械设备、PVC、化工品等品类。从回程货源看，回程商品由开行初期的机械设备、葡萄酒、汽车及配件等品类，逐步扩大到精密仪器、环保器材、高档服装、化妆品、奶制品及鲜奶、蜂蜜、食品等品类。而且，越来越多的货源品类是适合中欧班列运输的适箱货源，中欧班列作为中欧贸易新的贸易通道，运输商品的附加值、时间要求等方面介于海运和空运之间，已成为海运和空运的重要补充。未来，其目标货源更加瞄准具有较高附加值，对运输时间有一定要求，又有一定规模要求的商品。

二、以通道带贸易，以贸易聚产业，重塑中欧经济地理

（一）以通道带贸易，促进沿线国家贸易畅通

从运输方式看，2018 年，铁路运输的出口额达 197.04 亿美元，同比增长 17.69%。铁路运输占中国对中欧班列相关国家出口额的 4.8%，比 2017 年提高 0.35 个百分点。铁路运输进口额为 113.63 亿美元，同比增长 16%，占所有运输方式进口额的 3.85%，比 2017 年提高 0.01 个百分点。未来，随着中欧班列相关国家航空、铁路、公路以及港口等基础设施的互联互通，基础设施的便利化水平进一步提升，中欧班列“铁、公、空、水多式联运”网络体系将逐步形成。同时，中欧班列运输、金融、信息交换等贸易相关服务的便利化，特别是在班列通关环节，加强海关、铁路等部门合作，形成大通关体系，提高通关效率，将为中欧班列贸易通道高效顺畅运行提供保障。

（二）以贸易聚产业，重塑沿线国家经济地理

常态化、规模化运营的中欧班列不仅通过互联互通缩短了中欧贸易“物理距离”，而且通过贸易投资便利化措施缩短“非物理距离”，也通过“磁场效应”改变着中欧贸易格局和产业布局，从而提高经济密度，更通过互惠互利、市场准入、市场融合等减少经济分割问题。中欧班列在缩短贸易时空距离、提升中国与沿线国家的贸易潜力的同时，贸易流对产业布局产生更强的动力牵引，加之交通设施的网络效应和港口的空间溢出效应，与中欧班列适箱货源相关的产业，已陆续向运营稳定性较强的成都、重庆、郑州、武汉、西安等地区转移。在欧洲的汉堡、杜伊斯堡、华沙等一些主要城市，中欧班列的大规模开行，不仅促进了当地基础设施的完善，而且带动了当地物流的发展，增加了就业。国内外的这些主要节点城市，已成为重要的贸易商品集散地，对区域贸易形成强有力的带动。而且，中欧班列沿线建设的越来越多的海外仓，正成为新的商贸集散地，其服务功能也从传统的仓储、物流配送，向清关、轻加工、退换货、销售展示和大数据分析等方向转变。

三、中欧班列“提质增效”，铺就更加宽广之路

（一）优化线路布局

一方面，根据我国国内开通城市货源情况、交通条件和产业支撑等因素，通过合并或开通阶梯班列等方式优化国内开行线路，并对国内各城市开往欧洲主要区域或同一目的地的班列线路，进一步进行总体布局与系统的运营网络设计。另一方面，针对境外布线相对单一，支线辐射能力较弱的现实，探索中欧班列线路多元化，通过多元化通道布局来提升运营质量。

（二）完善通道网络

一是针对中欧班列换轨问题，波兰开发了可变轨系统、德国发明了可变轨距火车轮等解决轨距问题方案。未来，中国铁路集团将与波兰、德国等国家铁路部门加大合作力度，研究并推广应用换轨技术和方案，解决换轨难题。二是郑州、西安、成都、重庆、苏州、乌鲁木齐等城市正在建立内陆枢纽节点，班列开通城市积极探索开通阶梯班列，将进一步完善境内通道网络，提升三大通道境内段路网运能。三是协调推进境外通道建设，积极利用亚投行和丝路基金等资金，推动与中欧班列沿线国家共同完善欧亚铁路规划，促进沿线国家对陈旧线路进行升级改造，并改善沿线过境站、换装站的场站布局和配套设施设备。四是根据中欧班列规模化发展需要，进一步推进阿拉山口、霍尔果斯、满洲里、二连浩特等境内口岸建设，口岸车站的换装、仓储能力将大幅提高。

（三）提升枢纽支点作用

国内枢纽城市正在挖潜综合收益，建立补贴退出机制，让市场在中欧班列发展中起决定性作用。对开通中欧班列的城市和地区来说，中欧班列真正的意义，不仅在班列本身，更重要的还在于其影响力、带动力等综合效应。中欧班列的常态化运营，通过与本地产业转型升级融合，发挥其产业带动效应；与现代物流中心建设结合，发挥其物流枢纽效应；与保税平台、电商平台互动发展，发挥其线路集聚效应。从而，帮助地方在更高的起点上、更大

的空间内集聚资源，带动物流、人流、信息流，促进当地贸易转型和城市发展。

（四）增强腹地支撑能力

目前，中欧班列贸易通道初步形成了以境内合作园区、境外合作园区、边境经济合作区、跨境经济合作区以及产业集聚区为支撑的广大腹地。新疆作为丝绸之路经济带核心区，正以阿拉山口、霍尔果斯等边境口岸为“窗口”，成为中欧班列发展的前沿。成渝经济区成为中欧班列贸易通道的重要枢纽和发展高地。在成渝经济区快速发展的同时，以西安、关中为中心的城市群和经济区也在迅速成长，在西部腹地核心区域发展中，重庆—成都—西安“西部高科技金三角”正在崛起。中部地区的郑州和武汉持续快速发展，均为中欧班列贸易通道发展提供强有力的腹地支撑。

（五）便利贸易投资

目前，部分中欧班列已实行“单一票证”，在此基础上，进一步探索推动贸易文件格式和贸易程序的标准化，建立统一的贸易平台和自动化通关体系，统一规则、减少通关程序。中国可在以下几方面进一步加强合作。一是进一步促进中欧班列相关国家航空、铁路、公路以及港口等基础设施的互联互通，提升基础设施的便利化水平，逐步形成中欧班列“铁、公、空、水多式联运”网络体系。二是进一步推进运输、金融、信息交换等贸易相关服务的便利化，特别是在班列通关环节，加强海关、铁路等部门合作，形成大通关体系，提高通关效率，为中欧班列贸易通道高效顺畅运行提供保障。三是共同研究中欧班列通道“通而不畅”等问题的解决方案，并与相关国际组织合作，探讨解决铁路运单不具备物权凭证属性带来的贸易障碍等问题，减少交易风险，降低交易成本，促进贸易繁荣，推动中欧班列高质量发展。

专题7　数字贸易规则“美式模板”的典型特征与发展趋势①

美国是当之无愧的数字产业引领者。本文以 2017 年股票市值进行排序，发现全球排名前 15 的互联网企业中，有 10 家来自于美国。这 10 家互联网企业所提供的商品属于服务贸易的范畴，可大致分为以下几类：（1）数字内容服务提供者，如线上电影租赁提供商 Netflix；（2）数字搜索引擎服务提供商，如 Google（Alphabet）；（3）网络社交媒介提供者，如 Facebook；（4）基于云计算的互联网服务提供者，如提供客户关系管理方案的 Salesforce 和互联网门户网站 Yahoo 。此外，Priceline 是基于互联网的旅游服务提供者，Apple 是软件服务以及某种程度上互联网内容服务（iTunes，iBook）的提供者，Amazon 和 eBay 提供的是电子商务平台服务。美国这 10 家互联网巨头企业在 2017 年的总市值达到 34629.2 亿美元（见表 2—14）。

表 2—14　美国数字贸易企业年度财报数据　　单位：十亿美元

企业	营收	市值
Apple	229.23	868.880
Amazon	117.86	883.072
Alphabet	110.8	780.601
Facebook	40.65	528.22
Booking	12.23	92.94
eBay	8.98	43.73
Netflix	11.7	146.43
Expedia	8.77	16.17
Salesforce	8.39	85.06
Uber	6.5	17.82
总额	555.11	3462.92

资料来源：作者根据各企业年度财报、福布斯排行榜、百度股市通资料和维基百科和统计数据整理所得。

① 对外经济贸易大学中国 WTO 研究院周念利、陈寰琦。

以上数据表明，美国在数字贸易中具有明显的比较优势。发挥这些优势有助于维持美国在国际上的经济地位。因此，近年来美国积极在国际上构建数字贸易规则，为这些优势产业进军他国市场塑造良好的法制环境。但在WTO这一传统的多边贸易谈判框架下，数字贸易规则谈判进展缓慢。这是因为各成员的数字产业水平不一，短期内难以就不断涌现的数字贸易新议题达成共识。事实上，WTO电子商务工作组自1998年成立至今，解决的关键议题只有电子传输免关税，且每一轮谈判承诺的期限仅为一到两年。这离美国所主张的永久免关税仍有一段距离。因此，近年来美国通过区域贸易谈判和特惠贸易规则谈判来构建符合自身利益的贸易规则体系，并希望以此为基石把自身利益拓展到多边范畴。

经过近二十年的努力，美国在区域层面的数字贸易谈判中成果颇丰。迄今为止，美国共签订了13个含有独立“电子商务章”的FTA（见表2—15）。除此之外，有3个大型FTA（3T：TPP/TISA/TTIP，2015）尚未生效或正在谈判中。从发展历程来看，自美国—约旦FTA（2000）“小试牛刀”首次引入非强制性的电子商务章开始，到美国—新加坡FTA（2003）“武装牙齿”第一次给电子商务章注入约束力，再到3T“锋芒毕露”大量涵盖了充分体现美国意志的数字贸易规则新议题，区域贸易安排（RTAs）中数字贸易规则的重要性与日俱增。其中，TPP可谓这些贸易协定的集大成者，带有攻击性的内容代表了美国这一时期在数字贸易上的雄心，在数字大国间引发了不少争议。虽然美国在特朗普上台后宣布退出TPP，但由于美国在数字贸易中拥有的比较优势不变，其接下来签订的USMCA（2018）不仅承袭了TPP中的数字贸易规则“美式模板”[①]，还在此基础上进行了一系列升级以彰显美国的野心。

---

① 文章把这些区域贸易协定所呈现出来的，体现美国野心并具有攻击性的数字贸易规则体系称为数字贸易规则“美式模板”。

表 2—15 含有电子商务章的美国 FTA

FTA	签订时间	生效时间	FTA	签订时间	生效时间
美国—约旦 FTA	2000 年 11 月	2001 年 12 月	美国—秘鲁 FTA	2006 年 4 月	2009 年 2 月
美国—新加坡 FTA	2003 年 5 月	2004 年 1 月	美国—哥伦比亚 FTA	2006 年 11 月	2012 年 5 月
美国—智利 FTA	2003 年 6 月	2004 年 1 月	美国—巴拿马 FTA	2007 年 6 月	2012 年 1 月
美国—澳大利亚 FTA	2004 年 5 月	2005 年 1 月	美国—韩国 FTA	2007 年 6 月	2012 年 3 月
美国—摩洛哥 FTA	2004 年 6 月	2006 年 1 月	TPP	2015 年 11 月	已退出
美国—多米尼加 FTA	2004 年 8 月	2006 年 3 月	TISA	未签订	未生效
美国—巴林 FTA	2005 年 9 月	2006 年 8 月	TTIP	未签订	未生效
美国—阿曼 FTA	2006 年 1 月	2009 年 1 月	USMCA	2018 年 9 月	未生效

资料来源：美国贸易谈判代表办公室，USTK。

概括而言，数字贸易规则的“美式模板”主要由“电子商务章”“跨境服务贸易章”“知识产权章”“信息技术合作章”等共同构成。从内容上看，数字贸易规则“美式模板”呈现如下典型特征及发展趋向。

一、力推“跨境数据自由流动”及“数据存储非强制本地化”

如前文所述，美国在数字服务业中有比较优势。跨境数据是 Google、Facebook 等数字服务企业运营的根基。据统计，跨境数据流动对美国经济做出的贡献高达数千亿美元（Internet Association，2017）①。与此同时，美国的云存储设备也居于世界领先水平。使用美国而非其他缔约方的存储设备是维护美国本土云服务企业利益、确保美国信息处理主导权的关键所在。因此，“跨境数据自由流动（不限制跨境数据传输）”和“数据存储非强制本地化（不得强制要求数据存储在本地）”已成为美国构造数字贸易规则时的最关键诉求。

回顾协定的签订历程，美国初次提出“跨境数据自由流动”是在美

① Internet Association, Modernizing NAFTA for Today's Economy, June, 2017, https://internetassociation.org/.

国—韩国 FTA（2007）的第 15.8 条，但该条款只是合作性的倡导。随后的大型 FTA 则提高了“跨境数据自由流动”的约束力和文本翔实度。如：TPP（2015）第 14.11.2 条明确要求政府需允许缔约方出于贸易目的的跨境数据传输；TISA（2015）第 2.1 条则进一步使用了更强硬措辞来阻止妨碍跨境数据流动的行为（见表 2—16）。此外，美国在大型 FTA 谈判中首次引入议题“数据存储非强制本地化”（见表 2—17）。美国在 TPP 和 TISA 中都强硬表示：不得将数据处理器必须设置在缔约方领土内作为允许数字服务企业在其境内开展经营的前提条件。

表 2—16　“美式模板”中的“跨境数据自由流动”条款

议题	代表性 FTA	条款内容
跨境数据自由流动	美国—韩国 FTA（2007）	15.8 各缔约方应认识到在贸易便利中自由信息流动的重要性，同时承认保护个人信息的重要性，缔约方应努力避免对跨境电子商务信息流动强加或维持不必要的障碍
	TPP（2015）	14.11.1 各缔约方认识到每一缔约方对于通过电子方式跨境传输可能有各自的监管要求。 14.11.2 当通过电子方式跨境传输信息是为涵盖的人执行其业务时，缔约方应允许此跨境传输，包括个人信息
	TISA（2015）	电子商务章（二）2.1 只要与服务提供者实施的商业活动有关，各参加方都不得阻碍另一参加方的服务提供者（或者提供服务的消费者）传输、访问、处理或储存信息，无论转移、访问、处理和储存是否发生在参加方领土内
	USMCA（2018）	19.11.1 与 TPP14.11.2 一致。

资料来源：作者自制。

表 2—17 “美式模板”中的“数据存储非强制本地化”条款

议题	代表性 FTA	条款内容
数据存储非强制本地化	TISA（2015） 电子商务章（八）	8.1 任何参加方不可将以下要求作为服务提供者在其领土内提供服务或进行投资的条件：在该参加方领土内使用或者设置计算机处理或存储服务 8.2 各参加方不应将要求电子商务供应商使用或设置任何本地基础设施作为服务供应的前提条件
	TPP（2015）	14.13.1 各缔约方认识到每一缔约方对于计算设施的使用可能有各自的监管要求，包括寻求保证通信安全和保密的要求 14.13.2 缔约方不得将要求涵盖的人使用该缔约方领土内的计算设施或将设施置于其领土之内作为在其领土内从事经营的条件
	USMCA（2018）	19.12 与 TPP 14.13.2 一致。

资料来源：作者自制。

但大型 FTA 在推进数据传输这一方面仍有局限性。问题出现在条款中所允许的例外情况。TPP 允许缔约方在实施“跨境数据自由流动”（第 14.11 条）和“数据存储非强制本地化”（第 14.13 条）时考虑各方的监管需求或者维护公共安全。但是，这些条款并没有明确地界定“各自的监管要求”和“公共安全”的范畴。含糊的规定容易造成例外条款的滥用，削弱“数据跨境自由流动”和“数据存储非强制本地化”的实施力度。为了解决这一问题，USMCA 的第 19.11 条和 19.12 条在继承 TPP 中的“跨境数据自由流动”和“数据存储非强制本地化”的同时删除了其中的例外条款，大幅扩展了规则的适用范围，并提升了规则的约束力。

二、加强数字知识产权保护力度

近年来随着数字贸易的发展，数字内容以及基于电子商务平台交易的货物所承载的知识产权价值越来越大，数字知识产权对于美国的经济发展至关重要。知识产权密集型产业对美国 GDP 的贡献高达 6 万亿美元，给美国提供了高达 2800 万个就业岗位（Malcolm，2017）[①]。

源代码是美国知识产权的重要部分。由于美国拥有大量专利技术，开放源代码则不利于保护其知识产权，因此美国在其主导的 Mega - FTA 中构建了源代码非强制本地化的条款，以保证源代码所有权的完整性（见表 2—18）。“源代码非强制本地化”条款要求缔约方不得以硬性要求另一方公开软件源代码，作为进入市场提供服务的前提条件。如美国在 TPP 第 14.17 条第 1 款明确要求实现“源代码非强制本地化”，提出“任何缔约方不得将要求转移或获得另一缔约方所拥有的软件源代码作为在其领土内进口、分配、销售或使用该软件及包含该软件的产品的条件”。USMCA 重申了这一条规定，并把“源代码中的算法”添加至“源代码非强制本地化”的适用范畴（第 19.16.1 条）。除此以外，USMCA 在 TPP 的基础上还就“源代码非强制本地化”的适用范围进行了延伸。具体而言，TPP 规定需要“源代码非强制本地化”的软件仅限于“大众市场软件或含有该软件的产品，不包括关键基础设施所使用的软件”（第 14.17 条第 2 款），USMCA 则直接删除了该规定，这意味着“基础设施软件”也被纳入“源代码非强制本地化”的范畴中（USMCA 第 19.16 条）。

表 2—18　美式模板中的“源代码”议题

议题	代表性 FTA	条款内容
源代码的转移或访问	TPP（2015）	14.17.1 任何缔约方不得将要求转移或获得另一缔约方的人所拥有的软件源代码作为在其领土内进口、分配、销售或使用该软件及包含该软件的产品的条件 14.17.2. 就本条而言，第 1 款规定的软件限于大众市场软件或含有该软件的产品，不包括关键基础设施所使用的软件

① Jeremy Malcolm，NAFTA's Digital Trade Chapter Could Be Finalized Next Month，November，2017，https：//www.eff.org/deeplinks/2017/11/naftas - digital - trade - chapter - could - be - finalized - next - month.

续表

议题	代表性 FTA	条款内容
源代码的转移或访问	USMCA（2018）	19.16 本条不排除任何一方的监管机构或司法机关。要求另一方向监管机构保存和提供软件的源代码或者在源代码中表示的一种算法，当需要配合进行某种具体调查时，检查、强制执行或司法程序时，但要保证源代码不会受到未经授权的披露

资料来源：作者自制。

除了在规则上强调“源代码非强制本地化”，美国也在技术上不断发展能有效防止源代码被恶意嵌入以及数据泄露的有效方式——加密。加密技术可以用来有效保护数据隐私和先进技术知识产权不被窥探，并借此获得用户的信任，最终可使美国程序开发者的产品在国外市场上取得成功。USMCA 第 13.3 条厘清了加密保护的概念，禁止缔约方在“知识产权受到侵害”的情况下将获得加密密钥作为向外国技术开放国内市场的先决条件。

三、数字传输永久免关税待遇

美国在数字贸易规则谈判早期已推动了针对电子传输的关税减免进程。2000 年美国－约旦 FTA 对免关税的承诺仅停留在不背离现存规则的层面上；而 2003 年美新 FTA 则推进一步，开始明确规定对电子传输免关税，但对电子载体可在不考虑电子内容价值的前提下征税；翌年的美国—澳大利亚 FTA（2004）最终完美地表达了美国在该议题上的意志，即无论是对电子传输还是载体都永久免关税。这一立场被美国后来签订的 RTAs 所承袭。

四、明确传统贸易投资规则对数字服务的适用性

明确“跨境服务贸易章”“投资章”“金融章”等所涵盖的传统贸易和投资规则对以数字方式传输的服务的适用性，是美式模板的另一个典型特征。传统贸易与投资规则对数字服务的适用性规定首先出现在美国—新加坡 FTA（2003）的第 14.2 条中。自此之后，美国所签署的所有区域贸易协定对此问题均持相同立场。例如：TPP 第 14 章“电子商务章”明确指出：

针对增值电信服务所做承诺也要适用于基于云计算的电子邮件服务；对于银行服务所做承诺也要覆盖在线银行服务。针对传统服务的任何例外规定也要覆盖于基于数字传输的该服务。有鉴于此，在美国所主导的区域贸易安排中，“跨境服务贸易”章、“金融服务”章和“投资”章所涉及的相关承诺及例外规定，也可视作是数字贸易规则的重要组成部分。

五、推崇“网络开放”和“技术中立”原则

“网络开放”的重点是要求缔约方政府营造开放自由的市场环境，强调网络互操作性，即通过确保电子技术和服务、信息通信技术服务的互操作性，来实现网络的自由接入，促使美国更先进的网络企业能无障碍地进入缔约方市场。这在促进网络互联互通的同时，对美国自身电信产业的发展是相当有利的。“技术中立”指在不违反公共政策目标的前提下，境内数字服务提供者可自由选择其所需要的技术。美国之所以提出技术中立（见表2—19），是因为美国的数字服务提供商在该行业拥有多项技术专利，希望通过垄断海外尤其是发展中国家市场，赚取参加方高额的利润费和专利费[①]。

表2—19　美式模板的“网络接入”和“技术中立”议题

议题	代表性FTA	条款内容
网络接入和使用、技术中立原则	美国—韩国FTA（2007）	15.7 在不被缔约方法律禁止的前提下，消费者拥有自主选择数字产品及服务的权利。在满足法律的情况下可自主运行其选择的应用和服务。在不损害网络的情况下可自由地将设备接入互联网。享有网络供应商、服务和内容提供商自由竞争所带来的福利
	TPP（2015）	13.23 如公共电信服务供应商遵守必要要求以符合合法公共政策利益，任何缔约方不得阻止公共电信服务供应商选择其希望用于服务提供的技术，且制定、采取或适用限制该选择的任何措施，不对贸易造成不必要障碍（TPP电信章包括和改进了WTO基本电信参考文件的文本）

资料来源：作者自制。

① 李进良：《3G抉择与自主知识产权》，《现代传输》2006年第3期，第8—11页。

六、既有数字服务贸易规则对新服务的自动适用性

美国在其主导的贸易安排中，引入了一系列有助于促进服务贸易自由化进程的机制创新元素，其中最关键的一点是基于“否定列表”的承诺方式。基于“否定列表”的服务承诺具有普遍适用性，能适用于所有的服务部门（模式），除非在保留清单中明确列出适用于特定服务部门（模式）的例外措施。在信息通信技术的推动下，各式“新服务”可谓层出不穷。这就意味着，如果想对此新服务的自由化进程有所保留，承诺方必须在做出相关承诺时，就具有事先预见性，在该新服务上设置相应的不符措施，否则，既有的数字服务贸易规则对新服务具有自动适用性。

专题 8　迪拜国际医疗城发展模式借鉴①

2002 年，阿联酋副总统、总理、迪拜酋长穆罕默德·本·拉希德·马克图姆提出并开始建设迪拜健康城（Dubai Health Care City，DHCC），以当地人、生活在欧洲和东亚之间的 20 亿人口为目标人群，旨在建设成为高端人群提供高质量医疗保健和健康管理服务的世界级健康护理中心。经过十多年的发展，迪拜健康城成为世界上第一个全面的医疗保健自由区，其医疗和医学教育实力受到国际广泛认同，病人与专业人士在此可以接触到该领域的主要专家和思想领袖。此外，迪拜健康城已初具规模，现已发展成为拥有超过 150 个临床机构（包括医院、门诊医疗中心和诊断实验室），2 家国际联合委员会（JCI）认可的综合性医院，超过 4000 名持牌医疗保健专业人员，众多研究和教育设施以及近 200 个特色医疗保健和商业零售服务商构成的健康医疗服务业集群。

迪拜健康城的发展经历了两个标志性阶段。迪拜健康城一期致力于医疗（healthcare）和医学教育。迪拜健康城在奥德梅查建设了占地 410 万平方英尺，建筑面积超过 836127 平方米的综合社区，以社区集医疗、医学教育和研究、酒店、零售和住宅设施为一体，充分满足了各界人士寻求医疗帮助和学

---

① 商务部研究院国际服务贸易研究所课题组：李俊、王拓、孙铭壕、李文俊等。

习的深度需求。迪拜健康城还引进由 TECOM 投资集团投资的哈佛医学院的高端医疗资源，配备生命科学研究中心、健康疗养院、矿泉疗养浴场、运动医院部、五星级酒店等价值 18 亿美元的配套设施，构建了完整的医疗配套设备。从 2005 年在健康城内成立第一家诊所——比利时医疗中心到 2012 年开设迪拜牙医学院（DSDM），并与爱丁堡皇家外科医学院合作提供研究生教育，迪拜健康城的医疗与医学教育逐渐一体化。

迪拜健康城很早就认识到医疗群体不仅需要更高的医疗手段，还需要更具预见性的保健方案。因此，迪拜健康城二期致力于保健领域（wellness）。在贾达夫占地 2200 万平方米的迪拜河区域建设了众多保健相关的专门设施来促进健康生活的理念，包括健康中心、人行道、公园、慢跑和自行车道等，此外还提供科研、住宅、零售、休闲娱乐等支持性服务，重点项目包括瑞士国际科学学院（迪拜）和贾达夫福万豪酒店。从 2004 年迪拜医疗保健城独立监管机构医疗保健计划和质量中心（CPQ）启动，到 2013 年，迪拜保健城已建设成为拥有 4000 名医疗保健专业人员、120 多个医疗中心的医疗保健社区。经过两期建设，迪拜健康城逐渐从医疗和医疗教育向医疗、保健、教育多功能的综合性服务群体发展。

迪拜健康城围绕医疗、保健和教育功能形成了三大产业布局，即医疗服务、医学教育与研究、投资与商业。在医疗服务领域，迪拜健康城致力于在医疗服务的各个方面提供卓越的服务，努力成为地区和国际患者的首选医疗目的地，其医疗产品既包括整形外科、牙科、眼科和整容手术等迪拜医疗保健发展最快的几个专业方向，也包含众多特色医疗保健服务，如中医、印度草医学、尤那尼医学、自然疗法、捏脊、瑜伽等。除了提供多元、专业的医疗服务外，迪拜健康城还大力推动医疗旅游服务商的发展。医疗旅游服务商与健康城中的专业机构对接合作，为医疗旅游者提供全面的解决方案。截至 2013 年，已有 100 万患者访问了迪拜医疗保健城（DHCC），其中约有 15% 的患者是医疗游客。而且根据上一次由独立外部顾问尼尔森（AC Nielsen）进行的患者满意度调查显示，DHCC 的患者满意度高达 89%。

在医学教育与研究领域，迪拜建康城下设专门的教育和研究部门穆罕默德·本·拉希德（Mohammed Bin Rashid）学术医疗中心（MBR - AMC）。MBR - AMC 对当地医学教育与研究的推动主要体现在四个方面：第一，

MBR－AMC会议中心为医学教育或研究论坛提供尖端的会场设备、高效专业的会议服务和优质的餐饮等支持服务，为举办学术会议提供优质的硬件环境。第二，AI Malctoum 医学图书馆（AMML）拥有近 2800 平方米的先进设施以及该地区最先进的医学教育资源，是迪拜建康城内获得医疗保健领域最前沿信息的关键性平台。第三，Khalaf Ahmad AI Habtoor 医学模拟中心（KHMSC）是一个先进的医疗保健专业人士综合培训设施，在模拟环境下为医护人员提供技术和非技术方面的培训，对病人没有风险。第四，迪拜牙医学院（DS-DM）在医疗服务方面为医疗教育和研究提供了全面的世界级牙科护理服务，并配备最先进的设施，在医学教育方面，DSDM 的相关教师专家均具有丰富的牙科教育，研究和临床实践经验，他们在知名机构接受培训，并致力于根据科学证据为学生和患者提供最先进的牙科治疗。MBR－AMC 不断完善学术和临床环境，促进了所在地区的医疗教育、研究和服务实践。

在投资与商业领域，迪拜健康城向投资者提供了一系列租赁和永久业权解决方案。为了满足专业医疗机构的辅助性需求，引进与传统的医疗服务相辅相成的药房、医疗设备公司、医疗保健招聘公司、医疗咨询公司和制药公司，并为这些公司提供专业化的商务办公室和银行、零售、餐饮和政府服务等支持性服务，使医疗机构和与之相关的辅助性机构良性运转。为了支持越来越多的中小企业和初创企业在迪拜健康城成立医疗服务公司或其他商业性公司，从而在健康城内形成庞大的医疗辅助商业体系，迪拜健康城商务中心提供配套齐全的办公室和开放空间工作站，在打印设施、安保、办公室清洁和使用、车位收费等领域提供特有权益，帮助这些企业减少行政和经营成本。

面对健康城内庞大的产业布局，自由区内的管理者精心设计与之相适应的三级管理体系。迪拜健康城（DHCC）隶属于迪拜健康城管理局（Dubai Healthcare City Authority，DHCA）管理，DHCC 的董事会（Board of Directors）和执行机构（Executive Body）均向 DHCA 的主席汇报。执行机构负责的迪拜健康城的具体运营，具体下设有六大组织：中央治理委员会（Central Governance Board）在迪拜健康城的整体运作过程中发挥领导作用，负责制定医疗保健活动、教育计划、研究活动的标准和要求，并为其下的质量委员会，规划委员会，学术研究委员会和专业委员会提供一般指导和监督；医疗保健计划和质量中心（Center for Healthcare Planning and Quality，CPQ）作为一个独立的监管机构，其作用是在迪拜健康城的建设和维持上提供医疗保健服务和病人护理的最佳方案，从而促进医疗服务质量的提升；上诉委员会（Appeals Board）作为医疗保健专业人员、补充医学和替代医学专业人员、医疗保健操作人员、研究人员和教育提供者的最终上诉机构，对其提起的相关上诉做出判决。如果中央治理委员会和上诉委员会在政策、标准或指导方面不一致，则由执行机构做出评判。其中，上诉委员会关于牌照的决定是终决的，不得进一步上诉；执照委员会（Licensing Board）的职能是根据“医护专业人员条例”及“补充及替代医学专业人员条例”审核授予符合资格的申请人相关执照；公司注册处（Registry of Companies）根据“商业服务许可条例”“医疗机构管理条例”“研究条例”和“教育管理条例”颁发执照及批出杂项许可证；医疗保险索赔委员会（Healthcare Claims Committee）根据“医疗责任条例”确定医疗运营机构索赔额度，委员会还设立了一个独立的监管部门迪拜健康城管理局法规部（Dubai Healthcare City Authority – Regulatory），确保健康城内的临床和非临床设施符合和执行国际质量标准。

为了吸引医疗机构、人员、辅助性和支持性机构和企业进驻迪拜健康城，健康城对机构和其工作人员实行“双免”政策，即免除所有税收和免于遵守特殊法律的优惠政策。税收免除的具体执行方式如下：第一，50年内，这些机构和对应的工作人员在把资本、股息或工资转移成任何币种和转移至迪拜健康城以外任何目的地时，将不受任何限制。第二，只要在健康城内运作，城内机构及对应人员的资产或活动不应受到任何国有化措施或私有制限制。第三，所有在健康城内生产、开发、进口或使用的产品或货物，以及用于生产所有服务或商品的材料均免除关税。第四，从迪拜健康城出口的产品和货物，首次视为从国外进口并适用关税，出口便可得到相应的补贴。此外，健康城内的机构及其职员，在自由区内的活动不受法律、规例、迪拜市政当局或经济发展部门的权威及权力的约束，亦不受这些实体管辖范围内的权威及权力的约束，但公共卫生和安全法及环境法例除外，给予自由区内企业和人员最大限度的研究和商业发展自由。

专题9 测度数字贸易：经济合作与发展组织/国际货币基金组织估量调查结果①

互联网和数字化正在从根本上改变个人、商业和政府之间的跨境互动，“数字贸易”的重要性逐渐得到政府和研究人员的重视。优步、爱彼迎、Facebook 和 Spotify 等具有新商业模式的在经济中的地位逐渐凸显，它们对贸易政策及贸易活动的性质产生了很大的影响。此外，数字化服务的无形性质为服务提供国提供了强大的财政激励，这些国际贸易涌现的新趋势为制定国际贸易政策和测度国际贸易（特别是服务贸易）提出了新的挑战。围绕数字贸易发展的新趋势和由此引起的政策问题，各类国际组织，例如万国邮政联盟（UPU）、联合国贸易和发展会议（UNCTAD）、经济合作与发展组织（OECD）和世界贸易组织（WTO）在 2016 年建立了一项测度跨境电子商务交易的合作项目，测度数字贸易的探索正式开启。随后，OECD 与国际货币基金组织（IMF）在 2017 年 3 月经济合作与发展组织商品和服务贸易工作组（WPTGS）会议上明确了数字贸易定义以及全面的概念测量框架，建立了数字贸易对应的分类，根据数字贸易的性质将其分为数字订购、数字中介、数字交付和跨境数据流 4 个部分，并以 OECD 的 35 个成员国和 51 个非成员国为样本展开针对性调查。本文将根据 OECD 与 IMF 的分类，详细说明 2017 年该项调查的成果和调查过程中遇到的问题，提出进一步的研究计划。

数字订购是指通过计算机网络，按照接收订单或下单所特别指定的方法进行的商品或服务的买卖过程。多数 OECD 国家在多年前便开展了有关订购流程（电子商务）数字性质的统计，大多数通过信息通信技术和电子商务企业的调查（包括 B2B 和 B2C）以及家庭互联网使用情况调查［包括 B2C 和（部分）C2C 交易］的方式进行。一些国家正试图将上述网络购销活动划分为国内外交易，德国制定的《欧洲经济共同体经济活动统计分类（NACE）之企业贸易特征数据（TEC）》和俄罗斯进口跨境电子商务专项统计都说明各国越

① 商务部研究院国际服务贸易研究所，摘译于 OECD/IMF《测度数字贸易：经济合作与发展组织/国际货币基金组织估量调查结果》报告，2017 年 10 月发布。

来越重视数字订购的内外贸分类和统计。多数受调查国家已经开始与大型电商企业开展协作，开发可行的手段和系统，这一操作反过来有助于提高海关程序的办理效率。本次调查除了发现各国对数字订购进行商品贸易统计分类外，还发现数字订购促进了跨境小型贸易的增加。这些小型贸易的单笔交易价值一般低于一国进口税起征点，造成这种小型贸易的原因是家庭电子商务的兴起，这种跨境贸易交易频率高，但交易价值普遍偏低，难以达到进口税起征点。

国际贸易数字化最显著的特点之一就是数字中介的出现，如亚马逊、优步、阿里巴巴或爱本卜。虽然并非所有的数字贸易一定与此类中间平台相关，但是它们无疑正在改变国家及国际的经济竞争格局。从理论上讲，与中介服务支付相关的交易应记作当前统计中的服务支付，但是实际上，区分中介费和所提供的服务价值可能较为困难，只有部分受调查国家对中介服务进行统计区分。目前，有 8 个 OECD 国家和 4 个非 OECD 国家能够在本国经济中确定外资数字中介，而 5 个 OECD 国家和两个非 OECD 国家能够识别向非本地数字中介的支付行为，从而使此类中介跨境服务贸易可以划分到贸易相关服务项目下。本次参与调查的大多数非 OECD 国家目前无法获得数字中介的信息，很少有国家制定调查该现象的具体计划。但是，泰国目前正致力于将不同的源数据联系起来，以估算数字中介的价值。

数字交付捕获的通常是以数字方式交付的服务和数据流等可下载的产品，软件、电子书、数据和数据库服务等。数字交付的服务，特别是向家庭交付的服务产生了重要的测量挑战。一方面，受调查的 74 个国家基本都承认可能存在进口额漏报的情况，数字交付很难知晓进口实体的数量，因此也就难以充分进行抽样调查了。另一方面，涉及家庭的交易需要家庭调查（或信息通信技术使用情况调查）等其他的数据源，只有很少的国家表明他们拥有此类数据，特别是与购买行为是否被视为跨境购买相关的数据。但是，很多 OECD 国家认为可以通过信用卡数据获得家庭跨境数字交付数据，少数国家已经开始进行这方面的调查。很多非 OECD 国家认为可以通过国际交易报告系统（ITRS）捕获这些服务，也有一些国家使用信用卡信息调查或捕获这些服务。但是，大多数非 OECD 国家目前尚未明确捕获这些数据流，很少有国家能够在不久的将来制定具体的计划。

跨境数据流是指本身不一定会导致货币交易，但是它们可以为货币交易提供支持（如产生广告收益）的特殊数字贸易表现形式。举例来说，Facebook 等社交网站会为提供数据的用户提供“免费”服务作为回报。Facebook 与用户之间并没有进行任何货币交易（并且就现有的国际标准而言，并不存在贸易活动）。但是，这些企业所收集的数据却构成广告商收入的基础。虽然广告收入的货币流动通常是贸易统计学中采集的内容，但是其所依赖的数据流却很难被量化和统计。目前，33 个被调查的 OECD 国家中，没有任何一个国家对量化跨境数据流进行研究。同样，没有任何一个国家调查公司间数据流的规模。各国也不认为有必要将跨境数据流的价值加到国际收支统计数据中（其中 16 个国家中有 15 个国家持反对意见）。对于未来如何开展测度跨境数据流的工作，各国认为此项工作在概念和实践领域存在难度。在概念领域，数据流与整个会计框架如何融为一体存在难点。在实践领域，目前缺乏国际公认的数据评估方法和此类数据流的分类。

综合 OECD 和 IMF 在数字订购、数字中介、数字交付和跨境数据流所取得的进展和遇到的挑战，本文提出测度数字贸易的两方面计划。一方面，在数据收集领域，各国应加快进行各种数据汇编试点研究，以期将现有的数据源与新方法相结合。在不断拓展数据源，尤其是 OECD 成员信用卡信息或其他私营部门来源的新数据源的基础上，发现新的调查问题和数据链接。另一方面，在数字贸易统计领域，应根据 2018 年在阿根廷举行的二十国贸易投资工作组会议决议编制一份草案，阐述数字贸易的定义和类型从而确定数字贸易在现行国际贸易统计体系中的潜在偏差。若有必要，提供数据源和会计标准的相关建议。

第三章　案例篇：服务贸易创新发展的地方实践

第一节　南京篇[①]

一、南京市服务贸易发展总体情况

（一）服务贸易规模不断扩大

2018年，南京市实现服务进出口总额151.1亿美元，较2017年增长12%。其中，服务出口98.7亿美元，服务进口52.4亿美元。服务进出口总额占全市对外贸易比重为18.8%。同期，全市实现服务外包执行额172.4亿美元，同比增长5.3%；其中，离岸外包执行额63.8亿美元，同比增长3.3%。在全国31个服务外包示范城市中，南京继续保持领先地位。

（二）贸易结构持续优化

在全市服务贸易内部结构中，加工、运输、旅行和建设等传统服务类别进出口占全市服务贸易比重约为55.8%，新兴服务领域占比则上升到44.2%。保险服务、电信、计算机和信息服务以及知识产权使用费成为新兴服务领域的主要增长点，增幅分别为118.9%、100.4%和23.7%。

---

① 商务部研究院国际服务贸易研究所根据南京市商务局提供资料整理。

（三）集聚示范效应明显

先后两批认定了9家服务贸易集聚发展示范区，推动全市服务贸易集聚发展。另外，作为首批全国服务外包示范城市，全市半数以上的服务外包企业集中于5个国家级示范区和2个省级示范区，区内离岸服务外包执行额占全市的79.6%，执行额超1亿美元的企业达24家。

（四）企业实力显著增强

据BOP数据显示，全年服务贸易进出口收付汇总额超过1000万美元的企业共有80家，其中福特汽车、途牛旅游、长航油运等6家企业超1亿美元。国电南瑞、浩鲸云计算等70家企业服务外包执行额超过5000万美元，占全市总执行额的比重达到66%。省通服和苏交科入选2018年“中国服务外包十大领军企业”，诚迈科技、富士通南大等13家企业被评为“中国服务外包百强成长型企业”。2018年先后引进了亚马逊、西门子、安谋电子等外商投资功能性机构18家，其中地区总部4家、投资性公司1家、研发中心10家、功能机构3家。全市培育了一批服务贸易领域独角兽、瞪羚企业，目前已有运满满、拜腾汽车、传奇生物、苏宁体育、连尚文学等包括服务贸易企业在内的13家独角兽企业。

（五）招商引资量质齐升

在产业发展方面，围绕“4+4+1”主导产业体系，坚持数量规模与质量效益并重，引进一批大项目、好项目。坚持扩大增量与挖掘存量并重，做好以商引商、产业链招商的文章，切实把上下游产业链条做长，把特色高端产业集群做大，不断提高“引进来”的质量和水平。2018年全市新增实际使用外资38.53亿美元，同比增长4.9%。其中，服务业实际使用外资26.63亿美元，增幅37.8%，占比69.1%，文教体卫服务、软件信息服务增幅较快，分别达800%和122.1%。

（六）平台建设走在前列

一是借力数字推广平台。与谷歌合作搭建了Google数字出海平台及出海体验中心，充分发挥数字推广平台覆盖 190 多个国家和 200 多万家网站的优势，提供包括环球市场洞察、趋势分析、销售季节分析、消费行为分析、网络行为分析等多个方面的服务。二是积极打造服贸促进平台，先后在北京、英国、挪威、丹麦等境内外开展服务贸易专题推介会，在宁组织召开 2018 全球服务贸易大会和中国国际服务外包合作大会等系列活动，邀请企业参加对接会。

（七）服务贸易创新动能迸发

支持南京软件谷、江宁开发区等园区及企业在欧美等重点大国和关键小国设立了 19 个海外协同创新中心，以及离岸创新创业孵化基地、人才交流合作中心等机构。同时，吸引剑桥大学、牛津大学等英国、德国、法国、以色列、瑞士、新加坡的高校企业等来宁设立科技创新中心等机构平台，推动技术研发、成果转化和学术交流等活动。2018 年以来，全市已累计集中签约新型研发机构 239 家，孵化和引进企业 1401 家，专利申请数达到 2052 件。其中，1/3 新型研发机构有国际化团队参与，包括 3 名诺贝尔奖得主、1 名图灵奖得主、35 名外籍院士和 234 位境外专家。

二、南京市服务贸易发展创新举措

（一）体制机制创新

1. 健全组织领导体系

在市级机构改革基础上，重组市服务贸易工作领导小组，形成由分管副市长任组长，相关部门为成员单位的组织领导体系。加大体制机制创新力度，坚持问题导向、目标导向、效果导向，成立招商引资、主导产业优化升级、城市国际化等部门或实体化专项办公室，行使“统”的职责、加大“推”的力度、破解“难”的问题，进一步促进服务贸易与产业发展、营商环境、招商引资等融合互动。南京市先后印发《南京市关于推广服务贸易创新发展试点经验实施方案》和《南京市 2019 年服务贸易创新发展试点工作要点》。

2. 加大评价考核力度

在落实商务部、国家统计局《国际服务贸易统计监测制度》基础上，探索建立政府部门数据、外汇管理局数据和企业直报数据“三位一体”的全市服务贸易统计监测体系。做好统计培训工作，出台《市政府办公厅关于印发2019 年社会消费品零售总额等目标任务分解的通知》，将各区服务贸易发展指标纳入全市目标绩效考核体系。

3. 全面实施“外商投资准入前国民待遇 + 负面清单管理”模式

将不涉及准入特别管理措施的外资企业设立、变更备案事项委托各行政区及省级以上开发区办理。对外资企业申报设立、变更事项提交材料基本符合要求的实施容缺审批，放宽市场主体住所（经营场所）登记条件。积极推行外资项目网上登记备案制度。对在省级以上开发区内注册的外资企业需政府部门逐级转报的投资经营审批事项，由开发区管理委员会直接向市级审批部门转报。

（二）创新发展模式

1. 促进服务与制造融合发展

顺应制造业服务化发展趋势，制定落实《关于建设具有全球影响力创新名城的若干政策措施》《争当江苏先进制造业排头兵行动计划》《南京市智能制造名城建设实施方案》《南京市关于加快发展先进制造业振兴实体经济若干政策措施的意见》《关于加快推进全市主导产业优化升级的意见》等一系列政策文件，着力实施服务型制造转变、企业互联网化提升、设立产业基金、加强国际合作等一批“含金量高”的政策措施，加快推进产业服务化、高端化、智能化、集聚化发展。

在互联网融合创新方面，南京市发挥先进制造业优势，重点在龙头制造企业、软件企业、互联网企业、运营商等行业和领域建成一批具有南京特色的工业互联网平台。目前，全市已建成并具备服务能力的工业互联网平台 38 家，平台数量占全省一半左右，形成先发优势。

在研发设计方面，重视“头部效应”，推动核心技术攻关和研发，靠核心创造力进入高价值区。传奇生物是第一个获得中国食药监总局（CFDA）CAR－T 产品临床批件、全球第一个在中美两地拿到 CAR－T 产品临床批件的企业。其强大研发实力吸引了国际制药巨头——美国杨森公司的青睐，后者以 3.5 亿美元首付款购买了传奇 LCAR－B38M 技术使用权、未来临床和市场权益。

在定制化服务方面，企业借助物联网、云计算、大数据等技术，依靠客户体验、在线设计、大数据挖掘等方式合理采集和科学处理客户需求，对生产制造进行柔性化改革、个性化组合，完成产需股东的协作。南京1001号是国内领先的综合“云制造”平台，将“制造”变成一种标准化的制造服务。任何人通过互联网能够使用3D打印、精密铸造、注塑等制造手段，完成汽车、机械、家电和文化创意等行业的原型、小批量、大批量制造任务。目前业务范围已覆盖美国、德国和荷兰等国外市场。

在供应链管理方面，苏宁以消费者需求为根本，通过服务和体验挖掘消费者深层次需求，实现“消费者”和“制造业”以及“信息化”的高度融合，重构生产者、零售者和消费者体系。通过C2M工业互联网平台打通需求端与供应端的数据链接，支持企业数据化经营，提升供应链效率，精准供应市场。

在全生命周期管控方面，针对海外工程面临的投资、合同、进度、采购，劳务、运行等风险，朗坤的投建营一体化平台利用“互联网 + BIM”技术，聚合投资方、设计方、施工方、运营方，以及银行、保险、物流、制造商、用户等，打破地域、时空限制，支持多国语言、多国会计准则，能实现多组织、多投资项目的协调管理，实现对海外项目投资、融资、建设、运营一体化、全生命周期管控，打造了360度海外项目风险防控网，不仅降低基础成本，显著提升运营效率，还能够大幅缩短项目整体建设周期。

在系统解决方案方面，企业借助于不断集成优势资源，逐步由生产制造商转为系统解决方案提供商，继而为客户提供需求分析、开发设计、设备集成、专业维修等全价值链的总集成服务。南京天加是国内专业的洁净环境系统集成供应商与服务商，在2018年底收购加拿大SMARDT公司后，通过技术创新、市场整合，将进一步提升其研发、生产、销售、服务于一体的洁净环境及热能利用的专业化能力。

2. 推进服务贸易新业态发展

一是探索知识产权法律服务模式。整合全球一流的知识产权法律服务资源，入驻寰球智金海外知识产权公共服务平台，构建“WIPA智金海外知识产权服务联盟”，为企业拓展海外业务、维护合法权益提供专业、高效、便捷的国际法律服务。二是创新定制化服务。鼓励中集凯通江苏多式联运有限公司充分发掘大客户需求，开发定制化、特色化的中欧中亚班列，首次为单一大客户量身定制开通从南京到哈萨克斯坦希姆肯特全程班列。三是发展中医药特色服务。打造中医药服务贸易载体，吸引南京药业签约入驻。继续推进南京中医药大学和省、市中医院对“一带一路”沿线国家和地区以及美国、加拿大、澳大利亚等国家开展中医国际远程医疗、远程教学、智慧医疗等国际合作。在此基础上，完成中医药服务贸易基地申报工作。四是创新国际旅游推广方式。支持途牛旅游在 Facebook、Twitter 等海外社交媒体开通主题账号，邀请海外“网红”来宁体验，用直播等方式，向全世界即时传播南京美景，打造旅游与会展、研学、体育融合发展新业态，探索新技术应用。五是探索应用新技术。中国国投国际贸易南京有限公司成为第一家使用汇丰银行区块链技术完成跨境信用证交易的中国内地企业。区块链技术避免了传统贸易结算的错误风险和延迟，简化支付和结算流程，降低成本。六是拓展开发新业态。通过与以色列航空工业公司（IAI）进行技术合作，新引进波音 777 客改货 STC 技术研发及飞机改装项目，开展航空发动机维修、租赁以及大型宽体飞机（含货机）维修、租赁、运营等 MRO 项目。七是推进“全景式”发展。支持江苏广电与国际制作商、发行商、渠道商等开展合作，成为从成型节目发行到原创模式输出，从节目版权贸易到海外频道运营，从建立单一业务部门到成立集合国际版权贸易、国际内容制作、海外频道运营、国际交流活动以及国际旅游教育等业务于一身的综合性公司，实现了从“走出去”到“走进去”的跨越，实现国际化战略全面落地。

（三）进一步提升便利化水平

1. 提升通关便利化水平

一是扩大国际贸易“单一窗口”申报覆盖率。目前，南京综保区货物报关、报检、运输工具 3 项主要业务全部实现国际贸易“单一窗口”申报。二是深化“区港联动”改革。南京综保区复制推广了自贸区“批次进出、集中申报”“简化通关单证”“简化备案清单”“集中汇总纳税”等 11 项制度，真正实现“一次申报、一次查验、一次放行”。随着南京海关物流监控信息化管理系统（铁路部门）的正式上线，南京实现中欧班列货物从报关放行到转关放行的全流程无纸化监管。此外，还推行了“掌上物流”智能监管系统，为进出综保区货车提供导航服务，并自动识别车牌，司机不下车便可完成通关。三是开展“多证合一”改革。企业在办理工商注册登记时，可同步申请办理《报关单位注册登记证书》（进出口货物收发货人），海关在确认接收到企业工商注册信息和商务备案信息后即自动通过信息验核、直接完成海关登记备案，简化了企业办事手续，降低制度性交易成本。如果企业需要书面备案登记信息的，可以通过“单一窗口”在线打印备案登记回执，到所在地海关办事大厅加盖印章。2019 年年初，全国首个成功通过“多证合一”方式申请办理进出口货物收发货人备案登记在南京完成。

2. 促进人员流动便利化

制定《南京市全球创新资源集聚计划实施方案》，对符合江苏省外籍高层次人才认定标准的人士及其家属申请办理永久居留身份证，市级审核时间不超过 20 个工作日。提升南京旅游国际化水平和美誉度，用好 144 小时过境免签政策和离境退税政策，积极发展入境游。2018 年，全市接待入境过夜旅游者 81 万人次，同比增长 12.9%；实现旅游外汇收入 8.8 亿美元，同比增长 15.8%。

（四）进一步完善政策体系

1. 打造国际化人才高地

一是注重人才资源集聚。实施《南京市“345”海外高层次人才引进计划实施细则（试行）》，对海外高层次人才提供资金、居留与出入境、医疗保障、子女入学等方面的配套服务。2018 年已有 60 余家有国际化团队参与的新型研发机构在南京市创新创业。二是注重提升国际化配套。开展外籍人才服务“一卡通”试点，打造一批国际化的社区、医院和学校，建立住房、入学和医保服务通道。三是注重探索人性化安居。出台《南京市人才安居办法（试行）》，明确通过共有产权房、人才公寓、公共租赁住房和购房补贴、租赁补贴等多种方式，建成“购、租、补”多层次人才安居体系。四是注重外国留学生就业创业政策创新。发布《关于优秀外籍高校毕业生来宁就业创业办理工作许可的通知》，设立专门窗口，优化服务流程，2018 年已为 20 名外籍应届硕士和本科毕业生办结外国人工作许可证。

2. 强化财税金融支持

一是落实财税扶持政策。为强化服务贸易集聚发展，鼓励服务贸易开拓市场，支持企业业务发展，南京市2018年组织开展了国际服务贸易（服务外包）专项资金申报工作，为符合条件的企业落实市级财政2970万元。此外，南京市共有12户企业申请技术先进型服务企业（服务贸易类）税收优惠政策，减免税收近2000万元。二是创新金融服务方式。南京市作为首批接入江苏省综合金融服务平台的“子平台”开展试点运营，通过整合政府扶持政策、社会征信服务、企业融资需求等资源，累计为461家企业提供“一站式”综合金融服务。三是开展知识产权质押融资。南京市制定发布了《南京市知识产权质押融资风险补助实施细则（试行)》，有近400家企业全年获得累计知识产权质押融资额近10亿元。四是扩大信保支持范围。我局与中国信保江苏分公司签订战略合作协议，将服务贸易等纳入重点支持行业，为南京远洋、原力动画等运输、货代和文化等领域企业提供信保服务。五是加大基金支撑力度。在继续发挥江北新区服务贸易基金作用基础上，组建市创新投资集团，打造天使基金集聚、投贷联动紧密的创新金融服务体系，设立的首批新兴产业基金总规模达165亿元。推荐南京诚迈、江苏润和等重点企业与国家服务贸易基金对接。六是支持企业直接融资。依托不断完善的多层次资本市场，加大政府服务力度，支持亿嘉和在上交所成功挂牌。

3. 加强知识产权保护

制定和落实《南京市知识产权强市建设行动计划（2017—2019年)》《南京市知识产权运营服务体系建设实施方案2018—2020》等政策文件，积极建设中国（南京）知识产权保护中心。一是建立专利快速审查通道。明确快速审查时间为以往正常审查时间的1/5，将台积电、中兴通讯、中车浦镇等110家单位纳入快速审查备案主体名录。二是建立专利快速确权通道。设置国家知识产权局专利复审委员会巡回审理和远程审理庭，实现专利复审和无效宣告案件本地化审理，缩短专利确权和司法审判周期。三是建立产业快速协调保护体系。设立知识产权法庭（江北新区）巡回审判点、市检派驻知识产权保护中心检察工作站等8个协同保护工作服务站，形成知识产权保护合力。四是提供知识产权海外服务。成立智金海外知识产权服务联盟，开展涉外知识产权预警和交易、涉外专利代理及相关法律事务等。

三、南京市服务贸易特色园区案例

（一）案例一：南京经济技术开发区

基本情况：南京经开区成立于1992年，2002年升级为国家级经济技术开发区，2012年托管龙潭、栖霞、西岗3个街道，管辖面积217平方千米。它是中国国家级开发区十强、长三角区域经济的重要组成部分，也是世界级光电显示产业基地和国家级长江航运物流枢纽。开发区内还拥有综保区、新港高新园两个国家级平台以及液晶谷、华侨城等特色功能载体。

当前，开发区深入贯彻党的十九大精神和习近平新时代中国特色社会主义思想，坚持高质量发展要求，落实全市建设“创新名城、美丽古都”和东部地区打造“创新之城、文旅之城、产业之城、生态之城”，加快紫东地区建设发展的决策部署，以对标找差、创新实干为工作抓手和方法，全力做好提质增效、以港兴区、产城融合三篇文章，大力推动产业地标打造、土地挂牌上市、资产资本运营、落后低端治理以及区属平台公司化、市场化改革五项重点任务，努力把开发区打造成高端产业集聚区、科技创新引领区、产城融合示范区，为建设“强富美高”新南京做出新贡献。

主要做法如下：

1. 狠抓经济建设发展

由于开发建成区为全国最小的国家级开发区之一，其集约发展特征较为明显，其中每亩工业用地平均投资强度达550万元，单位面积土地的投入强度和产出均位居全国开发区前列。为不断提升发展的质量和效益，开发区将高端制造作为立区之本，把项目作为发展生命线，坚持发展第一要务，聚焦于实体经济发展。目前，开发区已经集聚各类企业高达3000多家，其中外资企业300多家、100亿级企业8家、世界500强投资企业74家、规模以上工业企业197家，累计实际利用外资近70亿美元。2018年，开发区全年实现地区生产总值1010亿元，同比增长10%，首次突破千亿大关；一般公共预算收入96.2亿元，同比增长11.9%；完成规模以上工业总产值2850亿元、工业固定资产投资100亿元、外贸进出口总额783亿元，完成实际到账外资5.8亿美元，主要经济指标平稳增长。2019年上半年，开发区预计实现地区生产总值552亿元，同比增长10%；完成一般公共预算收入62亿元、规模以上工业总产值1440亿元、工业固定资产投资60亿元、外贸进出口总额377亿元，完成实际到账外资3.2亿美元，主要经济指标均可实现“双过半”。

2. 狠抓产业转型升级

南京经济开发区始终坚持围绕全市“4+4+1”主导产业方向，加快集聚百亿项目群，打造多个特色的千亿产业，力争形成多个“世界知名、全国前三、全省第一”的产业地标。同时，开发区近年来也把检验检测认证产业作为推动园区发展现代服务业的重要主导方向，作为“国家检验检测认证公共服务平台示范区”，其主要包括英国AHK、美国XBL、美国SIEMEC、BGI华大基因、CCIC中检集团等检验检测、认证认可、设备研产、配套服务4类机构。目前开发区已形成光电显示、高端装备、生物医药三大产业集群。其中，就光电显示产业来看，它集聚了中电熊猫、LG显示、LG新港、鸿富夏等企业70余家，已构建以液晶显示为主导，包括LED、OLED、激光显示在内的完整产业体系，产业规模近2000亿元。为全力打造3000亿元规模的光电显示产业地标，经济开发区还将大力发展新型显示等新方向、新技术，并运用智能化、信息化手段推动存量企业向高端化提档升级。就装备制造产业来讲，南京经济开发区集聚了德国博世、瑞典阿特拉斯·科普柯、香港英达热再生、日本NTN、中铁宝桥、白云电气、康尼机电等50余家知名企业，产品涉及工程机械、轨道交通设备、特高压输变电设备、汽车零部件等门类，产值800亿元。下一步，经济开发区还将瞄准“中国制造2025”和德国“工业4.0”的深度对接，再造一个新的1000亿级产业集群。对生物医药产业而言，其规模100亿元，占南京市的1/3。南京经济开发区还将推动正大天晴、金陵药业、诺唯赞等存量企业增资扩产，加快福瑞医药、博雅生物等优质增量项目落地建设，力争打造300亿元产业集群。近年年，开发区又抢抓新能源汽车、人工智能产业发展先机，在全市率先形成产业集聚态势。其中新能源汽车产业引进建设了拜腾汽车、蔚来汽车、长城华冠三大整车及LG化学新能源动力电池等“三电”企业，形成涵盖整车制造、电池系统、充换电系统等领域的全产业链，预计未来产业规模将突破600亿元。而人工智能产业也抢抓先发优势，高标准规划建设了70平方千米的“中国（南京）智谷”，并大手笔组织了“中国人工智能峰会”“全球人工智能应用大赛”等主题品牌活动，引进80多家知名人工智能企业和周志华、王劲等40多名领军人才，以及9家以人工智能为主攻方向的新型研发机构，中国（南京）智谷已经成为南京乃至江苏区域内产业集聚度最高、科研创新力最强、产业园面积最大、综合化配套最好的人工智能产业基地。2018年人工智能企业实现营收近80亿元，未来还将打造另一个产业地标。

3. 狠抓科技创业创新

经济开发区围绕南京创新名城建设，大力实施创新驱动发展战略，全力推动“基础研究、技术开发、产业应用”三大层面的全面创新，努力构建以企业为主体、以市场为导向、社会资本潜力充分发挥、产学研相结合的创业创新体系。新港高新园作为全市科技创新的主阵地，成功纳入国家苏南国家自主创新示范区的核心组成部分，规划建设了四大科技园、近200万平方米的科创载体。南京经济开发区坚持用好用足用活1号文件精神，深入推进“两落地、一融合”，引进了中英曼大二维材料研究院、南京新一代人工智能研究院、南京人工智能高等研究院等新型研发机构21家，规划建设南京智能激光制造、南京新港人工智能产业等高端科技公共服务平台7家，累计孵化和引进科技企业153家，研发机构授牌数及孵化企业数均居全市前列。开发区牢牢抓住企业这个创新主体，将“移大树”“育小苗”“老树新芽”相结合，累计引进诺奖得主、两院院士等世界顶尖专家25人，落户京东、科沃斯机器人、旷视科技、地平线、拜腾汽车、中科煜宸等知名科技企业800多家。其中，高新技术企业达到127家（2018年猛增51家），彩云慧谷、拜腾汽车、快轮科技等8家企业分别入围南京市首批独角兽、瞪羚企业。南京经济开发区还大力营造良好的创业创新氛围，通过科技金融服务体系的不断完善，积极推动了主导产业和重大项目融资对接，组建了蔚来XPT、长城华冠、拜腾汽车等6支、总规模38亿元的专项基金，其中SK新一代信息技术、阿米诺人工智能等5支基金入围南京市产业发展基金子基金。加快人才安居住房建设，增强知识产权保护力度，为科技企业发展提供保障，努力打造出创新生态示范区。

4. 狠抓产城融合发展

为了将打造成功能集成、生态优美、高度开放的产城融合发展示范区，南京经济开发区坚持规划引领，通过对开发区全域进行产城融合的顶层设计，加快了解决产业和城市发展不平衡、不充分等问题的进程。其中，西部新港建成区以转型提升为主线，通过规划调整、“腾笼换凤”等手段加快转型，将有限的土地空间用于发展科研和总部经济，用于完善商住、办公等生活配套和公共服务功能。当前经济开发区在重点放在推动4平方千米的兴智科技城建设，目的是打造集科研、教育、商住等为一体的产城高度融合的现代化科技园区。中部片区以功能优化为主线，围绕液晶谷、红枫科技园、华侨城等组团建设，突出科技、文旅、休闲、度假等新定位，逐步完善片区基础设施和生活居住等城市配套功能，将中部片区打造成南京东部文旅休闲的新地标。东部龙潭片区以新城开发为主线，抢抓紫东地区发展、宁镇扬三市交界、-12.5米深水航道通航以及海港枢纽经济区建设等多重机遇叠加优势，将龙潭新城45平方千米作为宁镇扬同城化核心区进行整体打造，既大力发展了下一代汽车、智能制造等高端产业，又同步引进了五星级酒店、国际学校、国际医院等高端城市配套和公共服务资源，实现现代产业、现代生活、现代都市的有机结合，目的是要建设一座高于现有的园区品质和规模的、可容纳30万人口的国际性现代产业新城。目前，龙潭新城10平方千米核心区已经正式启动，新城门户广场建成开放，一批水电气、道路等基础设施逐步完善，不久将形成现代城市雏形。

建区20多年来，开发区各项建设事业得到迅猛发展，基础设施日臻完善，招商引资硕果累累，特色经济势头强劲，经济总量也得到了迅速的增长。2018年，开发区完成服务贸易进出口额5.55亿美元，同比增长37.1%，完成目标任务122.4%。开发区服务贸易进出口总额占全市比重12.4%，服务贸易进出口额、同比增速均排名全市各区（开发区）第三位。其中，以南京知行新能源汽车技术开发有限公司、博西华电器（江苏）有限公司为代表的10家千万以上企业实现服务贸易进出口额4.66亿美元，占开发区服务贸易进出口额比重84%。开发区服务贸易主要以技术使用费（进口）、劳务费（工程款）、维修费、销售佣金等为主。

（二）案例二：建邺高新区（新城科技园）

基本情况：地处南京市河西的建邺高新区，成立于2017年11月，规划总面积10平方千米。园区产业生态系统逐步成熟，发展环境日渐完善，科技创新能力稳步提升。

主要做法：2018 年为高新区深入实施创新驱动“121”战略的起步之年，按照市委、市政府对高新区的发展要求，统筹推进产业培育、科技创新、平台建设和空间提升，园区资源整合效应初步显现，讲创新、干创新的氛围日趋浓厚。

1. 有效整合创新资源

建邺高新区通过深入贯彻市委一号文件精神，落实“三个统一”，其“一区多园”挂牌实体化运作，形成以科技园为牵头园区，带动高新区面上工作协调发展、高效推进的格局。

2. 突出强化对标找差

以建设南京“121”战略的创新实践典范和示范样板为目标，结合产城融合特点，高新区对标上海张江高新区普陀园。力争经过 3 年左右的努力，主要创新核心指标进入全市前列，建成在全省具有重要影响力的创新名园和“数字经济总部”之城。

3. 使创新能力稳步提升

园区产业生态系统逐步成熟，发展环境日渐完善，科技创新能力稳步提升。扎实推进“两落地一融合”，加快建设新型研发机构。高新区共有 6 家新型研发机构在市级层面签约，其中已经完成 4 家市级备案。同时，全面梳理高新技术企业培育对象，高新技术企业申报数为 110 家（其中复审数 14 家），通过评审公示数为 78 家（其中复审数 14 家），完成高新技术企业培育入库数 54 家。

4. 产业招商成效明显

阿里巴巴江苏总部、小米科技华东总部、小米有品全国总部、网易有道江苏总部等中国排名前十位的互联网企业地区总部相继落户，累计吸引了中海油、国投源通、中铁建等 16 家央企设立区域或功能总部。此外，京东集团区域总部、恒宝股份大数据中心等一批项目正在洽谈之中，形成数字经济 + 总部经济高地的良好产业格局。

5. 人才平台加快建设

着力打造建邺人才服务大厦，入驻省双创人才联合会、省千人计划联谊会等机构，服务涵盖工商注册、外资审批、“1 + N”政策兑现、非公企业党组织建设等内容。引进中智江苏经济技术合作有限公司等机构打造人力资源产业园，形成完整的人力资源服务体系，着力打造人才招聘、档案代理、落户、发放补贴等的一条龙服务，形成服务门类齐全、空间布局合理、管理智能现代、全省有影响力的创新创业示范基地。

6. 积极优化营商环境

认真落实“放管服”改革任务，贯彻市委“营商环境100条”，大力推行“全科政务”，积极推进“3550”改革常态长效，开通云尚建邺“开办企业”服务，全面压缩企业开办审批时限。

7. 推进园区空间打造

以高标准规划引领园区长远发展。高新区控制性详细规划及城市设计已通过专家评审，报市政府待批。打造高品质宜业环境，重点加强道路环境整治、改善交通条件、完善园区导示标牌系统、提升绿化景观品质、增加公交设施。

8. 国企改革有序推进

为激发高新区发展活力，充分发挥国有企业在供给侧结构改革中的引领作用，整合资源成立建邺高新科技投资集团，注入优质资产，大力推动新组建的建邺高新科技投资集团注册资本达20亿元、总资产近400亿元、外部评级AA+。在此基础上，加强和各大创新平台合作共建力度，实现校地融合发展，形成高新区持续发展的内生动力。

9. 全面完成年度目标

一般公共预算收入、服务业增加值、实际利用外资等核心指标均超额完成任务，其中软件业务收入占全区90%，新型研发机构注册落地数占全区50%，新增高新技术企业数占全区59%。

总体而言，2018年园区科技服务业总收入实现了110亿元的目标。园区以推进科技服务业（数字经济总部）、金融业聚集为途径，加快涵盖检验检测、法律服务、研发设计等方面的全要素科技服务产业培育：搭建科技服务业桥梁平台，建立技术交易市场，培育科技服务业产业集群，做大做强科技服务业；以知识产权保护和专利技术申请业务服务为突破口，共建国家专利运营平台建邺分中心；扶持律师服务业快速发展，依托科大讯飞人工智能语音技术搭建“互联网+律师融合发展”平台；以江苏国际进口交易服务平台落户为契机，创建河西国际新零售总部企业示范园区。

在2019年中，高新区牢牢把握“高标准加快建设现代化国际性城市中心”这一主题，围绕深入实施创新驱动“121”战略，全面贯彻2019年市委一号文件（《关于深化创新名城建设提升创新首位度的若干政策措施》）和《南京市推进高新园区高质量发展行动方案》，在对标张江普陀园的基础上，再对标香港科技园，提“标”找差再出发，实现高新区高质量发展，主动担当，切实发挥建邺区科技创新主引擎的作用，在全市高新区（园）的排名前进一位，争取进两位（保一争二）。”同时，在此一年间，高新区将坚持系统思维、聚焦重点、统筹发力，全力做好十个方面的工作。

（1）全力增强创新能力

围绕产业链布局创新链，强化科技供给。

一是实施新型研发机构培增计划。注重量质并升，加快推进新型研发机构建设发展。以“两落地一融合”工程为抓手，加大与国内外一流高校高端人才团队与科技成果转化的对接融合，与龙头企业共建6家新型研发机构，实现数量倍增、绩效跨越，夯实科技企业创新发展的不竭源泉。为新型研发机构发展“赋能”。充实管理力量，探索聘用职业经理人，建立现代化管理制度；提升投资能力，把创投功能引入新研发机构，解决“第一桶金”问题，鼓励社会资本和国资平台分阶段介入，助力机构快速成长。

二是实施高新技术企业培育突破计划。围绕打造“科创企业森林”，把传统的招商引资体系、思路和办法，有机嫁接运用到创新项目和企业的引进培育上，按照“大树移栽”和“育苗造林”相结合的方式，加大科技型企业和高新技术企业培育力度，着力构建知识密集型的科技产业链和创新型企业集群。通过基金引导、生态圈辐射等途径，深度挖掘创新资源，在云计算、新零售、大数据、智慧交通等方面持续引入创新性高、技术突破性强的快速成长型企业，实现“新经济＋生态群”的发展模式，丰富主导产业创新资源，给园区经济发展带来新的增长点。2019年，力争新增高新技术企数64家、高新技术企业总数超过200家，高新技术产值突破200亿元，形成创新产业新增长点和发展动能。

三是实施专利申请突破工程。将龙头企业科技平台变为园区创新源，基于苏交科国家企业技术中心、越博省级企业重点实验室、凯盛省级企业技术中心等龙头企业研发力量，通过政策支持，引导相关平台开展技术转化，实现专利申请数量突破。2019 年，高新区目标新增市级以上工程技术研究中心 2 家，专利申请量超 3000 件。

四是实施城市“硅巷”建设工程。大力发展“硅巷经济”，开发低效载体、低效用地潜力，创新都市产业经济发展模式。高新区建设的孵化器，在不改变孵化用途的情况下，支持通过多功能立体开发和复合利用，盘活存量低效工业用地，发展新兴产业、建设创新载体。

（2）全力构建开放创新格局

立足国际化，借助投资公司、咨询公司、五大行等机构的信息资源优势，面向全球扩大创新合作，最大限度用好国际创新资源，更大力度融入全球创新体系。

一是实施国际创新资源集聚计划。瞄准关键小国新加坡、荷兰、比利时，创新大国德国，充分利用中核华兴、苏交科、天泽信息、联迪信息、原力动画等龙头企业扎实推进“生根计划”工作，建设目标国家海外协同创新中心，引导企业对接引进国际创新资源，实现高新区产业的提档升级。基于“南大电子”“公诚节能”“文采智能”“江岛环境”“南京五瑞”等新型研发机构对接澳大利亚、加拿大、丹麦、韩国、新加坡等国研发机构。基于人才大厦入驻省双创人才联合会、省千人计划联谊会、省人才大数据研究院、江苏欧美同学会、省院士专家服务中心、省国际科技交流与合作中心等机构对接国际资源。依托阿里巴巴江苏总部、小米科技华东总部等落户园区品牌企业，积极推进阿里创新中心项目。加大现有孵化空间的国际化创业团队培育，同时着眼引进一批具有国际资源对接能力的孵化器及众创空间运营主体。2019 年，高新区力争落地市级以上众创空间 3 家，其中 2 家能够形成海外团队承接能力。

二是建设国际一流科技服务中心。依托江苏出入境检验检疫等 68 家检验检测机构入驻形成的规模优势、苏交科建设的我国在役长大桥梁安全与健康技术研究领域唯一国家重点实验室的影响力，集聚一批检验检测领域国家级实验室落户建邺。

三是打造国际化示范窗口。以建设泛长三角区域金融中心核心功能区为目标，依托生态科技岛人工智能示范区，把打造国际一流的高端商务楼宇作为发展总部经济的关键抓手，按照高端化品质、国际化形象品牌发展理念，引育一批世界 500 强企业、大型跨国公司、中国 500 强企业、境内外上市公司、行业领军企业和“独角兽”企业。

（3）全力做优产业结构

立足高端化，围绕创新链培育打造优势产业链。重点聚焦金融和科技服务业（数字经济总部）、人工智能（系统示范应用）产业，实现“新经济 + 生态圈”的发展模式，实现科技服务业营业总收入 200 亿元以上。

一是实施“智能示范基地 + 行业应用示范区”行动计划。大力引进人工智能重点企业和研发机构，建设人工智能创新中心、创新产品展示及体验中心、技术转移和应用推广中心，打造人工智能产业创新的“聚集高地”；打造全球有影响力的人工智能“应用示范岛”，在全岛构建智能化基础设施、公共服务体系和城市生活环境，推动一批人工智能应用场景。

二是实施“金融 + ”行动计划。推进金鱼嘴基金街区建设，加速基金大厦装修改造，吸引南京联交所等机构入驻，着力构建“基金 + 众创空间 + 创业辅导 + 金融服务”的协同发展模式，逐步形成完备的产业链和金融生态圈。重点引进一批金融科技企业，形成特色产业集群。着力打造一批特色鲜明、能效互补的基金示范集聚区，构建多元化科技金融体系。在省“金融改革创新试点区”转型升级传统银行业务，拓展现代金融发展领域；通过传统与现代金融多元化创新发展，推进金融创新运营示范区建设；引入现代金融，对区中小企业提供科技小额贷款和相关金融服务。与高端中介服务机构合作，吸引海内外知名金融企业，特别是金融法人总部和省级以上金融一级分支机构落户建邺。

三是实施“科技服务业（数字总部经济） + 其他主导产业融合发展”行动计划。搭建科技服务业桥梁平台，建立技术交易市场，培育科技服务业产业集群，做大做强科技服务业；补齐科技服务业与其他主导产业融合度较低的短板，高质量构建“科技服务业 + 其他产业”融合体系。提升总部经济能级，依托阿里巴巴江苏总部、小米科技华东总部、科大讯飞等大数据和人工智能行业领跑者，对互联网重点领域前瞻性布局，吸引国内相关大数据龙头企业地区总部落户，打造具有建邺特色的数字总部经济中心。

四是实施“法律服务业培育 + 多元化扶持创新发展”行动计划。以知识产权保护和专利技术申请业务服务为突破口，设立知识产权审判巡回法庭，加大知识产权保护力度；共建国家专利运营平台建邺分中心，促进区域知识产权交易；扶持律师服务业快速发展，依托科大讯飞人工智能语音技术搭建“互联网 + 律师融合发展”平台，打造“线上 + 线下融合发展”的新模式。

五是实施文化关联产业跨界发展行动计划。充分放大国家广告产业园和中国（南京）游戏谷等金字招牌效应，提升广告 + 传统媒体 + 新媒体 + 平台的全媒体融合发展水平，深化移动游戏开发商、发行商、渠道商与运营支撑商等组成的游戏动漫产业链，促进文化关联产业跨界发展。推动鹏博士、三七互娱等传统文创产业向数字化转型升级。举办世界级 Slush 创投大会，带动国际资源创新集聚。推动 NEXUS 游戏智库、西祠股份、南京漫舞网络等一批重点项目洽谈落户。

（4）全力实施精准化招商

围绕金融和科技服务业（数字经济总部）、人工智能（系统示范应用）产业，进一步理清高新区产业链和产业生态，详尽列出相关产业应用层、技术层、基础层的目标企业，建立目标企业库，实施精准招商。

一是持续加快总部企业落户。充分把握长三角区域一体化国家战略机遇以及南京建设国家中心城市、提高城市首位度、高质量建设南京都市圈的窗口契机，高质量打造“全市总部经济第一区”。紧盯世界 500 强、96 家央企和民营企业 500 强，形成新奥集团、百度公司、上海钢联电子商务股份有限公司、京东集团、恒宝股份等目标企业名单，分析企业战略意图，早对接、常跟进，洽谈一批、落户一批、储备一批。力争新增各类区域或功能性总部比上年增加 20%。

二是持续加快数字经济优质项目落户。围绕数字经济的物联网、大数据、云计算和人工智能产业链环节，围绕产业链招引龙头企业和生态链企业，持续放大高新区产业优势、形成集聚效应。重点招引中国电信智慧家庭研发中心等物联网企业项目，浪潮、腾讯云、百度云等移动互联网项目，旷视科技、太极云、九次方、数睿科技、康云多维视觉智能等大数据、云计算百强企业，云从科技、小 i 机器人、云飞励天等创新性高、技术突破性强的人工智能成长型企业以及 360 安全中心、江苏中戎电电子科技研究院等一批数字经济全产业链重点项目。为阿里巴巴江苏总部、小米华东总部、滴滴出行华东总部、网易有道江苏总部等数字经济龙头企业持续做好服务，招引其更多的业务板块和生态链企业（网易严选、华米、贝瓦儿歌等）落户高新区。

三是持续加快国际新零售优质项目落户。以江苏国际进口交易服务平台落户为契机，创建河西国际新零售总部企业示范园区。依托阿里巴巴、小米科技等平台，打造电商产业外贸发展平台，力争跻身全国新零售产业第一方阵。推动中博会（南京）进口商品保税展示中心项目（暂定）尽快落户高新区，提升高新区社零、进出口、外贸等指标。紧盯《2018 中国新零售百强榜》和互联网企业 top 10，锁定京东、华为、优衣库、百胜、华润万家、国美等目标企业，依托数字经济龙头企业和小米有品、阿里巴巴盒马鲜生等强生态企业，打造长三角国际知名品牌及贸易聚集地。

四是持续加快全要素科技服务业招商。依托人才服务、法律服务、基金服务和检验检测四大平台推进全要素科技服务产业招商。

（5）全力打造“城市客厅”

按照“现代化国际性城市中心”的定位，对标香港科技园，以国际人才社区境外工作站投入使用为契机，进一步提升园区的公共配套服务设施水平，加快建设具有国际化品质的城市公共空间。

一是启动“城市客厅”商业设施布局规划研究。围绕打造“5 分钟消费圈、10 分钟生活圈、15 分钟出行圈”，重点就业态形式、配套比例、企业需求及均衡性原则，对现有载体进行梳理。对包括便利店、特色餐厅、咖啡厅、健身场馆、会议中心、人才公寓、租赁住房、展览场地等企业需求强烈的商业配套设施进行完善。

二是精心打造国际化氛围。引进国际健身、购物、餐饮企业，加快国际化社区、国际化医院、国际化学校建设步伐，吸引更多外籍人士到青奥村国际社区居住，形成国际氛围。

三是打造国际化标识导识系统。充分运用青奥双子楼、奥体中心等城市地标性建筑和云锦织造等民族文化元素，集中体现建邺特色，实现民族文化与现代文明的交相辉映，充分展示城市形象魅力。

四是提升园区交通设施水平。做好园区内断头路的打通和道路设施的提升，同时积极配合做好奥体大街等跨区断头路及地铁 7 号线的建设，做到对外交通便捷，内部交通有序。提升园区接驳车服务能力和服务水平，加强对公共自行车、共享单车的动态管理，实现公共交通和园区内部通勤交通的无缝衔接。

（6）全力打造最佳营商环境

一是做好高新区企业的“店小二”。建立主导产业走访机制，掌握企业发展动态，强化产业发展趋势分析研判和政策支持，及时帮助解决问题。围绕市优化营商环境100条、支持民营经济健康发展30条，对接企业实际需求、对接国际通行惯例、对接改革最新要求，认真做好企业落户的全流程跟踪服务。

二是以“云尚建邺”打造成高新区数字大脑。聚焦企业发展的全生命周期、全流程环节，将园区现有的人力资源、基金服务、法律服务、检验检疫等公共服务平台全方位整合进云尚建邺智慧平台，一点接入，全面受理，推动业务流程再造、数据开放共享，打造审批事项最少、办事效率最高的一流营商环境。

三是实施项目多线并行交叉推进全链条高质量服务。项目开工前，建立重大项目建设推进时间与责任倒逼机制；项目签约后，签订《企业投资项目信用承诺书》，安排服务专员一对一为企业提供服务，建立统一信用体系，打造一流营商环境。

（7）全力深化供给侧结构性改革

一是加快高新区管理体制机制改革。积极争取政策的支持，进一步推动高新园区行政赋能，探索“高新区＋功能园区”一区多园管理体制改革，发挥管委会规划引导作用，厘清高新区与四个功能园区的职责边界，推动产业有序集聚、加快集聚，不断提升高新区核心竞争力。

二是积极探索薪酬体制改革。对园区公务员、事业编、企业编等不同体制的工作人员实施按岗定薪、同工同薪，激活园区员工工作动力。

三是深化国资国企改革。以市场化改革为统领，深化国资国企改革，支持高新科技投资集团依法合规开展市场化融资，提升信用评级、壮大国有资产规模，做强做优做大国有资本和投资平台，加快实现从管企业向管资本转变。

（8）全力提升创造创新能力

提“标”找差再出发，实现高新区高质量发展，必须富于创造，充分发挥创造性，全面激发创造力，在谋划中提出不一般的方案，在行动中拿出不寻常的措施，在落实中取得不平凡的成果。

一是深入开展“大学习”。为有效破解“本领危机”和“学习危机”，适应高新区高质量发展的全新要求，必须深入开展研究型工作、争当学习型干部，提高适应高新区高质量发展要求的专业能力、专业素养、专业精神。在实际工作中，要用主动解决工作半径不够的问题，用调研学习解决能量密度不够的问题，用创新的思维来解决路径依赖的问题，用换位思考解决工作协同不够的问题。

二是每个干部都要成为创新之源。要充分激发高新区全体干部的创造力，要勇于打破经验主义、思维定势、路径依赖，多一些独到的见解、独特的创造，做到“求新”“求特”“求先”“求解”。要尽可能不走老路、不走寻常路，敢于另辟蹊径，探索走出新路子；要着力打造独特优势，人无我有、人有我优、人有我特；要敏锐把握潮流、善于洞察趋势，努力抢占先机、走在前头；要率先破解难题，找出症结、抓住要害、拿出高招。

（9）全力打造党建引领高地

一是充分发挥党工委领导作用。坚持民主集中制原则，坚决落实全面从严治党各项要求，大力营造风清气正政治生态，激励广大干部新时代新担当新作为，为高质量建设现代化国际性城市中心提供坚强政治保证。

二是切实加强非公企业党建。结合非公企业发展特点，由党群服务中心指导帮助非公企业党组织落实各项基本制度，形成企业党群数据、业务联动、基层支部工作、工作典型选树的标准化。全面落实园区专职党务工作者责任制，牵头培育党建工作典型，进行长期跟进和指导，形成“面上有数据，点上有案例”的工作格局。

（三）案例三：中国（南京）软件谷

基本情况：软件谷位于南京市雨花台区，是中国第一软件产业基地，中国最大的通讯软件产业研发基地，国家重要的软件产业和信息产业中心，综合实力列全国园区前三强，是中国首个千亿级软件产业基地，中国仅次于中关村的城市区域性软件中心。集聚了通信软件及运维服务、云计算大数据及信息安全、“互联网+”、人工智能和智能终端及旗舰经济等五大产业集群。

主要做法：一直以来，软件谷坚持“高端化、国际化、品牌化”的发展方向，牢牢抓住软件和信息服务业发展的重大契机，成为全国屈指可数的“千亿级软件产业基地”。园区以创新发展为引领，始终坚持“高端化、国际化、品牌化”思路理念，大力推动产业发展转型、园区建设提升、创新平台打造，实现产品和服务向价值链高端攀升，企业向产业链高端跃迁。2018 年，园区软件和信息服务业收入达到 2500 亿（其中软件业务收入 1550 亿元），占全市比重的 40%，累计集聚各类软件企业超 2300 家，涉软从业人员超 24 万人，其中世界 500 强及全球软件百强企业 12 家，中国软件百强、电子信息百强及互联网百强企业 28 家。

四、南京市服务贸易重点企业案例

（一）案例一：苏宁控股集团

基本情况：苏宁在中国消费市场有着近 30 年的零售经验，从线下的数千家实体店，到线上的苏宁易购平台，通过苏宁的智慧大数据平台，将丰富的零售经验与巨量商业数据转化为对消费习惯和消费趋势的精准把握，苏宁可以为所有进入中国市场的海外品牌提供更加畅通的销售渠道。

主要做法：苏宁以大数据、云计算、AI 等科技创新技术为引领，成功打造了以零售为核心，物流、金融、科技、地产、体育、文创、投资产业同心多圆、协同发展的智慧零售生态圈。目前，苏宁全球员工总数已突破 25 万人，全产业会员数已突破 6 亿。苏宁业务扎根大陆，同时积极进行全球化布局，服务国内产业快速健康发展。目前在美国、欧洲、日本、中国香港均设有子公司，并在国内和日本拥有两家上市公司。

作为智慧零售的先行者和国际领先的 O2O 智慧零售商，面对互联网、物联网、大数据时代背景，苏宁持续推进智慧零售和线上线下融合战略，全品类经营、全渠道运营、全场景布局、全球化拓展，开放物流云、数据云和金融云，通过门店端、PC 端、移动端和家庭端的多端协同，实现无处不在、无时不有的一站式服务体验。同时，苏宁以消费者需求为根本，通过服务和体验挖掘消费者深层次需求，实现“消费者”和“制造业”以及“信息化”的高度融合，重构生产者、零售者和消费者体系。随着互联网技术、智能终端等信息科技的蓬勃发展和快速应用，为公司加快转型升级提供了机遇与平台。通过 C2M 工业互联网平台打通需求端与供应端的数据链接，支持企业数据化经营，提升供应链效率，精准供应市场。通过金融运作和科技保障两大手段，通过海外并购、收购优秀服务企业，通过技术优势与科技分享和众多科技公司建立合作伙伴关系，从而在全球服务贸易领域建立优势地位。在全球服务贸易领域，苏宁不仅为广大中国消费者带来触手可及的实惠，更为愿意参与到中国市场成长的外资企业提供便利与帮助。在多年的提前布局和创新变革下，2019 年苏宁智慧零售进入“极智”发展新时代。上半年，苏宁全渠道商品销售规模同比增长 21.80%，远远超过全国社会消费品零售总额 8.4% 的增长率，在行业中保持领先优势。苏宁继续加大投资力度，加快自营业态布局的同时，相继收购了万达百货、家乐福中国。截至 2019 年 6 月 30 日，苏宁线下互联网门店总数近 1.3 万家，连续多年蝉联“中国连锁百强”第一名；线上互联网通过自营、开放、跨平台运营，开放平台商户近 4 万家，稳居中国 B2C 市场前三。

1. 苏宁易购

苏宁率先推出并不断完善“一体两翼三云多端”模式，即始终坚持“商品经营、顾客服务”的零售本质，推进“线下智慧门店 + 线上开放运营”战略融合，开放物流云、数据云和金融云，通过门店端、PC 端、移动端和家庭端的多端协同，实现无处不在、无时不有的一站式服务体验。在 2019 年《中国 500 最具价值品牌》中，苏宁以 2691.81 亿元的品牌价值位列品牌榜第 13 名，稳居零售业第一位。

苏宁通过推动门店互联网改造、线上平台和移动端快速发展以及 OTT 市场广泛覆盖，实现全渠道布局。线下智慧门店覆盖海内外 600 多个城市，形成“两大两小多专”的业态格局，包括苏宁广场、苏宁易购广场、苏宁小店、苏宁易购零售云、苏鲜生、苏宁红孩子、苏宁极物、苏宁汽车超市等。

在商品运营上，苏宁坚持“巩固家电、凸显 3C、培育母婴超市”的全品类发展战略，创新变革供应链，深度协同零供关系，加强商品运营及供应商服务能力，成立五大商品集团，即家电集团、消费电子集团、快消集团、时尚百货集团、国际集团，助力商品的专业化、精细化运营。目前，苏宁的经营品类已覆盖家电、3C、母婴、超市、百货、美妆等。截至 2019 年 6 月，苏宁易购自营与平台商品 SKU 数量超过 4400 万。

服务是苏宁的唯一产品，用户体验是检验服务的唯一标准。多年来，苏宁在零售行业建立起物流、资金流、信息流等服务能力。借助互联网工具，苏宁升级物流云、金融云和数据云，并对外开放，打造互联网零售盈利的新模式。物流云围绕基础设施建设、物流运营效率提升以及社会化开放运作不断强化核心竞争力。苏宁金融云平台将苏宁金融成熟领先的能力向金融业、非金融业的合作伙伴输出。数据云基于大数据、AI 等技术，利用智能推荐、定制预售等数字营销工具为广大生态企业提供服务。

经过近 30 年的发展，苏宁逐步建立了全渠道覆盖、全品类经营、全场景布局的智慧零售服务体系。2019 年上半年，苏宁易购营业收入同比增长 21.63%，全渠道商品销售规模同比增长 21.80%。线上，苏宁易购用户数量持续攀升，截至 6 月 30 日，苏宁易购零售体系注册会员数达 4.42 亿，移动端订单数量占线上整体比例的 92.54%。

2. 苏宁物流

因为苏宁物流是中国领先的自营零售物流企业，致力于不断强化仓储能力建设，推动苏宁物流与天天快递末端网点融合，进一步提升物流服务的运营效率。截至 2019 年 3 月末，苏宁物流及天天快递拥有仓储及相关配套总面积 1090 万平方米，拥有快递网点达 24615 个，配送网络覆盖全国 351 个地级城市、2864 个区县城市，共投入使用 46 个生鲜冷链仓。

服务能力建设方面，苏宁物流的三大基础设施网——仓储网、干支线网、末端服务网，已经建立起一体化和规模化的服务能力。一方面，物流配送“半日达”“次日达”“准时达”等时效产品覆盖范围持续增加，即时配服务覆盖城市数量 88 个。依托公司门店布局，推进苏宁邮局、即时配服务；加快商品中心仓、前置仓开设，进一步搭建中心仓、前置仓、门店仓全方位仓储体系。另一方面，公司持续开展“如约送”“延时赔”“准时取”“送装一体”“代客检”“代客修”等多样化服务，以及依托苏宁小店布局，实现家电清洗、保洁、空净等其他服务商品的销售推广，提升用户服务质量。

作为国内科技物流的代表，苏宁物流成功将人工智能技术运用到物流配送的全过程中。2016 年 11 月 1 日，国内最大的智慧物流基地苏宁云仓正式投产运营，跃升为亚洲最大的智慧物流基地。2016 年 12 月，苏宁物流研究院正式成立，着重在“数据＋无人”两大智能生态上探索物流前沿科技。2018 年 6 月，由苏宁自主研发的无人仓、无人机、无人车等最新的人工智能产品组成“无人部队”，将在整个物流环节实现全流程的无人化科技运营。

苏宁是绿色物流的先行者。2017 年 4 月，苏宁物流首创共享快递盒产品——漂流箱，在末端配送场景中取代纸质快递盒，引起社会广泛关注。2018 年，苏宁物流发布绿色物流共享行动“青城计划”。截至目前，以共享快递盒为代表的绿色循环产品累计使用次数达到 1 亿次。与此同时，绿色新能源物流车也已经在全国城市配送物流网络中普及推广。此外，还有无中纸面单、自动打包气泡袋、零胶纸箱等产品进一步解决社会资源浪费问题。2018 年 4 月，苏宁还专门成立了绿色包装实验室，坚持“包容有度”“循环有法”“再生有道”，聚焦绿色共享包装联动上下游供应链共享共建，打造新型的包装生态。

3. 苏宁金融

苏宁金融是中国金融 O2O 领先者，稳居国内四大金融科技集团行列。基于苏宁商业生态，苏宁金融定位为一家以 O2O 融合为特色的金融科技公司，依托生物特征识别、大数据风控、物联网金融、区块链、金融 AI、金融云六大核心技术，聚焦供应链金融、微商金融、消费金融、支付、财富管理和金融科技输出“5＋1”核心业务，为广大消费者和中小微企业提供优质的综合化金融服务，致力于中国普惠金融的实现。

供应链金融基于以苏宁易购为核心的八大产业，“全品类、全渠道、全客群”的智慧生态圈，为苏宁体系内 30 多万家供应商及其上下游商户，从产、供、销、存各环节解决企业融资痛点，提供快速、便捷、低成本的一站式融资解决方案。截至目前，已累计为近万家合作伙伴提供了超 2100 亿元的资金支持。

微商金融主要服务于各类小微企业和商户，如苏宁云台商户、零售云加盟店、售后物流服务商等，针对小微商户融资难、融资贵等痛点，为其提供在线化、低门槛、低利率的贷款服务。乐业贷自上线以来，已经为近 1 万户累计放款超 100 亿。

消费金融业务以助力“人民美好生活”的消费升级为定位，全面服务苏宁体系个人用户；支付作为苏宁金融基础业务，受理苏宁支付的商户 650 万家，激活会员近9000万，用户数据存储达到10TB，为供应链金融、微商金融、消费金融、财富管理开展提供数据支持；在财富管理方面，苏宁延保服务客户达650万人次，销售额48亿元，该项业务稳居行业第一；金融科技输出上，苏宁金融立足丰富的产品集群、稳健的产品性能和可靠的产品安全性，重点面向金融同业和政府部门，集中对外输出金融安全、企业征信、智能营销、智能催收、区块链等产品，提供产品部署和技术保障服务。

苏宁金融旗下拥有苏宁金服公司、苏宁银行和苏宁消费金融公司三大主体。其中，苏宁金服凭借苏宁线上线下海量的用户群体、特有的O2O零售模式和从采购到物流的全价值链经营模式，打造了苏宁支付、链速融、乐业贷、任性付、任性贷、零钱宝、苏宁智投、苏宁延保、苏宁卡等一系列知名产品。截至2019年6月末，苏宁金服激活会员近9000万，供应链金融累计投放超2100亿元，消费金融投放超800亿元，延保为650万客户提供服务。苏宁银行聚焦供应链金融、消费金融、微商金融和财富管理四大核心业务。截至2019年6月末，总资产近550亿元，贷款余额近200亿元，存款余额近500亿元，客户数超2000万人。其中，供应链金融业务累计交易量为220亿元，目标客群为股东生态圈内30多万供应商及其上下游企业。苏宁消费金融公司是全国唯一电商主办的持牌消费金融公司。截至2019年6月末，苏宁消费金融公司贷款余额超50亿元，累计客户数496万人，当前规模和利润指标在全国27家公司中位居第十位，消费金融风控体系获得中国银监会2017年银行业风险管理课题一类奖，是消费金融公司中唯一一家获得风险管理一类奖的机构。

2018年，苏宁金融入选国家金控监管首批试点，并荣获“毕马威中国2018领先金融科技50企业”，苏宁易付宝通过“国家高新技术企业”认证。

4. 苏宁科技

作为苏宁技术中枢，苏宁科技集团目前已在美国硅谷、中国北京、上海、南京、武汉等地设立五大研发中心，拥有超过1万人的技术团队。基于苏宁近三十年信息化沉淀，苏宁科技通过云、大数据、人工智能等前沿技术的导入，形成了以智慧零售大脑为核心的生态系统，重点展开“云软件、云服务、智能终端”三大业务。

苏宁科技云软件公司聚焦于智慧零售战略落地，以云计算为支撑，数据为导向，人工智能为驱动，打造了苏宁特有的智慧零售服务能力。同时，苏宁科技依托强大的前台业务研发体系、技术中台研发体系及后台支撑体系，为苏宁及各产业发展提供强大技术能力支撑，在零售服务、供应链、金融支付、物流售后等方面，为客户打造稳定、安全、极致的体验；苏宁科技云服务公司以云服务为本质，RaaS（Retail As a Service）为理念，打通零售流通各技术环节，拥有从消费者到产品的端到端的产业链优势，通过供应云、财务、协同办公、数据服务等应用领域的智慧产品，全面服务于零售商、品牌商、制造商等泛零售核心链路；苏宁智能终端公司依托苏宁智慧零售生态体系、BiuOS 技术以及体育、产品服务、本地生活等内容优势，搭建苏宁自主掌握的商品生态圈，为家庭及个人消费者提供产品、内容、服务和解决方案。苏宁 C2M 平台依托苏宁线上线下丰富的场景资源和用户数据优势，通过对用户需求及用户行为数据分析，将用户的个性化需求传达到生产厂家进行定制化生产，从而达到以需定产，既满足客户的个性化需求又减少生产厂家的库存压力。同时，苏宁 C2M 平台通过联合行业领军企业共同打造 C2M 生态圈，对平台入驻企业提供智能制造升级、企业上云、数据服务、工业技术服务、供应链服务等全方位的赋能服务。

5. 苏宁置业

苏宁置业致力于智慧零售线下场景开发与运营，运用物联网、互联网、大数据技术创新地产业务链，打造苏宁集团最优的不动产持有与管理平台，开发项目涵盖商业地产、住宅地产、产城小镇、物流地产四大板块，形成购物中心、星级酒店、物业服务三大运营体系。近年来，苏宁置业相继荣膺“中国房地产企业 50 强”“中国房地产公司品牌价值 20 强”“中国商业地产百强企业 TOP 5”等荣誉称号。2002 年至今，苏宁置业将商业地产的业务范围扩展到全国数十个省会级城市，形成全国范围战略布局，打造了苏宁广场和苏宁易购广场两大智慧综合体品牌。

秉承“筑造智慧社区”理念，苏宁置业进军住宅地产行业。现有的住宅、高层公寓以及花园洋房等产品皆建设于城市精选地段，为全面满足现代都市消费者的居住需求，苏宁置业对绿色资源进行了规模化保留，并为住宅产品构建了生活配套体系，真正实现人与城市、自然的和谐共处。以时代趋势为指引，以行业洞察为基础，苏宁置业通过科技城、文旅城、体育小镇、康养小镇等产品的不断实践，坚持探索可持续发展的小镇模式，为消费者提供更高品质的生活体验。特别是南京中山国际高尔夫、苏宁足球小镇、健康养生小镇等项目的落地，加速了苏宁特色小镇建设的步伐。

苏宁置业物流地产为苏宁控股集团提供配套建设，支持集团零售业务发展。通过不断完善，苏宁置业逐渐将其发展成自成一体的物流地产板块。目前已在杭州、北京、南京、沈阳、广州等数十个城市建设了多个物流基地。苏宁商业管理公司是苏宁置业集团旗下专业从事购物中心连锁招商、运营的专业服务公司。以“筑就城市繁荣，创享欢乐生活”为使命，传承苏宁在商业运营领域的丰富经验以及行业领先的 O2O 模式，在全国运营数十座苏宁广场和苏宁易购广场。苏宁商管凭借强大的资源整合能力与运营管理能力，与品牌商家打造共生共荣的智慧商业生态系统，为消费者提供一站式智慧生活平台；苏宁银河物业，是国家一级资质物业服务企业，中国物业服务企业综合实力百强，物业服务专业化运营领先品牌企业。服务网络遍布全国，服务业态覆盖综合商业、科技办公、产业园区、高端住宅、公共服务等。深耕物业服务行业十余载，苏宁银河物业在“悦享生活·品智未来”的服务理念下，坚守工匠精神，不断雕琢服务产品，传承智慧零售基因，将社区服务 O2O 运营践行，打造全新物业服务新模式，追求精益求精的服务品质；苏宁酒店及度假村管理公司成立于 2005 年，专业从事高星级酒店开发与管理。管理范围包括托管酒店、自营酒店、会议中心、俱乐部等多项业务。苏宁酒店加快全国化发展，携手众多国际一流酒店管理集团展开战略合作，打造舒适贴心的商旅出行体验，将实现全国范围内打造 100 家高星级酒店的目标，致力于成为中国高端酒店行业的领先品牌。

6. 苏宁文创

布局全渠道产业链，打造全国领先的文化 O2O 平台。通过内容服务、受众互联及场景服务连接上游创意与下游消费，并围绕苏宁智慧零售生态进一步布局自身发展，全力运营文创 IP 来创新内容和服务用户。苏宁文创以 4 亿多注册会员为中心，围绕“家庭娱乐、移动社交、电影院”三大场景，重点展开视频娱乐、内容服务、O2O 服务、技术服务四大业务的全面运营，下设聚力视频公司、苏宁影城公司、龙珠直播公司三大业务公司。

PP 视频全面聚合优质的体育、影视剧、综艺、娱乐及资讯等热点视频内容，具有专业的媒体运营能力。以视频直播和专业制作为特色，通过 PC 网页端和客户端、手机和 PAD 移动终端，以及互联网电视和机顶盒等智能终端向用户提供新鲜、及时、高清、互动的内容体验和网络电视媒体服务。PP 视频依托苏宁文创集团战略资源，构建“以流媒体为介质，以社群服务为核心的文化 O2O 平台，”实现“打造文化产业工业化革命的引擎”的战略目标，为用户提供优质的视频观看体验，满足新青年的文化需求，打造新青年最喜爱的综合性视频平台。

苏宁影城是苏宁文创集团旗下的影院品牌，拥有全面系统的产品体系，不仅设有标准的观影大厅，还独家推出了同步尊享包间、点播包间、VR 游戏等创新性的自营业态。苏宁影城已形成 O2O 线上线下互补的生态闭环，着手打造“电影文化 + 智慧零售”的全新商业模式。同时，依托苏宁智慧零售生态圈，苏宁影城将乘“苏宁智慧零售大开发战略”之势，通过租、联、建、购、并等多元开发手段，实现 2020 年银幕数超 2000 块的目标，并在内容定制、宣传发行、票务平台、衍生品开发等方面进行长期战略布局。

作为国内综合游戏直播平台，龙珠直播拥有极其丰富的主播资源和充足的直播内容，直播业务布局游戏、体育、电商、泛娱乐四大板块。拥有多项顶级电竞赛事及体育赛事直播权益；游戏个人主播数破百万；在体育赛事直播方面，龙珠直播自建体育品牌龙珠体育，深耕体育赛事直播内容；同时提供品牌露出、内容植入、商业活动、专题节目等多种直播服务。

苏宁青创园是共享行业龙头企业资源，聚集苏宁全产业体系能力，助力社会双创事业，面向青年人打造创新创业服务平台。苏宁青创园用匠心驱动创新，聚焦文化创意、电子商务以及互联网 + 等重点领域，构建苏宁创业生态圈。青创园开业初就被授予“全国青年电商培训基地”“中国青年创业基地”等荣誉。旗下青柠盟致力于打造成团结引导园区青年创业者的服务型社会组织。

7. 苏宁体育

中国领先的体育产业集团，以提供“高品质的体育产品和服务”为宗旨，以整合体育资源、打造中国产业链最完整的国际化体育集团为目标，打造体育全产业链生态圈，已经布局和筹划的业务包括：俱乐部运营管理、体育传媒运营、青少年足球培训、体育赛事版权经营、体育商业运营、体育地产开发等。旗下拥有江苏苏宁男子足球俱乐部、江苏苏宁女子足球俱乐部、国际米兰男子足球俱乐部和国际米兰女子足球俱乐部。苏宁体育传媒平台 PP 体育是国内首支集齐英超、西甲、德甲、意甲、法甲等欧洲五大联赛版权的传媒平台，同时拥有中国之队、中超、亚冠、欧冠、WWE 等重量级体育版权。

俱乐部运营管理是苏宁体育的核心竞争力，是苏宁体育生态圈的基石。江苏苏宁足球俱乐部秉持“执著拼搏、永不言败”的企业精神，按照职业化、市场化、社会化三个维度的要求，不断强化俱乐部竞技实力，完善青训网络建设，建立现代化俱乐部管理体系。

苏宁体育将依托三家俱乐部，建立覆盖全球的最先进的青训体系。在中国，苏宁体育通过梯队建设、铺展青训网点、设立足球学校、校园足球合作等方式，建立了职业足球梯队青训建设和社会化青训两种模式的足球青训体系。在欧洲，国际米兰是拥有最为成功的青训建设的足球俱乐部之一，在全世界建立了完整的青训体系，传播足球文化，培养足球人才。在中国区，国米青训学院已经在北京、上海、香港、四川、江苏、辽宁等地落成，助力中国青少年足球的发展。同时，苏宁体育还将在欧洲和南美洲等足球发展先进和人才辈出的地区，建设足球青训基地，布局全球青训网络，通过运营实践，将国外先进的青训经验带到中国的同时也能使我们的青训球员进入到国外俱乐部进行锻炼。

商业运营是推动苏宁体育可持续发展的重要能力。依托俱乐部、体育传媒、体育数据业务及积累的客户资源，苏宁体育未来将发力体育商业领域，通过球员和赛事经纪、球员商业价值开发、场馆运营、商业赞助、门票及衍生品、特许产品授权和销售等途径，形成多元化、全方位的商业模式，并促进整个体育产业链的融通和发展。

8. 苏宁投资

苏宁投资集团成立于 2015 年 10 月，是苏宁八大产业的重要组成部分，承担集团战略投融资和基金管理等主要职责。苏宁投资围绕集团及各个产业的核心竞争能力构建开展行业研究、战略规划、产业投资并购、新产业孵化与融资，同时围绕集团生态设立并管理相关主题基金工作。很多为苏宁智慧零售发展带来重要助力的产业投资、战略合作以及产业孵化引入战略投资者的项目，比如与阿里巴巴战略互投，推进苏宁金服、苏宁体育引入产业及财务投资者等，都是由苏宁投资集团完成的。

截至2018年底，苏宁投资已经累计完成近40个项目的投资，投资总规模接近800亿元，相继完成对商汤科技、华泰证券等企业的投资，以及对迪亚天天、万达百货、家乐福中国等企业的收购，推动了苏宁生态链基金成立。

9. 社会责任

二十多年来，苏宁坚持做负责任的企业公民，通过吸纳就业、缴纳税收、慈善公益、发展农村电商等形式，不断回馈与服务社会，致力于成为受人尊敬的民族商业品牌。

（1）在助力扶贫方面

近年来，苏宁依托发展智慧零售而积累的新能力、新优势，通过加大投入、制定战略、创新模式、优化机制，进一步构建起扶贫公益的长效和实效机制，实现扶贫公益的常态化、体系化运行。苏宁于2017年底创新提出苏宁乡村振兴和精准扶贫“一二三四五”战略：

★一个目标——“聚焦乡村振兴，聚力精准扶贫”

打好脱贫攻坚战是实施乡村振兴战略的优先任务，是2020年全面建成小康社会的重要前提，苏宁专门制定了乡村振兴和精准扶贫相结合的目标，在人财物的投入上进行充分安排，成立了由张近东董事长任组长的扶贫工作领导小组，集团党委牵头组建扶贫办，专项扶贫人员超过1000人。

近年来，苏宁积极参与中国光彩·民营企业基金会联盟、江苏省光彩事业基金会、南京市光彩事业基金会等公益组织的各项扶贫公益活动。2018年，分别向江苏民营企业决胜全面小康社会精准扶贫基金、南京市光彩事业精准扶贫基金会分别捐资5000万、1亿元用于扶贫。2018年12月底，苏宁公益基金会与中国光彩事业基金会在北京签约，建立战略合作关系，合力打造具有广泛社会影响力的民营企业公益慈善平台。2019年1月，苏宁公益基金会作为十家发起单位之一，与江苏光彩事业基金会签订战略合作协议，携手推进光彩事业发展。截至2018年，苏宁用于扶贫公益捐赠的资金已超过17亿人民币，参与公益活动的人数超过10万人次。

★二轮驱动——“输血造血结合，线上线下联动”

“输血式”扶贫能够帮助贫困地区在短期内脱贫，但贫困地区更需要掌握自我“造血”能力，输血和造血相结合才是长效脱贫的有效途径。苏宁在持之以恒地捐资捐物进行“输血”扶贫的同时，不断加大以产业扶贫、就业扶贫、教育扶贫等为主的“造血”型扶贫公益活动。其先后在全国贫困地区建成水产产业基地、农业培训示范基地、农村慈善扶贫基地等一系列项目。以输血造血相结合的方式，为贫困地区实现长效脱贫发挥了很大作用。

线上销售能够让标准化的产品快速走向全国，提高知名度；线下销售能够增加消费者购买体验，增加产品的美誉度；线上线下联动组合，是农产品卖出好品牌、卖出好价值最好的整合解决方案，苏宁完全具备这样的资源和能力。为此，苏宁率先与国务院扶贫办签署农村电商精准扶贫协议，在线上，苏宁依托“助农扶贫”频道、中华特色馆、大聚惠、苏宁拼购；在线下，依托苏宁小店、零售云加盟店、扶贫实训店等超过 15000 家门店，助力贫困地区农产品销售和品牌建设，让“凤凰”飞出“深山”。

★三化兴农——“农业产业化、农品品牌化、农人专业化”

产业兴农、品牌强农、人才助农是振兴乡村经济的有效途径，是实施乡村振兴战略的重要保证。农业产业化，就是通过区域化布局、规模化经营、现代化生产和企业化管理，形成产业比较优势，从而解决农业生产中的规模问题、成本问题、效率问题、质量问题等等，打开市场之门，形成致富之路，成片带动农村区域经济发展。农品品牌化，就是要做各种宣传推广，以及产品质量的口碑、服务的口碑，形成独一无二的品牌，保持下来形成积淀，与其他产品形成差异化优势，获得溢价收益，农产品才能卖得有价值。农人专业化，就是从事农业产业人员要具备专业化水平，才能产生更高的效率、更高的效能，形成比较优势，从而实现农业产业化、农品品牌化。

苏宁立足企业资源优势，形成“三化兴农”的一系列解决方案。第一，苏宁线上线下的渠道，一年拥有几千亿的销售规模；同时 20 多万员工本身也是巨大的消费群体，对农产品消费有着巨大的推动和拉动作用。第二，借助线上苏宁易购 APP、线下 15000 多家门店，同时借助 PP 视频等视频资源，有针对性地帮助农产品进行品牌化推广。第三，依托苏宁农村电商学院，专门定制了 70 门课程，专业化培养农村电商人才，并依托苏宁电商扶贫实训店，开展农村应用型人才的实操训练。“三化兴农”是实现乡村振兴的关键，是社会多方联动共同面对的课题，也是苏宁 12345 扶贫公益战略承上启下的重要一环。

★四扶脱贫——“产业扶贫、就业扶贫、教育扶贫、捐资扶贫”

产业扶贫，能够帮助贫困地区从富一个到富一方，是解决脱贫现状难的有效途径。教育扶贫、就业扶贫驱动提升贫困人员自我“造血”能力，破解了脱贫长效难问题。捐资扶贫能够让缺少劳动能力的人在小康路上一个不掉队，一起脱贫。通过发挥产业扶贫、就业扶贫、教育扶贫、捐资扶贫关联互促的作用，扶贫才能取得实效长效。

苏宁结合自己的资源和能力，提出最有效的扶贫组合模式。首先是产业扶贫，一方面，通过苏宁的销售、推广、物流、金融等资源支持乡村产业发展；另一方面，直接投资、捐资乡村产业项目。比如，苏宁全力在农村开设“零售云”门店已达到5000家，通过加盟苏宁“零售云”门店的创业者在3—6个月内，90%以上都实现盈利。其次是就业扶贫。2018年，苏宁智慧零售大开发战略突飞猛进，高速增长势头创造出大量的就业需求。数据显示，2018年苏宁新引进员工超过6.8万人，其中超过一半就业岗位来自于农村，在创造农村就业，促进农民增收方面起到了积极作用。再次是教育扶贫。苏宁通过在国家级贫困县开展电商实训的同时，还在全国贫困地区先后推进“筑巢行动”“溪桥行动”“阳光梦想课堂”“足球1+1”等公益慈善项目，通过多种形式的教育扶贫行动，助力贫困地区实现脱贫。最后是捐资扶贫。十九大以来，苏宁将助力精准扶贫的公益慈善事业进一步升级，仅2018年就向社会捐资1.5亿元规模用于精准扶贫，还在企业内部专门设立3个亿专项基金，聚焦扶贫公益事业。投入3.4亿元，在云南、贵州、四川、陕西、重庆等十余个省市推动乡村教育事业发展，覆盖了50多个县区，累计捐建了170座便民桥、73栋宿舍楼、160多个现代化多媒体教室，受益人员超过了160万。发挥渠道和技术优势，在农村布局了近5000家门店，开设了400多家线上中华特色馆，为广大农民提供了高效、优质的服务，全渠道农产品累计销售超过了60亿元。

★五当落地——“投资在当地、纳税在当地、就业在当地、服务在当地、造福在当地”

互联网企业的经营结算很多都在总部，盈利都放到发达地区去了。“五当落地”的关键是要把经营的成果、经营的获益，都能够落地在乡村，落地到贫困地区。通过“五当落地”的举措，从公司的设置和管理上，把公司的经营成果原原本本地反哺到当地，实实在在地惠及当地经济和民生。目前，苏宁已经有4000多家各类门店注册在乡村，创造了大量的税收和就业，为提升乡村和贫困地区经济水平，解决农村人员就业提供了很大的支持。

（2）在助力公益慈善方面

自成立伊始，苏宁始终坚持“社会化企业”的定位，坚守“做百年苏宁，社会、企业、员工，利益共享”的价值观，积极进行公益的探索与实践，并结合自身业务特长和资源优势，以企业发展带动公益模式创新，将创业初期朴素的公益理念发展壮大。

目前，苏宁围绕扶贫救弱、资学助教、抗震救灾、支持就业、互联网扶贫等方面，形成了持续稳定的公益发展路径，打造了“阳光1+1”公益志愿者行动、专业公益机构战略合作、互联网公益平台三辆马车并驾齐驱的公益模式。“阳光1+1苏宁社工志愿者行动”，每年以捐一天工资、做一天义工的方式，为社会公益慈善事业贡献力量，已经开展了14年，成效显著。2016年，为了更好地助力社会公益慈善事业的发展，苏宁集团在江苏省民政部门的支持下成立了江苏省苏宁公益基金会，专业化运作社会公益项目，履行企业社会责任。

（3）在绿色环保方面

为了缓解物流垃圾囤积，践行绿色物流使命，2017年4月，苏宁创新性地采用被称为“漂流箱”的可循环特制快递包装（共享快递盒）代替常用纸箱，得到央视、商务部等媒体、机关部门的关注与认同。共享快递盒可用于3C、母婴、快消易碎商品的自提、送货上门服务，结合智能包装推荐，可有效减少纸箱的使用。根据测算，每个共享快递盒一天可使用1—2次，1年可节省使用纸箱超过650万个。截至目前，苏宁已投放出5万余个共享快递盒，已循环使用共计超过百万次。在地域上，也从北上广8个城市扩展到13个城市。

2017年末，共享快递盒进行了升级迭代，采用一体化生产制造工艺，100%回收无污染循环再造，再生过程中不产生任何废水废气。2018年底，苏宁在共享快递盒的基础上启动“青城计划”，旨在使用创新驱动，进行源头治理，根据社会协同等措施，进行全方位绿色物流推广，依靠在各地建设苏宁自己的仓网，打造一条全链路的绿色物流。

（4）在服务打造方面

苏宁始终坚持服务于用户的品质生活才是零售商的根本使命。一方面，积极带动产业发展，对合作伙伴发展负责。苏宁深信只有产业链的通力合作才能形成良性的互动和发展，不断创新供应商合作模式，向以用户需求为驱动的商品合作模式转型，精准匹配供需关系，打造高效协同的供应链。同时开放线上分析平台，对合作伙伴在店铺运营、会员营销、经营分析方面提供大数据分析支持，目前已经培育了一批销售过亿元的品牌商户。在做好大型供应厂商合作的基础上，苏宁响应国家号召，对中小企业提供数据、物流和普惠金融支持，帮助中小企业发展，促进“大众创业、万众创新”的发展。

另一方面，不断提升服务能力，对广大客户权益负责。苏宁一直秉承“服务是苏宁的唯一产品，用户体验是服务的唯一标准”的经营理念，始终坚守零售本质，坚持用户至上，以互联网、物联网、大数据为支撑，创新智慧零售战略，为用户提供场景化、便捷化的消费服务，提升用户消费品质。同时，树立正确的义利观，坚决不卖假货，不断完善售后服务，切实保护用户权益。张近东董事长明确提出“用户体验优于利润，即使舍弃一部分利润，也要保证用户体验好”。目前，苏宁已推出 46 项涉及购物、服务、配送、售后、客服、退换货等环节的承诺，推出“贵就赔”“延时赔”“代客检”等服务，针对消费者最为关心的退换货问题，苏宁敢为人先，提出“30365”服务，即消费者购买带有“30 天包退、365 天包换”标示的商品，一旦出现质量问题可根据鉴定单自收货起 30 天内办理退货、365 天内办理换货，远超国家规定的 7 天退货、15 天换货的标准。多年来，苏宁易购的客服投诉率均低于 0.05%，远低于行业平均水平。

（5）在解决就业方面

苏宁认为人力资本是比货币资本更为重要的资本，并以此来规范劳动管理，持续优化薪酬管理体制，关注员工全面发展。目前，苏宁在全球共有 25.3 万员工，2018 年招聘 6.8 万人，2019 年计划招聘 8 万人。

1993 年起，苏宁开始引进应届大学毕业生，一批批优秀的大学生先后加入苏宁，为苏宁的快速发展积蓄了力量。2002 年，由董事长张近东先生亲自领导，面向应届大学毕业生的人才引进培养计划——1200 工程正式启动，成为苏宁人才培养的品牌工程。首期即在全国范围内招募引进 1200 名 2003 届本科毕业生，“1200”因此得名，2013 年升级为 1200 管培生计划。1200 工程是苏宁人数最多、历史最久、影响最大的人才工程。到 2018 年，1200 工程已经连续实施 16 期，累计引进培养了超过 4 万名优秀的大学毕业生。目前，大批优秀的 1200 管培生一期、二期、三期、四期员工已成长为公司高管，在苏宁转型变革、多元发展的道路上，扮演着重要的角色。

为营造快乐拼搏的工作环境，增强员工对企业的归属感，苏宁采取了一系列员工福利关怀举措。在“一房难求”的北上广深以及杭州、成都等全国 41 个城市，苏宁为集团员工提供约 9800 套条件优越的宿舍和公寓，现有资源每年至少可以满足 4.5 万名员工的住宿需求。总部及各地开设不同形式的员工餐厅，满足员工就餐需求，提升餐饮服务品质，开展美食节等多种形式餐饮文化活动，丰富员工餐饮体验。

苏宁非常重视女员工权益保护、教育与发展，严格履行国家关于婚、孕、产等方面的女职工保护制度，设置专门的母婴室，在员工班车上特设孕妇专席，在食堂内设有孕妇绿色通道，组织专业讲座提前给予相应女员工孕期指南、哺乳期指南等资料介绍，帮助女员工了解、熟悉相关注意事项，为女性员工提供一年一次的妇科病普查。2019 年将积极协调，安排适龄女性员工接种 HPV 疫苗。

苏宁为员工提供线下苏宁大学和线上苏宁课堂相结合的 7×24 小时培训和学习生态圈，还为员工提供班车、电影票、球票、免费健身房、KTV 等多项福利，提升员工幸福感，让员工能够专注事业发展，实现个人价值。

（二）案例二：中电环保股份有限公司

基本情况：中电环保股份有限公司是南京市首家创业板上市公司（股票简称：中电环保，股票代码：300172），是生态环境治理服务商，作为生态环境治理综合服务企业，中电环保以“提供环保系统解决方案”为核心技术竞争力，专业提供生态环境治理设施的系统解决方案。主营（3+1）：水务、固废、烟气治理及产业创新平台，包括工业水处理、市政污水及水环境治理；固废危废处理、污泥耦合处理及土壤修复；烟气及 VOCs 治理；智慧环保及高端装备等。为工业（包括电力、石化、冶金、建材等）和城镇环保提供系统解决方案，包括：研发设计、设备系统集成、工程总承包、核心装备制造、设施运维和项目投资（PPP、BOT、TOT）等。三大业态：系统集成 EPC、治理设施运维、创新平台运营。特色业务：废水处理零排放、污泥干化耦合处理、分布式智慧水体净化岛。

公司拥有专利、高新技术产品、软件著作权和专有技术四百余项，承担了国家科技重大专项、科技成果转化、太湖治理专项等产业化项目，并建有城镇污水深度处理及回用、再生水利用、污泥资源化利用、海水淡化等工程技术研究中心及企业技术中心。凭借着领先的技术、成熟的项目管理经验和敬业协作的精英团队，完成了众多大型优质环保工程，并获得国家资源节约循环利用重点工程、环保实用技术示范工程、战略性新兴产业示范工程等称号，树立了优良的品牌形象。

中电环保发挥行业龙头优势，联合“政产学研金才”综合资源，打造“环保产业创新平台”，包括：国家级环保服务业集聚区、产业技术创新联盟、产业创新中心以及国家级服务外包公共服务平台等，并分别与政府及央企合资创建产业集团。通过“产业＋平台”双翼模式，发挥“人才引领、市场导向、成果转化、产业集聚”特色，已集聚（国家万人计划、长江学者、杰青、省科技企业家、333、市顶尖专家及创新型企业家）等高端人才团队，促进科技研发，赋能产业创新发展。

中电环保及环保产业创新平台内在孵化企业，在海外承接了 20 多个国家 40 多个项目，主要包括核电站凝结水精处理，以及电厂原水处理、循环水处理、精处理等，项目遍布欧洲、美洲、亚洲及非洲等“一带一路”国家，为其提供了优质服务。主要国家包括孟加拉、越南、印尼、巴基斯坦、印度、土耳其、波黑、哥伦比亚、巴西、赞比亚、伊拉克等。其中，已完成合同额约 2. 2 亿，在手合同额约 2. 8 亿。

境外客户：在欧洲、美洲、亚洲及非洲等海外 40 多个国家承接核电、火电、市政等水处理项目，特别是为“一带一路”国家如孟加拉、越南、印尼、巴基斯坦、印度、土耳其等也提供了设备成套、技术输出等服务。

主要做法：推进建设产业链、创新链、资金链、服务链“四链融合”的环保产业创新平台暨生态圈。平台目前已被评为“国家级服务外包公共服务平台”“科技企业孵化器”等。

1. 特色产业介绍

（1）“污泥干化耦合处理”，根本解决城镇污泥难题

采用“干化+焚烧”的污泥与燃煤耦合处理核心技术，联合央企华润电力，率先创建南京板桥污泥干化耦合处理国家级示范基地。目前，已在南京投资建有4个污泥处理基地，污泥处理总规模达1200吨/日，2018年度共计处理南京市污泥约21万吨，示范项目先后获批国家发改委中央预算内投资备选项目、园区循环化改造项目、生态文明建设专项等。

公司以BOO、EPC等模式在深圳（1800吨/日）、苏州、徐州、镇江、温州、金华、驻马店、曹碑店等城市已建项目近20个，总处理能力达200万吨/年。同时公司积极参与国家污泥耦合处理试点项目申报，由公司参与投资建设、技术支持并合作申报的项目共7个获批试点（约占全国的25%），进一步提高了公司在污泥耦合处理行业领军地位。

（2）分布式智慧水体净化岛，高效提升建成区河道、入江河流水质

采用自主研发的水质净化核心技术——污水模块化装置（CBS），由企业投资、建设、运维，政府以购买服务方式，明确考核办法，使用第三方在线监测系统，按照实际处理水量，效果付费。避免把河道治理当土建工程干、问责主体相互扯皮、计价计量方式不科学等问题。具有技术适应性强、实施高效、运维经济等优势，满足多种水体水质净化需要。目前公司按此模式在南京成功实施多个示范项目，系统出水水质稳定优于地表IV类标准。

公司正在实施的南京九龙湖水质净化服务项目，处理规模6万吨/天，是国内执行地表IV出水标准、日处理规模最大的分布式水体净化项目，公司将高标准建设为省级“分布式智慧水体净化岛”示范工程，打造行业标杆，为南京及全省水污染防治、入江支流水质提升提供有效治理手段。

（3）工业废水“零排放”领域

公司牵头承担重点流域废水“零排放”产业化示范重大专项，成功研发自主创新技术，充分利用企业生产中排放的余热，利用企业已有设备进行彻底的零排放，具有节能、产生的二次废物量少、投资及运行成本低等优势。目前，已实现推广工程累计50多项，累计产值5.9亿，年处理废水量近1.3亿吨，年节水近8500万吨，有效实现石化废水减排、废水末端处理达标、废水资源化回用与“零排放”。

在工业水处理领域，中电环保拓展了石化、煤化工、冶金、核电、火电等大工业集团客户资源，相继承接了中盐昆山、新特能源、延长石油、扬子—巴斯夫、神华包头等石化、煤化工废水处理等多个项目。

2. 发挥行业龙头，打造“产业创新平台”

中电环保发挥行业龙头作用，联合“政产学研金才”综合资源，通过“产业＋平台”双翼模式，打造“环保产业创新平台”。共建产业链、创新链、资金链、服务链“四链融合”的环保产业创新平台暨生态圈。平台目前已被评为商务部“国家级服务外包公共服务平台”，科技局“科技企业孵化器”等。

平台特色：人才引领、市场导向、成果转化、产业集聚。内容包括“2337”，即：

二区：国家级环保服务业集聚区、省级环保产业创新集聚区。定位环保高端服务，突出科技创新，提供环境治理第三方服务。

三联盟：环保产业技术创新联盟（科技部 1 个、环境部 1 个、南京市 1 个），同时成立党建联盟。定位科技成果产业化，突出产业创新。

四中心：环保产业创新中心暨创新公司。联合省环科院、南京大学、东南大学和河海大学等产学资源，共建国家级环保服务业集聚区。作为环保部批准的国家级环保服务业集聚区，定位环保高端服务，突出科技创新，提供环境治理第三方服务。按照“中心＋公司”模式建设新型研发机构，突出人才创新，具有“平台投人才、人才助人才、成果市场化”特色。

七功能：（1）协同研发、中试及成果转化；（2）成果展示推广交易；（3）环保工业互联网；（4）高端装备、技术系统集成；（5）创业孵化及产业加速；（6）产业基金；（7）检测监测、培训咨询、人才公寓、法务税务等配套公共服务。

平台产业孵化器（诚信大道总部）规划 17 万平米，已投资近 3 亿元建成 6.6 万平方米，提供办公、研发、中试、检测监测、成果展示、技术交易、培训、商务、人才公寓等公共服务；平台产业加速器（九龙湖基地）已建成约 1.4 万平方米的加速器，规划建设 20 余万平方米，提供装备集成、中试服务、产业加速等服务；平台研发基地占地约 20 亩，已建成 3.5 万平方米的产业研发生产基地，规划 8 万平方米，提供功能齐全、设施完备的研发生产配套服务，推动研发成果的小试、中试、工程应用以及产业化。

环保产业创新平台目前已集聚（国家万人计划、省双创、333、市创新型企业家等）高端人才团队20余个，孵化环保核心装备制造及创新企业近40家，共同促进产业创新发展。

3. 国际业务拓展

（1）“一带一路”业务开展情况

中电环保及环保产业创新平台内在孵企业，在海外承接了20多个国家40多个项目，主要包括核电站凝结水精处理，以及电厂原水处理、循环水处理、精处理等，项目遍布欧洲、美洲、亚洲及非洲等“一带一路”国家，为其提供了优质服务。主要国家包括孟加拉国、越南、印尼、巴基斯坦、印度、土耳其、波黑、哥伦比亚、巴西、赞比亚、伊拉克等。其中已完成合同额约2.2亿，在手合同额约2.8亿。

2019年1月中电环保承接了CMEC（中国机械设备工程股份有限公司）总承包的巴基斯坦塔尔煤田TEL坑口燃煤电站及Tha I Nova坑口燃煤电站循环水排污水处理系统。2019年度，中电环保重点参与的项目有孟加拉国帕亚拉二期超临界发电厂、越南荣桔750MW循环联合发电机组、巴基斯坦塔尔I区2×660MW煤电工程、孟加拉国巴瑞萨煤电工程海水淡化项目、埃及汉纳维6×1000MW燃煤电站、孟加拉国普尔巴里一期2×1000MW燃煤电站、印尼sumut海水淡化项目等。

（2）境外展会参展情况

一是2017年10月23—25日，参加在阿联酋迪拜世贸中心举办的中东水处理、电力环保展（wetex）。

二是2019年3月26—28日，参加2019北美环保论坛暨国际展览会。

三是2019年8月28—30日，将参加2019印度尼西亚国际环保展会。

（三）案例三：苏交科集团股份有限公司

基本情况：苏交科集团股份有限公司（以下简称“苏交科”或“公司”）成立于1978年，前身为“江苏省交通科学研究院”，2002年成为全国交通行业省属科研设计院所第一个由事业单位改制为员工持股的科技型民营企业，2012年成为全国同行中第一家在深圳证券交易所正式挂牌上市公司。2015年2月更名为苏交科集团股份有限公司，2016年通过海外并购成为首家立足本土的跨国设计、检测服务外包集团。公司服务外包业务涉及公路、市政、水工、城市轨道、铁路、航空和建筑、环境等行业，形成了以规划咨询、勘察设计、科研、试验检测、质量管理咨询及新材料、新技术和新产品研发为核心业务领域的技术服务外包重点企业集团。

首先，苏交科是基础设施领域综合解决方案提供商，近年来推动服务型制造走向国际市场，由单一工程服务扩展至综合系统集成服务。目前已拥有69家子公司，在全球30多个地区设立分支机构，50多个国家开展项目。2018年，在美国《工程新闻记录》（ENR）“全球工程设计公司150强”中，苏交科位列第42位；在美国《工程新闻纪录》（ENR）“国际工程设计公司225强”中，位列第45位；在美国《工程新闻记录》（ENR）/中国《建筑时报》“中国工程设计企业60强”中，苏交科位列第6位；同时获得“最具国际拓展力工程设计企业”第3位。2019年7月，美国《工程新闻记录》（ENR）发布了2019年“国际工程设计公司225强”和“全球工程设计公司150强”名单，公司榜上有名，在“国际工程设计公司225强”排名中位列第44位，在“全球工程设计公司150强”排名中位列第46位。公司2019年上半年聚焦主营业务工程咨询，境内工程咨询业务保持稳健增长。2019年上半年，公司境内工程咨询业务实现营业收入16.68亿元，较上年同期增长11.37%；实现回款8亿多元，实现净利润2.55亿元，较上年同期增长27.34%。2019年上半年，公司入选2019“A股漂亮100”潜力榜，公司西班牙子公司EPTISA荣获菲律宾Maynilad，颁发的2018年度最佳顾问奖。

其次，苏交科现拥有国家工程设计综合甲级资质、城乡规划甲级资质；工程勘察综合类甲级资质；工程咨询专业甲级资质；公路工程和市政公用工程监理甲级资质等。公司在2017年度第一批建设工程企业资质资格名单中获得“国家工程设计综合甲级资质”。该资质是我国工程设计资质等级最高、涵盖业务领域最广、条件要求最严格的资质，目前全国仅有75家，可承接国家工程设计全部21个行业的所有工程设计服务外包业务。

最后，苏交科先后申请并获准成立了2个国家级科研平台、19个部省级科研平台、6个市级科研平台及1个博士后工作站、1个企业院士工作站和1个企业研究生工作站。其中公路领域的科研平台11个、城轨领域的科研平台1个、环境及节能减排领域的科研平台3个、水运领域的科研平台2个、地下工程研究领域的科研平台 3 个，智能交通领域的科研平台 3 个。

主要做法如下：

1. 公司围绕高质量发展，着力打造科研管理平台建设

2019 年上半年，公司获得江苏省科技厅认定的“具有国际影响力的企业研发机构（第一层次）”，并获得江苏省工信厅和省交通厅联合认定的“首批智慧交通领域重点企业”，同时“公路工程路面施工智能管控服务”被认定为“首批智慧交通优秀产品及服务”。公司还积极参与了科技部“综合交通运输与智能交通”重点专项项目“道路设施状态智能联网监测预警”、交通部行业标准“公路工程脚手架与支架施工安全技术规程”和“公路工程施工安全监测与预警系统技术要求”、青海省科技厅重点研发与转化计划项目“青海省桥梁下部结构预制拼装技术研究”和“高寒地区路面改造工程中老路病害整治及综合再利用关键技术研究”、江苏省交通厅重大专项“重载大流量交通条件下高速公路改扩建工程关键技术研究及应用”等 53 项科研项目。

2. 公司持续打造“技术名片”

2019 年上半年，公司完成路面工程、地下空间、大数据研发等各领域在内的全国和国际学术会议 5 场，并参加了 2019 世界交通运输大会（WTC），主办了大数据与智慧城市协同创新发展论坛，承办了交通强国论坛。EPTISA 参加了第 38 届国际水利学大会并做主题报告。

3. 公司尤其注重国际化市场发展

公司围绕企业国际化发展战略和高质量发展目标，开展了一系列品牌活动，积极提升苏交科和子公司 EPTISA 品牌影响力，利用“EPTISA + JSTI”双品牌优势大力拓展国际业务交流，截至 2019 年上半年，利用“EPTISA + JSTI”落地项目已有 10 余个。

总体来说，苏交科致力于打造一个全球性工程咨询服务的高端平台，提供包括政策咨询、标准研究、规划设计、试验检测、项目管理等综合服务，为“一带一路”国家客户、为“走出去”的中国工程公司，以及全球工程基础设施客户提供专业工程咨询服务。

（四）案例四：朗坤智慧科技股份有限公司

基本情况：朗坤智慧是工信部两化融合促进节能减排重点推进项目供应

商；国家级信息化和工业化深度融合示范企业解决方案提供商；软件能力成熟度模型集成（CMMI）5 级国际评估认证企业。2018 年 5 月，在《互联网周刊》和 eNet 研究院共同发布的产业报告中，朗坤入围“2018 工业互联网解决方案提供商 TOP100”。

主要做法：针对海外工程面临的投资、合同、进度、采购、劳务、运行等风险，开发了朗坤投建营一体化平台。利用“互联网 + BIM”技术，聚合投资方、设计方、施工方、运营方，以及银行、保险、物流、制造商、用户等，打破地域、时空限制，支持多国语言、多国会计准则，能实现多组织、多投资项目的协调管理，实现了对海外项目投资、融资、建设、运营一体化、全生命周期管控，打造了 360 度海外项目风险防控网，不仅降低基础成本，显著提升运营效率，还能够大幅缩短项目整体建设周期。

在国家“一带一路”倡议下，越来越多的企业开始走出国门，参与国际建设市场竞争。朗坤自主开发的投建营一体化管控平台，实现 F（融资）、E（设计）、P（采购）、C（施工）、O（运营）、M（维护）各环节无缝融合，打破地域、时空限制，支持多国语言、能实现多组织、多项目的协调管理，通过投建营一体化管控平台，可显著提升运营效率，帮助国内企业更好地走向海外。2018 年，第五届中国（北京）国际服务贸易交易会期间，中共中央政治局委员、国务院副总理胡春华莅临朗坤展台，详细询问朗坤技术创新、参与“一带一路”建设等情况。公司董事长武爱斌现场演示了朗坤大型海外工程投建营一体化云平台、电力管理一体化平台等创新产品。胡春华副总理对朗坤的科技创新成果以及服务“一带一路”产能合作取得的成绩给予充分肯定，称赞“做得非常好，朗坤，朗朗乾坤”。目前，该平台已在全球十多个国家和地区的项目工程中得到推广应用。赋能“一带一路”，构建信息化平台，为海外项目保驾护航，在行业内打造了一批精品工程和行业标杆：

1. 电力行业

为泛海电力及上海电建开发了电力管理一体化信息平台，该平台采用多语言版，混合云部署，实现两国四地（中国北京、中国香港、中国上海、印尼雅加达）的协同化管理，通过一体化平台实现业主方、咨询方、总包方、设计方、分包方、监理方、运维方等多单位统一管理，兼容汉、粤、英、印尼四种语言系世界首创，催生了中国电力行业信息化新标准。

为中国能源建设集团广东火电工程有限公司建设的信息化管理平台，建立了工程建设人、财、物、技术的集约化管控体系，建立“大数据中心”以及从结果到过程的追溯，实现资源集中配置，项目群集中掌控，多方协同、成本/质量精细化控制，提高了企业的决策能力。

为国家电投云南国际电力投资公司打造的信息化管理平台，建立了海内外工程项目集团级管控模式，荣获全国电力行业信息化成果二等奖。

2. 建材行业

为中国建材国际工程集团有限公司开发的管控一体化信息平台实现所有承包项目（水泥、玻璃、陶瓷为主）的全覆盖、全过程的数字化管控，显著提升集团内部跨区域间的协同效率，提升集团对全球项目群的集中监管能力。

为苏州中材建设有限公司开发的 EPC 项目管理信息化平台树立海外水泥 EPC 工程项目管理标杆和应用典范。

3. 石化行业

为中石化炼化工程（集团）股份有限公司实施的分包信息管理平台，建立了集团、分（子）公司、项目三级一体化的分包业务管控平台，助力中石化炼化工程实现“一体化管理、集团化管控”。

为新地能源工程建设的智慧建造管理系统，融合互联网 + 、BIM、智慧工地等新技术，实现全过程管理模拟预演化、管理结果可视化、管理数据可管化、对象管理可控化，实现数字化移交，新技术赋能工程建设实现智慧管理。

4. 建筑行业

为中国核工业华兴建设有限公司开发的精细化施工管理平台，将移动互联网与精细化施工结合，开创了一条崭新的高效工作模式。

为中信工程设计建设有限公司打造的智能建造云平台，用 BIM 技术将 EPC 全流程打通，实现“纵向整合、横向扩展”，联通直接产业链和间接产业链，形成生态圈，打造建筑产业新生态。

近年来，朗坤的客户已经从国内扩展至海外，借助中国能建、中国建材国际工程等公司的项目，产品广泛应用于越南、印尼、孟加拉国、加纳、约旦、英国、菲律宾等国家。同时，朗坤也逐步同海外公司签约，拓展海外市场，将“一带一路”朋友圈扩展至世界各地。

五、南京市服务贸易公共服务平台案例

（一）案例一：南京服务贸易（服务外包）综合服务平台

基本情况：在南京市服务贸易（服务外包）综合服务平台官网内，接入政府部门、服务贸易企业、专业服务提供商等资源，提供数据统计、信息发布、人才服务、金融服务等通用性服务。

主要做法：遵循商务部相关文件的规定和指导，同时结合南京市服务贸易企业和服务外包企业的发展特点及具体需求，南京服务贸易（服务外包）综合服务平台旨在形成一套集政府引导与企业服务相结合的综合服务信息化平台，为本地服务贸易和服务外包企业提供综合性的服务。

其中，统计监测模块为企业提供服务贸易数据直报的平台，以便于我们直接掌握全市服务贸易数据的整体情况。同时，利用对服务贸易数据的统计分析为出台政策提供相关依据。截至目前，平台完成注册企业 202 家服务贸易企业填报合同数据 3102 条，并统计南京市服务贸易进出口数据、主要进出口地区等。

金融服务模块利用平台整合和行业内的金融机构，完善对服务贸易企业的金融服务，解决企业融资难问题。目前，通过平台和中行江苏省分行、中信保合作，推出符合服务贸易企业的融资产品；人才服务模块以整合企业人才需求为主，将企业人才需求匹配到相对应的服务机构，实现企业需求和服务机构的资源匹配，目前已和服务贸易企业、人力资源公司、培训机构、高校等讨论合作；资金申报模块以线上线下共同进展的资金申报工作为主，完善对企业资金申报方案的在线备案管理，2019 年将开展试运行工作。

专题活动模块主要以创新性为主，加强与企业沟通，推动企业间的交流学习，完善培训活动的丰富性。整合服务贸易企业发展过程中遇到的问题，针对特定问题，举办相关座谈会或沙龙活动。

从 2017 年综合服务平台投入使用以来，已经实现对 110 家服务贸易企业的信息化服务，完善企业数据达到近 2000 条，并成功实现向商务部传输 110 家企业的服务贸易统计数据。截至 2018 年 7 月，综合服务平台实现对 187 家服务贸易的信息化服务，同比增长 70%；完善服务贸易合同近 3000 条，同比

增长 50%。成功搭建起政府与企业之间的互动平台，让政府提高企业服务效率，实现高效的企业服务，从而更好地为政府决策提供基础依据。

（二）案例二：以全球服务贸易大会为主的服贸促进平台

基本情况：连续两年在南京举办全球服务贸易大会，凸显了南京在全国服务贸易领域的重要地位。

主要做法：由商务部国际贸易经济合作研究院与南京市政府共同主办的 2018 全球服务贸易大会，以“开放融合、创新发展”为主题，邀请世界 500 强、知名跨国公司高管，以及业内知名专家学者，就全球服务贸易发展的创新模式和发展经验进行全新思维碰撞，探索服务贸易发展新思路、新路径，深入探讨了“智造互联——服务贸易发展新契机”“‘一带一路’国际外包合作”等热点问题，推动了全国服务贸易创新试点区域、与会的海内外服务贸易领域企业、机构间的交流与合作。大会充分发挥企业主体作用，积极促成企业项目洽谈和签约，达成多项合作协议，签订的意向合作项目达到 21 个，签约意向金额超过 150 亿元。此外，在北京、英国、挪威、丹麦等境内外开展服务贸易专题推介会，邀请企业参加对接会。

（三）案例三：寰球智金海外知识产权公共服务平台

基本情况：平台立足南京创新资源，辐射华东，为有效推进服务贸易的国际化程度、探索适应服务贸易创新发展的体制机制和政策措施，打造服务贸易制度创新高地；加快知识产权“走出去”步伐，加强与美国、欧盟等发达国家、“一带一路”沿线国家和地区，以及世界知识产权组织的交流合作为服务宗旨，通过 WIPA“智金海外知识产权服务联盟”整合全球一流知识产权服务资源：吸引海内外各类知识产权服务机构和高校科研院所技术转移机构在宁落户或设立分支机构；优先为南京企业申请海外知识产权提供优质海外服务，同时为企业提供涉及海外知识产权相关的专利年费管理服务、海外知识产权战略咨询、海外服务机构服务质量评估等相关服务；为国际先进技术引进、科技成果和项目落地、知识产权全球化创造、运用、保护、管理等提供高品质的信息和服务通道，多角度帮助国内高校、企业及研发机构广泛和深入地开展国际合作，促进南京科技创新体系构建进而融入全球创新网络。

同时平台以“全面打造支撑城市服务贸易产业在新经济时代发展的国际平台”为宗旨和目标，立足南京，辐射华东，通过国际资源整合、离岸项目对接、全球信息汇聚、城市国际推广与国际合作交流，基于 Witpal（智金通）国际支付平台，通过 WIPA“智金海外知识服务联盟”整合全球一流的创新服务资源，构建“线上 + 线下 + 服务”三位一体的立体化平台。积聚全球服务贸易（外包）产业相关资源及要素，为致力于推动全球服务贸易与外包发展的城市和地区搭建重要平台，为企业拓展国际业务提供专业的服务及直接通道，为有效提升服务贸易的便利化程度、探索适应服务贸易创新发展的体制机制，打造服务贸易监管模式的创新高地。

主要做法：为客户提供一站式服务贸易相关公共信息服务，主要在线服务模块包括：

1. 智金百科

平台提供的相关数据库旨在提供国际知识产权信息汇总数据库，未来更将集中力量吸引和聚集各国顶尖知识产权智库在南京设立海外工作站，作为具有国际知识产权交流与合作的优势平台，推动本地知识产权智库建设的国际化发展。数据库包括国内外知识产权专家库、海外专利文献法律法规数据库、海外典型案例数据库、全球知识产权检索资源数据库等。涵盖了知识产权服务可能需要涉及的多个方面。

国内外知识产权专家库主要集成入驻平台的律所、服务机构及相关专家，涵盖多样化领域及行业，可帮助用户针对不同问题筛选出合适对口的专家或服务机构实现服务。

海外专利文献法律法规数据库和全球知识产权检索资源数据库收录了亚洲、欧洲、非洲、美洲、大洋洲等地区内各国的知识产权法律、国际条约及知识产权局官方查询入口，方便用户查找并依法解决相关问题。了解高风险国家/地区的知识产权法律制度是企业有效防范风险、快速解决纠纷的重要基础，相关法律法规能够帮助企业了解并遵循该国家/地区的知识产权规则，依法办事或依法解决问题。

海外典型案例数据库与比利时 Darts - ip（全球最大知识产权判例库）合作，为企业提供不同地区的典型案例分析详解，帮助企业未雨绸缪，提前了解“走出去”过程中会遇到的各类知识产权问题。

2. 智金无忧

下设6个子产品：

（1）PCT支援——为申请人申请PCT专利提供支援服务；

（2）马德里商标申请支援——为申请人申请马德里商标提供支援服务；

（3）维权支援——为本市重点企业海外诉讼提供支援服务；

（4）多语支援——为用户已有知识产权类翻译文件提供翻译质量评估服务；

（5）年费管家——为用户提供专利年费查询及托管服务；

（6）补贴申报——为园区重点扶持企业、研发机构、科研院所等提供专利及PCT的补贴申报绿色通道服务。

本模块中支援申报服务均可实现在线提交申请。

其中，年费管家模块，平台用户可使用专利年费管理系统、中国商标续展系统、中国商标申请系统、中国外观设计专利申请系统、中国商标评审系统、海外商标续展系统等，享受各国专利免费专利期限管理、免费专利信息管理、免费各国专利年费查询等服务。

3. 智金拍卖

运作模式为和全球领先的供应链协同共享平台合作，开辟以拍卖方式对知识产权进行处置的在线交易平台，对企业的无形资产（知识产权资产）进行快速价值变现和价值提升。实现无形资产的商业价值最大化，并促进企业创新活动的良性循环。

4. Witpal（智金通）服务贸易国际支付托管平台

Witpal（智金通）服务贸易国际支付托管平台旨在解决国际服务贸易中传统跨境交易的诸多难点痛点，从而使境内外企业享受更加便捷的跨境支付服务。通过该平台，实现结算流程前期、中期和后期的各种功能，从而保障支付系统的顺利运行。平台核心服务为支持海外服务机构在平台开设虚拟子账户，虚拟子账户可实现权限包括：（1）工作时间实时查账；（2）工作时间实时收付款；（3）定期发送账户明细等。系统核心数据及交易日志的处理都将扎口存储在平台后台，方便汇总海内外服务贸易收入，统一支付，化零为整，实现服务贸易项的有效统计。

5. 针对企业的全球知识产权预警服务

全球知识产权预警模块可提供如下几个方面服务：

（1）帮助企业进行新品上市前的专利风险分析；对于上市的新产品，基于该产品的技术方案进行检索分析，对产品是否存在侵权风险提出相应建议。

（2）帮助企业针对竞争对手进行专利布局分析；对竞争对手企业在全球的专利布局进行分析，从而理清主要竞争对手的专利布局特点，预测技术发展趋势，对热点、重要技术进行分析，给出相应的研发建议。

（3）专利壁垒稳定性分析；对在专利风险分析过程中发现的重要授权有效专利的权利要求进行检索和分析，从而给出关于该权利要求是否稳定的结论，为企业的后续研发做参考。

（4）自由公知技术检索分析；在某些特定的技术领域（如半导体、芯片技术、药品等），存在大量的失效专利和未进入某个国家的专利，通过检索该特定领域的专利文献，从而为企业后续研发过程中选择研发路线给出建议。一方面可以避免专利侵权风险，另一方面还可以节省研发支出的费用。

6. 针对产业（行业）海外知识产权战略咨询

该服务模块可提供如下几个方面服务：

（1）建立知识产权布局设计工作团队和机制。组建多方参加的行业知识产权布局设计管理团队，负责确定行业专利分析的技术领域，面向行业相关企事业单位征集需求，综合形成行业发展态势、专利收储需求；根据行业发展需求，通过专利分析完善专利收购和申请等布局策略与规划。形成领军人才和内部核心团队，组建外部合作网络，采取市场化、国际化、专业化服务模式，构建以知识产权为纽带的产学研合作新机制，整合合作各方的创新资源，加强专利信息分析平台建设，努力实现合作共享、持续发展。

（2）引导产业创新及专利布局。围绕我国重点培育发展的产业，基于产业专利导航和技术分析，提出引导重点产业领域创新和知识产权布局的建议报告，提出收储专利、技术及创新目标技术清单，紧紧围绕前瞻性技术指引研发方向和专利收储对象，引导重点产业进行知识产权布局；

（3）构筑产业专利池。收储和掌控有国际化市场前景的高价值、高潜力专利或技术；组织开展关键国外专利二次开发，建立产学研订单式高价值专利技术研发及培育；引导建立以技术关联机构为主体、按照产业链布局的产业专利联盟，推动产业专利联盟围绕产业链上下游核心技术和产品，分类和集成现有专利，构筑产业专利池，制定合理的许可政策并开展商业运营；

（4）开展知识产权高端运营。探索建立以新型研发机构和龙头企业参与的知识产权运营实体，发展知识产权系列高端运营业务；通过知识产权许可和标准化等运营方式，支持国内企业产品和技术自由进入国际市场；面向我国行业内企业开展知识产权海外布局、涉外应对和国际运营能力培训。

（5）组织知识产权涉外应对。组织业内联合应对专利执业实体 Non - PracticingEntity，NPE）、国外主权基金或国外权利人发起的对我国知识产权行业有重大影响的知识产权诉讼，组织和代表产业或知识产权联盟向国外提出重大知识产权诉讼，维护我省市场主体的合法权益；

（6）提供海外知识产权维权援助。构建重点产业海外知识产权问题及信息提交和维权援助机制，利用专利资源和专业团队，支持和帮助我省中小企业应对海外知识产权纠纷，提起海外知识产权反诉，减小或消除威胁。

7. WIPA 联盟——全球创新服务联盟

此服务模块主要为高端服务贸易提供商提供专业的策划、组织、宣传及管理服务。目前主要针对的服务提供商包括：海外各类知识产权代理服务机构、高端律师事务所、跨国技术转移机构、国际技术交流机构等。目前已引进的海外服务机构包括：俄罗斯 MSP 律师事务所、日本酒井律师事务所、日本正林律师事务所、美国 McCARTER & ENGLISH 律师事务所、英国 MAUCHER JENKINS 律师事务所、德国 Kraus & Weisert 律师事务所、香港 WENPING & CO. 律师事务所、美国奥睿律师事务所、新加坡 Soroker Agmon Nordman 律师事务所、韩国金张律师事务所、泰国 ananda - ip 律师事务所、印度 Khurana & Khurana 律师事务所等各国知名知识产权服务机构。

将依托丰富海外服务资源实现以下服务：

（1）加强知识产权律师事务所本地化服务网络建设，更好地实施国家知识产权战略。国家知识产权战略纲要中提出：完善知识产权中介服务管理，加强行业自律，建立诚信信息管理，信用评价和失信惩戒等诚信管理制度。WIPA 联盟服务基地致力于帮助知识产权律师事务所在实施国家知识产权战略中发挥更好的作用，打造出一支高水平、高素质、能适应国家知识产权战略需要的知识产权律师队伍。

（2）营造海外知识产权法律机构在中国市场开展服务的公平竞争环境。WIPA 联盟服务基地致力于增强知识产权律师事务所诚信自律意识。制止知识产权律师行业不正当竞争的行为，重视服务质量，为当事人提供优质、规范和周到的国际知识产权律师事务服务。

（3）为平台其他各项服务如评估、预警等提供专业服务支撑。

8. 知识产权跨国评估服务

知识产权评估模块提供如下服务：

（1）打破在不同国家进行知识产权评估的体系化差异，寻求一种平衡多种测评维度的知识产权的价值发现体系。这是知识产权价值评估的最大意义所在。清楚、客观地了解知识产权的价值，才能掌握知识产权许可、转让、投资谈判的先机。

（2）帮助企业在全球市场选择需要的知识产权。即企业根据评估的结果，对若干个客体所具有的价值对满足主体要求的程度进行比较、排序，区分出核心、外围或者战略型知识产权，选择适合需要的知识产权。

（3）引导知识产权价值管理的方向。即通过在评估中使用的指标及其权重的选择及评估的最终结果，向被评估者给出指导性意见参考，使之向着符合价值主体目标的方向发展。

9. 国际知识产权大数据服务

将全球知识产权海量数据进行采集、管理、处理并整理成为对企业经营决策具有较高参考价值的资讯，打造多方面数据库，为国际服务贸易提供数据支撑和信息参考：

（1）知识产权人才数据库。知识产权人才是实施知识产权战略的重要组成部分之一。知识产权信息服务中心建立“知识产权人才数据库”，收集整合全球知识产权专业人才，通过大数据，从专业领域、地域、职能、工作年限、学历、专业水平等对人才进行全方位分析与评估，定期发布《全球知识产权人才分析报告》，并设置知识产权行业人才测评机制，为进一步推动我国知识产权人才发展提供重要依据。对企业在知识产权专业人才选、用、育、留方面起着重要的指导作用。

（2）建立专利数据库。知识产权信息服务中心建立的“专利数据库”是以互联网或局域网为平台的大型专利信息服务系统，通过对专利信息的深层次的价值挖掘、技术标注形成的智慧结晶和综合应用服务，帮助个人、企业、科研机构提升创新能力与核心竞争力，为企业技术研发、专利战略研究、科学决策提供强有力的支撑。

（3）建立商标数据库。在我国商标数据库信息资源建设基本上还是空白。只是在其他数据库的某个文档中含有商标信息，鉴于我国国情和目前的网络环境，我国商标数据库信息资源建设势在必行。知识产权信息服务中心掌握并注重开发商标信息，致力于推出全球最大商标数据库，为建设知识产权强国奠定有力基础，帮助企业有效地参与市场竞争。

（4）知识产权多元化数据库。知识产权信息服务中心整合知识产权其他分类信息数据，包含：集成电路布图设计专有权、植物新品种、制止不正当竞争、厂商名称、原产地名称、货源标记、商业等，打造最为完善的知识产权大数据中心。

（5）知识产权云中心。知识产权信息服务中心的“知识产权云中心”立足江苏、面向全国，服务港、澳、台及东南亚地区，以其强大的数据处理和存储能力为知识产权领域提供高性能云计算、海量数据处理、信息管理服务，致力于成为功能齐全、平台丰富、高效节能、国际一流的高性能计算研究开发中心和云计算服务中心。为江苏乃至全国的经济社会发展提供强大引擎。

第二节 武汉篇①

2016 年 2 月，国务院批复包括武汉在内的 10 个省市和 5 个国家级新区开展服务贸易创新发展试点。2018 年，作为中部唯一入选城市，武汉市再次入选深化试点城市名单。作为中部地区中心城市、国家综合交通枢纽、长江经济带和中部崛起的重要战略支点，以及“一带一路”倡议的节点城市，武汉数字服务的发展不仅具备内生的比较优势，也面临着“一带一路”倡议和武汉建设服务外包示范城市的战略机遇。武汉发展数字服务贸易以打造全国数字服务的创新高地，建设国内领先的数字服务中心城市为发展定位，理清数字服务的重点领域和重点区域，健全保障措施，促进武汉数字服务贸易的可

① 商务部研究院国际服务贸易研究所根据武汉市商务局提供资料整理。

持续发展。

一、明确发展定位

武汉立足于自身地理、文化和产业基础，成为国内领先的数字服务中心城市。首先，武汉坐拥中部地区最完善的“铁、水、公、空”一体化现代综合立体交通体系，拥有中部地区最大的国家级水运口岸和长江中游的集装箱枢纽港，是全国唯一试行内河启运港退税政策的港口，也是中部首家实现“72 小时旅客过境免签”的城市，优越的交通区位条件为人员、物资、资金、信息顺畅流动创造了良好条件，使武汉发展数字贸易拥有综合成本优势和广阔的市场腹地。

其次，武汉云集众多的大学、科研机构，是全国公认的四大科教中心之一，在校人数和科技能力居全国大城市前列。目前，武汉共拥有普通高校 88 所，其中，有 7 所高校是教育部直属的全国重点大学。2018 年，全年在校本专科生 96. 9 万人，同比增长 2. 3%；在校研究生 13. 8 万人，同比上年增长 8. 6%。丰富的科教人才资源、完善的创新转化体系，为武汉数字服务持续发展提供了强大的支撑。

最后，武汉全面落实党中央、国务院关于促进数字服务的决策部署，以《武汉市服务贸易发展规划（2017—2020）》《武汉市深化服务贸易创新发展试点实施方案》为指导，将建设智慧城市列入武汉“十二五”总规划纲要。目前，建设智慧城市所需的传感网络、服务器、数据中心、信息化技术和智能城市的构架等基本技术和设备，经过“十二五”建设目前已经十分完备，数字服务发展的产业基础雄厚。

二、打造重点领域

武汉以服务外包为主要抓手，推动数字化服务贸易发展。武汉服务外包以高端服务为主，信息技术外包尤其是武汉服务外包的重点领域，2018 年信息技术外包（ITO）合同执行金额 14. 22 亿美元，同比增长 57. 13%，占合同执行总额 63. 49%；业务流程外包（BPO）合同执行金额 1. 42 亿美元，同比增长 63. 22%，占合同执行总额 6. 32%；知识流程外包（KPO）合同执行金额 6. 76 亿美元，占合同执行总额 30. 19%。以软件研发和信息技术服务为代表的 ITO 仍占据主导地位，工程技术服务 KPO 增速明显。

软件与信息外包是武汉打造服务外包基地的重点领域。依靠软件服务外包良好的产业基础、产业园区的聚集效应以及企业综合实力等优势，武汉市抓住外部机遇，积极开展与长江经济带沿线城市在业务接包、园区建设以及人才培训等方面的合作，同时加强与北京、上海深圳等一线城市在服务外包技术、资源等方面的合作，进一步做大做强软件信息技术服务外包企业，促进软件服务外包产业转型升级。在与长江经济腹地发展软件服务外包的同时，武汉注重国际数字服务市场的开拓，2018 年新增 5 个软件服务贸易市场，向武汉发包软件服务的国家和地区达到 87 个，发包执行额居前 5 位的是中国香港、美国、菲律宾、新加坡、中东地区，执行合计金额占全市离岸服务外包总额的46.03%。其中，承接“一带一路”沿线国家软件服务外包合同执行额 2.96 亿美元，同比增长 32.19%，占全市离岸服务外包总额的 38.44%。

三、优化空间布局

武汉结合技术开发区原先的产业侧重，打造数字服务的“硅谷”。武汉的东湖新技术开发区、武汉经济技术开发区、洪山区等积极顺应数字化变革趋势，不断完善产业园区基础设施，信息化建设不断升级，数字产业集聚化程度不断提升，逐渐形成光谷软件园、武汉软件新城以及南太子湖创新谷等产业园区。这些产业园区以软件和信息服务业为核心，向产业价值链上下游延伸，形成集软件研发与服务外包、文化创意、物联网、大数据与电子商务于一体的科技园区。数字科技园区能够有效地创造聚集力，通过共享资源、克服外部负效应，带动数字关联产业的发展，以产业集群形成外部规模经济效应，推动数字服务创新和低成本发展。

在武汉东湖新技术开发区内，凭借发展成熟的光谷软件园和软件新城形成的产业集聚效应，专业化软件园区吸引了美国 EDS、微软公司、海康威视、视睿科技（SEEWO）、法国电信、爱立信、华为技术、中冠信息等国际知名企业，以及博彦科技、软通动力、联想利泰、武钢软件、中地数码、达梦数据库、东湖软件等国内外龙头企业入园。依托园区内良好的信息技术产业基础和密集的企业业务往来，信息和光电技术服务外包逐渐成型，光谷软件园已发展成为软件外包“光”谷。

四、加强保障措施

武汉不断加强数字服务相应的平台和制度建设，落实税收、金融、财政等优惠政策，从制度上保障武汉数字服务的可持续发展。

第一，为了加强组织保障，武汉进一步发挥服务贸易发展工作领导小组组织协调作用，不断加强跨部门协调，完善了服务贸易和服务外包工作机制，着力构建“纵向协作、横向联动”的工作格局。

第二，为了加大财政对数字服务的支持力度，武汉努力将财政资金与国家服务贸易发展促进资金相配套，加大市级服务贸易发展资金支持力度，发挥资金使用效能和引导作用，促进了服务贸易规模提升、结构优化。此外，武汉开展市级服务贸易创新发展先行示范区建设，发挥引领示范作用，引导各区（开发区、功能区）出台支持政策措施，加大对数字服务外包的支持力度，促进各区服务外包集聚发展、特色发展。

第三，为了使数字企业享受税收优惠，武汉积极落实国家对服务外包示范城市经认定的技术先进型服务企业，提供按15%的税率征收企业所得税和职工教育经费不超过工资薪金总额8%部分税前扣除的税收支持优惠。经认定的服务外包企业如符合国家政策规定的高新技术企业认定标准，按程序申请经认定后享受相应税收优惠政策，降低武汉数字服务企业的税收负担。

第四，为了加快数字服务企业资金流动，武汉不断创新金融服务措施：支持金融机构在风险可控、商业可持续的前提下，着力发展供应链金融、融资租赁、应收账款融资等，为“轻资产”服务外包企业提供融资便利；扩大了对服务外包信贷规模和支持领域；加大对服务外包企业的信贷支持规模，形成了一套适应服务业和服务外包企业融资需求的信贷标准、程序和操作办法及可复制可推广的实践案例。

第三节　特色篇[①]

一、服务贸易特色园区发展案例

（一）案例一：西咸新区沣东新城“一带一路”离岸加速中心

基本情况：“一带一路”离岸加速中心将中国的研发、生产和国际的市场运营销售链接起来，并对接下一轮风险投资和产业并购退出。以国内落地合资公司控股方式，吸引外资、吸引人才、实现产业化升级，助推企业“走出去”。

主要做法：“一带一路”离岸加速中心采用海外创业者与中国创业者联合创业的模式，由海外创业者和中国创业者成立项目母公司（面向海外不同城市、国家成立各自项目公司，如印尼雅加达项目公司、印尼万隆项目公司）。其中，海外创业者负责海外市场开拓，中国创业者负责技术支持、产品研发，离岸加速中心配套基金进行初期投资。海外创业者通过学习中国在新经济、新科技、新消费、新文化等领域创业项目的成熟模式及先进的生产力，并对接中国的资本，在所属国家、城市成立子公司，依托其本国的资源，将这些模式技术资本反向输出到当地市场。以此形成产品销售、技术转移收益，促使项目公司快速成长。离岸加速中心获得项目投资收益，并开展“一带一路”为主题的国际访问、交流、路演、创业活动。引进来与走出去，将中国先进的生产力和资本与“一带一路”的市场及人才有机结合，促进全球经济一体化。

（二）案例二：苏州知识产权服务业集聚区

基本情况：苏州知识产权服务业集聚区获国家知识产权局批准成为全国知识产权服务业集聚示范创建区，目前全国仅三个。围绕知识产权服务产业链布局，服务业集聚区已进驻各类服务机构超过 70 家，其中全国排名前列、

---

① 商务部研究院国际服务贸易研究所根据相关地区商务主管部门提供资料整理。

服务品牌机构和品牌服务机构培育单位占比超过30%，全国知名服务机构超过40家，集聚区内知识产权专业人才总数超过2300人。

主要做法：大力发展知识产权交易和许可。依托并鼓励入驻各知识产权服务机构主动服务区内企业，开展知识产权交易与许可。据不完全统计，1—10月，高新区内100家企业和个人卖出专利331件，发明227件，实用104件，外观2件；61家企业与个人购入专利207件，其中发明111件，实用94件，外观2件。中科院医工所以25件专利做价3748万元入股苏州国科医疗科技发展有限公司。

打造MEMS领域专利池。苏州工业园区利用前期MEMS导航成果，并借助MEMS分会资源，通过线上、线下结合的方式，建立MEMS专利池。而且，通过走访企业、需求调查、专家评议等程序，最终确立了多维度的专利价值评价体系，通过这套体系确立一个相对客观的价值，据此对专利进行分级，并挑选出高价值专利重点运营，以构建更加完整的专利包，增强专利对于技术成果的保护力度，同时最大限度地体现专利的价值。纵观苏州工业园区MEMS产业的现状，多数企业尚处在初创和爬坡阶段，相对外国行业巨头，在技术、资金等层面存在相对劣势，而通过构建专利池的形式，则可以在很大程度上弥补单个企业在竞争中的不利地位，从而争取到更多的发展机会。MEMS领域构建专利池的成功经验在未来也可以复制到其他领域专利池的构建过程中去。

深入探索专利专营新途径。苏州高新区江苏天弓信息技术有限公司入选第二批国家专利运营试点企业，对昆山小核酸研究所及入驻小核酸产业基地的龙头企业苏州瑞博生物技术有限公司调研分析，搭建专利信息数据库平台，设计专利分类导航架构，并以该产业发展的实际情况为着眼点，设计符合该领域企业实际需求的专利运营模式。江科公司利用专业知识、专业服务能力为企业和专利技术提供居间撮合交易，实现专利技术商用化，并对一些好的专利技术成果收购进行自行转化或者合作开发，或投资入股进行经营孵化。目前，以知识产权服务和500万元现金入股三个项目公司，实现项目公司知识产权强保护及布局（相关项目公司技术已有92项发明专利、88项实用新型专利、12项PCT专利申请），对项目公司的估值谈判起到了重要的作用，而江科公司在此过程中也实现了6倍溢价。

不断加大知识产权金融宣传和培训力度。积极举办知识产权质押融资、专利保险、知识产权资本化相关政策宣讲和实务培训班，提升企业高管、研发人员、知识产权工作人员、财务人员的知识产权金融知识和能力，促进中小微企业将知识产权金融活动作为企业融资的重要工具和手段，使企业深入了解相关扶持政策、沟通渠道、办理流程等信息。

二、服务贸易重点企业创新发展案例

（一）案例一：武汉金力软件有限公司

基本情况：武汉金力软件有限公司成立于1998年，金力及控股公司总的员工人数达到近500人，研发人员占80%；在北京、上海、深圳、广州、南京等设有分支机构及项目实施团队。公司是专业从事行业性管理咨询、企业整合、流程再造的方案与设计，并提供完善的系列产品、项目实施、全面服务，以及信息系统集成的专业化公司。

主要做法：武汉金力软件有限公司是国家高新技术和软件的双高企业，并得到了国家“创新基金”的奖励和支持，被列入“国家级星火计划项目”等。通过对市场、行业、企业发展变化的掌控，公司专注于零售、分销、物流、服务领域的专业化技术产品及行业化服务；树立了行业品牌效应，成为国内同类型最大软件供应商。经过多年的辛勤耕耘，公司在电器、快消品、高端商超、IT数码、百货、音像、机电、家居、建材、医药、汽车后服务等领域的流通企业、服务企业、制造企业中独具匠心。研发拥有完全自主知识产权的多渠运营服务云平台、SCM供应链、PCRM项目工程关系、全程服务运营服务云平台等14大系列产品及4大运营平台惠及全国各地、非洲、南亚、南美等国家、地区。

（二）案例二：武汉烽火技术服务有限公司

基本情况：武汉烽火技术服务有限公司成立于2013年3月27日，系中国信息通信科技集团有限公司（国资委下属95家央企之一）下属上市企业——烽火通信科技股份有限公司控股子公司，是烽火通信科技股份有限公司（全球光传输与网络接入设备最具竞争力企业10强）全球唯一的综合服务平台，也是中国信科集团向 ICT 转型的重要平台。

主要做法：武汉烽火技术服务有限公司是亚太电信联盟培训基地、国家博士后科研工作站、全国工业和信息化人才培养工程培训基地、商务部援外培训基地和湖北省服务外包人才培养（训）基地，成功在全球建立了 48 个区域技术服务中心（其中 13 个海外区域技术服务中心），形成立足国内、辐射全球的服务网络，构建起“一级实施、二级支撑、三级统筹”的全球快速反应服务体系，覆盖了全球 90 个国家和地区，面向国内三大运营商以及英国沃达丰、菲律宾 PLDT、马来西亚电信等全球 100 多家运营商提供软件开发、通信网络智能运维、人工智能、云计算、ICT 和通信技术培训等产品和服务。

目前已发展成为湖北省服务外包龙头企业，形成年超过 1600 张网络的智能运维服务能力，自主研发的产品已在 300 条国家干线、11 条 100G 国家干线、全球 TOP10 运营商 VODAFONE 国际干线新加坡段、马来电信 100G 骨干网等全球光通信网络中得到广泛运用，并在第五届世界互联网大会、首届进博会、上合青岛峰会等通信保障中经受住了严峻考验，为全球通信网络的稳健运行做出了重要贡献。其中 PTN 流量分析系统已在全国 83 个地市部署，市场占比 24.85%，位居国内智能网优市场前三。通信网络运维服务覆盖菲律宾全境，市场占有率位居第一，预计 2019 年合同金额达到 3 亿美元，成功向东南亚和南亚通信市场输出多项通信技术标准，代表中国为全球通信事业的发展做出卓越贡献。

一是持续加大研发投入，成功建立了集成产品开发管理（Integrated Product Development，简称 IPD）和敏捷开发（Agile Development）并行的研发体系，开发出云服务管理平台、人工智能平台、分布式计算系统、数据迁徙传输系统、停车场 SaaS 运营管理平台、智慧停车清分结算系统和 IPRAN 智能巡检运维系统等数十项新产品，积累了多项作品著作权、50 多项软件著作权和 100 多项发明专利技术以及数百项解决方案，总体技术水平处于国内领先地位。

二是一直致力于追求管理创新，建立健全 ITR（Issue to Resolution）和 LTC（Lead－To－Cash）创新体系，持续推动管理变革，推动管理效率显著提升。我司成功建成五级（O、G、A、U 和 I）绩效考核体系。我司“总部培训＋驻点培训”的双向推进培训模式被写进《中央企业青联三届三次常委

（扩大）会议报告》，成为央企间推动人才建设的宝贵经验。我司还积极开展“技术大比武活动”，为广大员工展示技能搭建平台，为优秀人才脱颖而出创造条件。我司已成功培养成一支包括中国通信运维年度人物、全国企业管理现代化创新成果二等奖获得者、湖北省现代服务业领军人才、湖北省科技成果推广二等奖获得者、“光谷 3551”人才等高端人才在内的人才团队，其中高级职称人员超过 30 人，中级职称人员超过 100 人，整体实力居于行业内领先地位。

三是成功建立了 3CS（即客户满意度、客户忠诚度、客户契合度）为核心的顾客支持机制，并在质量管理方面采用重要性评分法/权重法、线性相关/线性回归和 DINA 满意度分析软件等方法和工具。优质的服务质量使我司获得客户的高度认可：在迪纳第三方满意度调查中处于行业领先地位，并在 2018 年三大运营商的服务后评估综合排名中位居前二（连续六年）。

四是成功通过了信息通信网络系统集成企业服务能力甲级、安防一级、ISP 全网经营许可证（业务覆盖 26 个省、直辖市和自治区）、信息系统集成及服务二级、ITSS 二级、通信网络代维（外包）线路和基站双专业乙级、湖北省技术先进型服务企业、高新技术企业、软件企业、湖北省工程研究中心、湖北省工程技术研究中心、湖北省企业技术中心、武汉市研究开发中心、武汉市大数据企业、CMMI3、ISO20000：2011、ISO27001：2013、ISO9001：2015、ISO14001：2015、TL9001 和 OHSAS18001：2007 等多项资质认证，建立了健全的资质运行体系，获得中国服务外包成长型企业 100 强、中国服务外包最具竞争力企业中国软件和信息服务业杰出贡献奖、通信网络运营维护服务用户满意企业（连续六年）、通信网络优化创新先进单位、武汉市服务外包先进企业（连续三年）等重要荣誉。

五是与华中科技大学共建全国首个“一带一路”服务贸易国际人才校企合作培养基地，人民日报、国际商报、湖北日报、长江日报、腾讯、搜狐和武汉电视台等数十家媒体争相报道，国务院新闻办公室、湖北省人民政府、武汉市人民政府等政府网站纷纷转载，受到各级政府的高度评价。该基地为服务贸易、服务外包人才培养探索新路径，被武汉市公安局出入境管理局授予“外国留学生校外实习基地”的荣誉，成功建成湖北省最大的外国留学生校外实习基地，为创新国际化、综合型、适用性人才培养提供了新模式，还被国家留学基金管理委员会授予“中国政府奖学金来华留学生社会实践与文化体验基地”的荣誉。

随着5G大规模商用，公司将迎来黄金发展期，正在大力研究人工智能、大数据和云计算等数字化技术，促进数字化技术与通信技术服务行业深度融合，力争2020年营业收入突破20亿元，其中海外收入超过10亿元。

（三）案例三：重庆泓艺九洲国际文化艺术发展有限公司

基本情况：重庆泓艺九洲国际文化艺术发展有限公司成立于2016年，依托西永综保区为艺术品展示交易提供全流程服务，包括艺术品外贸代理、仓储物流、展览展示、评估鉴定等服务。建成6000余平方米具备综合应用功能的泓艺九洲国际文化艺术中心，布局艺术品展厅、艺术品仓储、多功能拍卖厅、会客厅等配套设施，累计达成文化艺术产品进出口贸易额超3000万美元。

主要做法：公司策划打造的“中国印象·秀美重庆”国际文化艺术巡游活动，被国家文化和旅游部认定为“一带一路”文化贸易与投资40个重点项目之一。2018年先后赴法国巴黎、俄罗斯圣彼得堡开展活动，被“一带一路”发展研究院授予“中俄文旅交流贡献奖”荣誉。目前该公司正在打造重庆文旅“两窗”项目（“重庆之窗”文旅推广综合服务平台和“世界之窗”文旅产业国际合作基地）、重庆国际艺术产业项目等建设工作。

（四）案例四：飞利浦医疗（苏州）有限公司

基本情况：飞利浦医疗（苏州）有限公司成立于2010年，投资总额5500万美元，生产的产品覆盖了计算机X射线断层检查仪、磁共振专用磁体、彩色超声波检测仪、正电子放射断层造影系统等，产品出口比例达75%。

主要做法：受维修业务发展需要，飞利浦医疗（苏州）公司向园区经发委、海关、检验检疫等部门提出，需对自产出口的医疗设备产品中部分零部件、元器件进行售后维修出口。如顺利开展自产出口产品的售后维修，将为飞利浦苏州公司出口的医疗设备提供质量保障，预计每年将新增出口1亿多美元。飞利浦苏州公司自产出口产品的售后维修属于高附加值的生产型服务环节，是传统加工装配的自然延伸，是加工贸易转型升级所鼓励的方向。同时，飞利浦自产产品获准开展售后维修后，将对扩大更高端医疗设备的产能和研发水平起到积极促进作用。

为支持企业合理诉求，苏州工业园区相关主管部门制定严格有效的监管方案，并将督促飞利浦公司加强管理，做到“三个确保”，即确保维修品全部是苏州公司自产产品、确保维修品最终全部复运出境、确保维修业务不对国内环境造成影响，同时多次协调海关、国检、商务部门实地调研并积极向上争取。2016年8月，园区管委会向省厅提交《关于飞利浦医疗苏州公司开展自产产品售后维修业务的请示》，经省厅转报，2017年1月，商务部、海关总署在《关于飞利浦医疗（苏州）有限公司开展自产出口产品售后维修业务有关问题的复函》中明确飞利浦医疗（苏州）有限公司可以根据《机电产品进口管理办法》，对其自产出口的医疗设备各零部件，以加工贸易方式复进口售后维修后再出口，成为我市首家获得开展医疗设备全球维修业务资质的企业。

三、服务贸易公共服务平台案例

（一）案例一：苏州工业园区空陆联程虚拟口岸

基本情况：2002年，苏州工业园区率先开展了上海—苏州的空运进口快速中转即空陆联程（SZV）模式，利用卡车航班的概念延伸一类口岸机场服务至苏州工业园区，将苏州工业园区视为一个虚拟空港的SZV，苏州虚拟空港模式就此产生。苏州工业园区航港物流公司主要负责苏州虚拟空港SZV模式的发展运营。

主要做法：苏州虚拟空港SZV模式自2002年正式运行以来，不断创新、不断优化、不断完善，致力于为客户服务，制定客户所需的物流方案，搭建以虚拟口岸为依托的现代物流一站式服务平台。采用SZV模式的企业在苏州工业园区享受一次申报、一次查验、一次放行的政策优势，海关、国检、场站等各个环节提供绿色通道的属地化优势。

一是发展“虚拟空港平台＋跨境电商”。针对跨境电子商务空运进口，特别是直购货物主要以个人物品为主，这部分原本的操作只能通过邮政或快件中心进行清关，现在可以利用跨境电子商务相关政策，使用SZV空陆联程模式作为桥梁纽带，将直购货物直接转至苏州虚拟空港后与跨境电子商务对接，使得直购货物可以在苏州工业园区进行操作。

二是开展“虚拟空港平台 + 特色口岸”业务。对于苏州工业园区目前已申请落地的进口食品（化妆品）口岸、药品口岸，以及即将建成的进口水果指定口岸，均可通过虚拟空港平台作为连接始发地和目的地的桥梁纽带，成为供应链环节上的重要节点。该平台重点服务于食品、医药、水果等特色口岸业务，根据客户需求提供定制化的空运整段及延伸的特色配套服务，目前已与中粮我买网、康宝莱（中国）保健品、惠氏营养品、莹特丽化妆品、惠氏制药、卫材制药、葛兰素史克等知名大企业形成战略合作伙伴关系。同时，依托冷库资源，对温度有要求的食品、药品、水果进行冷链的全方位物流方案策划、咨询及配套服务。

三是建立“虚拟空港 + 进出口渠道及揽货订舱”平台。苏州虚拟空港项目，依托苏州工业园区综合保税区，搭建虚拟空港物流平台，目前已为近2000家企业代理了空陆联运进口业务，为200余家企业代理开通了陆空联运出口业务，成功对接和打通上海浦东、虹桥，南京禄口、杭州萧山、苏南硕放以及郑州新郑的货运通道。通过平台开发建设，不断完善和健全虚拟空港的服务功能，对接省外跨区域的空港、航站（如郑州新郑国际机场），吸引更多的航空公司、货运代理、企业加入虚拟空港模式，将虚拟空港辐射面扩大到北方、中西部物流快速发展的区域，打造成园区及周边区域的空运及拼揽货订舱平台。

（二）案例二：西咸新区构建国际离岸科技资源统筹中心

基本情况：“建立国内最大统筹科技资源改革示范基地”，是国家批准设立西咸新区时赋予沣东新城的职能使命，秉承建设国际一流科技新城的宗旨。当前，国内外科技资源面临着高度分散、科技项目资金投入不足、高校国际科技合作交流路径少和科技成果转化率低等困难。为促进科技领域创新改革，沣东新城为重点打造国际创新科技资源聚集区，着力构建了国际离岸科技资源统筹中心，有效地整合了国际创新科技资源。

主要做法：以海外人才及国际科技项目为抓手，构建具有招才引智、孵化培育、金融投资、专业服务、政策保障等功能为一体的国际创新型科技资源统筹平台。

一是建立中俄丝路创新园。该项目已被纳入中俄地方合作交流重点项目，并入选陕西省“一带一路”建设十大成果。中方园区位于中国陕西西咸新区沣东新城地区，现阶段已引入俄罗斯立德集团、俄罗斯 Ketch Up 集团、乌克兰 Alexoil 有限公司、俄罗斯科学院伊尔库茨克科学中心与西工大联合实验室等 15 家外方服务贸易机构，园区已形成互联网信息、跨境电商、教育文化、人工智能等产业聚集。俄方园区位于俄罗斯莫斯科格林伍德，目前园区共落户中资企业 6 家，涵盖创新科技、汽车销售、跨境物流、教育文化等领域产业化资源。

二是建立加拿大国际创新中心。该中心是经加拿大联邦工业部批准注册成立的跨国合作机构，总部设在多伦多，中方园区位于西安统筹科技资源改革示范基地协同创新港，面积约 2700 平方米。通过搭建整合项目资源库、投资基金库、双边人才库，建构国际环保科技、生命科学、文化教育等领域的交流与合作桥梁，已为两国企业开展双向投资合作提供政策咨询、项目信息与专业服务。

三是建立中德国际创新中心。该中心是西安统筹科技资源改革示范基地与德国中小企业联合会共建的国际创新中心，位于科统基地协同创新港，占地约 2700 平方米，目前正处于建设中。创新中心潜在引进项目包括 Achalor 恒温系统项目、Gestalter Robotics 自动化软件开发项目、德国 TÜV 检测与认证中心项目、Rono 食品加工科技项目、Farmervital 维他命研发等项目。

四是搭建项目资源库。作为创新中心的核心资源，通过与加拿大、美国、俄罗斯、德国等国大学、科研机构、行业组织建立广泛的联系，将富有创意的高新科技技术、生物技术、环保技术、文化教育等方面的项目，加入项目资源库，供投资人分享，并落户各园区。

五是搭建投资基金库。除在加、美、俄、德等国建立天使、风投基金外，还通过北京大弘投资基金管理有限公司作为创新中心在中国建立基金库的管理运营公司，完善投资基金库，汇集各方资金力量，为合适的落地项目匹配到投资资金。

六是搭建创新创业人才资源库。凝聚北美各界高端人才，为创业者提供资金支持，为研发者提供产业化服务，为职业经理人提供管理机会，为双边交流提供互动的平台。

四、服务贸易创新发展引导基金案例

（一）基金宗旨

作为国务院批准设立的国家级产业投资基金，服务贸易创新发展引导基金（以下简称服贸基金）重点为有出口潜力、符合产业导向的服务贸易企业提供融资支持，引导地方和社会资本加大对有服务出口业务企业的投入，夯实服务业基础，打造影响力大、国际竞争力强的服务贸易领军企业，积极扶持特色明显、善于创新的服务贸易中小型企业，全面提升中国服务贸易国际竞争力。

（二）基金概述

服贸基金是经国务院批准，由中华人民共和国财政部、中华人民共和国商务部、招商局资本管理有限责任公司等出资人共同发起设立的，采用有限合伙制形式组建的政府引导产业投资基金。基金总规模 300 亿元，首期规模 100.08 亿元，于 2017 年 11 月 10 日注册成立。

（三）基金管理

1. 百年招商的优势品牌

招商局创立于 1872 年晚清洋务运动时期，是中国民族工商业的先驱。经过 145 年发展，招商局集团已成为拥有实业经营、金融服务、投资与资本运营三大核心平台的国有重要骨干企业，连续 13 年荣获国务院国资委经营业绩考核 A 级荣誉和连续四个任期“业绩优秀企业”称号，并是 7 家国有资本投资公司试点之一。截至 2017 年上半年，招商局集团总资产突破 7 万亿元，央企排名第一，净资产超 8000 亿元，营收超 2500 亿元，净利润突破 600 亿元。

2. 当代中国最早的专业投资管理人

招商局资本延续和整合了招商局集团的主要投资管理业务，包括 1987 年成立的中国科招高技术公司和 1993 年成立的招商局中国基金，是中国现存最早的股权投资企业之一。

3. 强大的境内外资源调配和整合能力

招商局集团总部位于香港，是一家根植本土、耕耘全球的国际化集团公司。依托招商局集团的全球布局及招商局资本在内地和香港建立的跨境经营、投资平台，其能够极大地调动境内外资源，为被投资企业提供全方位的资源整合服务。

4. 专业化、国际化的管理团队

招商局资本拥有一批熟稔境内外资本运作模式以及投资管理经验极为丰富的专业投资团队，至 2017 年 3 月底，其专业投资团队超过 160 人。其中，高级投资管理人员平均拥有超过 20 年的行业经验，是取得良好投资业绩的人力资本保障。

5. 业绩荣誉

2017 年底，招商局资本管理资产规模近 3 千亿元人民币，资产管理规模、人均管理总资产迈入国内 PE 行业前列。累计投资项目 250 多项，整体投资业绩达到了行业领先水平。

近年来，招商局资本所取得的优良业绩获得业界的肯定和赞誉。2015 年，被投中集团、清科集团评为中国最佳私募股权投资机构。2017 年 4 月，在投中集团举办的“2017 中国投资年会”上，招商局资本荣获“投中 2016 年度中国最佳私募股权投资机构 TOP100”奖，排名第 8 名；同时荣获“投中 2016 年度中国最佳中资私募股权投资机构 TOP50”奖，排名第 5 名。

（五）基金优势

1. 国家级基金，发挥战略指导作用

商务部、财政部、相关出资机构以及行业专家组成服贸基金战略指导委员会，研究基金整体发展方向，推动政策目标的实现。

2. 投资范围广，涉及服务业诸多领域

重点投资于经国务院批准的《服务出口重点领域指导目录》和《服务外包产业重点发展领域指导目录》列明的重点领域，以及商务部等部门文件中明确的服务贸易发展的其他重点领域。

3. 优质资源多，项目储备丰富

国务院服务贸易部际联席会议制度成员单位、国家级行业协会、地方商务和财政等部门可推荐项目；招商局资本将发挥百年招商局在全球交通、金融、物流等服务贸易领域的产业引领、集成、整合优势，向基金推荐优质整合并购项目。

（六）投资策略

1. 主动管理

服贸基金搭建子基金 + 直投项目的投资组合，采取直接投资和设立产业子基金的组合投资方式，利用母子基金的协同联动效应，为符合条件的服务贸易企业提供综合性融资支持。

2. 投资方式

服贸基金以灵活多样的投资交易结构，实现在投资收益、安全、流动性等方面的均衡保障。

（七）投资决策

服贸基金按照财政出资引导、社会资本参与、市场化运作、专业化机构管理的方式运营。基金设独立的投资决策委员会，负责基金的投资决策，并通过严谨的风险控制流程，全面管控基金在募、投、管、退等环节的风险。

（八）投资案例

招商局资本投资业绩优秀，在国内和海外的服务业投资中拥有众多经典案例，如招商银行、兴业银行、招商证券、珠江数码、泰康人寿、分众传媒、山河智能、亿纬锂能、IMAX 中国、联合光伏、澳洲的 Newcastle 港口、西班牙的 Urbaser 等。

服务贸易创新发展引导基金（以下简称“服贸基金”）于 2018 年 12 月与北京和德宇航技术有限公司（以下简称“和德宇航”或“公司”）签署投资协议，服贸基金以增资扩股方式投资和德宇航。

和德宇航成立于 2007 年，是一家创新服务型民营商业航天企业，国际宇航联合会会员单位，主要从事宇航产品技术服务、全球卫星数据服务网络和智能空间信息服务。公司自成立以来旨在搭建宇航技术产品的国际服务平台，与欧航局、南非航天局、秘鲁航天局、墨西哥航天局等政府机构及空客集团、美国数字地球公司等国际知名宇航企业均保持了良好的沟通与合作关系，典型业务案例包括荷兰农业遥感数据监测服务项目、埃塞俄比亚卫星地面站建设及数据服务项目等。公司“天行者”星座发展计划，计划向“一带一路”沿线国家及地区提供数据传输、海洋监测、遥感成像、灾害预警等专业化服务，首星“和德一号”于2017年进入太空，顺利下传数据提供给澳大利亚及南部非洲国家使用，获得广泛好评。2019年，和德宇航计划完成多颗小卫星的发射，并计划于2020年完成星座的初步组网。届时，公司将具备卫星窄带通信全球服务能力，产业链实力在上游星座运营端得到本质性提升，进一步加强国际市场竞争力和海外服务输出覆盖能力。